내 이름 잘 썼으면 좋겠다.

2018

내 이름 잘 썼으면 좋겠다.

이름으로 배우는 캘리그라피

2018년 12월 5일 초판 인쇄
2018년 12월 15일 초판 발행

저자 / 이산
발행자 / 박흥주
영업부 / 장상진
관리부 / 이수경
발행처 / 도서출판 푸른솔
편집부 / 715-2493
영업부 / 704-2571,2
팩스 / 3273-4649
주소 / 서울시 마포구 삼개로 20 근신빌딩 별관 302호
등록번호 / 제 1-825

값 / 15,000원
ISBN 978-89-93596-88-5 (13640)

새 이름 지었으면 좋겠다.

이름으로 배우는 캘리그라피~!!

이산 지음

푸른솔

이름(가나다 순)

머리말

이름이란 무엇인가?

네이버 국어사전에서 '이름'을 찾아보니 다음과 같이 쓰여 있다.

명사
1. 다른 것과 구별하기 위하여 사물, 단체, 현상 따위에 붙여서 부르는 말.
2. 사람의 성 아래에 붙여 다른 사람과 구별하여 부르는 말.
3. = 성명3(姓名)(성과 이름을 아울러 이르는 말).
• • • • • •

이름이란 다른 것과 구별하기 위해 그것을 '일컬음'에서 '이름'이라 하지 않았을까?
즉, '그것을 이르러 무엇이라 말하다'에서 '이름'이란 말이 생기지 않았을까?
'이르다'라는 말을 국어사전에서 찾으니 '무엇이라고 말하다'라고 적혀 있다.

이름은 그 사람의 정체성을 나타낸다. 첫 이름은 자신이 짓지 않는다.
사람이 태어나면 부모로부터 이름을 부여받기도 하고
작명소를 찾아가 지어오거나
사회적으로 존경받는 사람에게 부탁하여 하사받기도 한다.

고대 로마에는 '이름이 곧 운명'이라는 격언이 있다.
이름에는 어떤 힘이 있어 이름을 부르는 자체로 그 능력이 내게 전해오는
느낌을 받기도 한다.

이름을 공모하다

이 책은 인스타그램 통하여 공모한 이름을 접수받아 쓴 것이다.
자신의 이름은 부모로부터 물려받은 매우 소중한 것이며, 자기 존재를 알리는
첫 번째 기표이다.

그런데 자신의 이름은 이상하게 예쁘게 써지지 않는다고 느끼는 사람들이 의외로 많다. 왜 그럴까?
그것은 너무 오랫동안 보아온 익숙한 이름이며, 많이 써왔기에 어떻게 써도 새롭지 않기 때문이다.

캘리그라피 활동을 하는 작가들은 행사장에서 글씨를 써주는 경우가 많다. 어떤 때는 남의 이름을 써주는 경우가 있는데, 이는 부담스러운 작업일 수 있다. 특히 이름에 뭔가 행운이 스며들기를 바라는 마음이 있다면, 이름쓰기는 더욱더 어려운 작업이 될 것이다.

캘리그라피 교재 중에 이름쓰기만을 훈련하기 위해 간행된 책은 현재까지 없는 것으로 보인다. 캘리그라피 인구가 갈수록 많아지는 이때에 이런 책 하나는 있어야겠다는 생각으로 발간하게 되었다.
이 책을 통해 다양한 획의 놀림과 꾸밈, 그리고 구성을 살펴서 익히면 좋은 결과를 얻게 될 것이다.

이름으로 만들어진 인연

한 사람 한 사람 이름을 써나가면서, 저자와 일면식도 없는 분들이 많았지만, 이름만으로도 오랜 인연이 있는 것처럼 느껴져 시간이 갈수록 마음가짐이 달라지는 것을 느꼈다.

이름이란 자주 써주고 불러주어야 그 사람이 잘된다고 한다.
참여하신 모든 분들이 자신의 이름으로 행복해지길 바라며, 언젠가 저자와 얼굴을 보며 반가워하기를 기대한다.
꼭 만날 것이다.

내가 이름 써줄까?

What's your name? EVENT.

이름에 관한 일곱 가지 이야기

이름을 남긴다

호랑이는 죽어서 가죽을 남기고 사람은 죽어서 이름을 남긴다.
이 말은 한국 사람이면 누구나 알고 있는 우리 조상들이 남겨준 속담이다.
사람이 이름을 남긴다는 것은 살아생전에 무언가 기억할 만한 큰일을 하여
후세 사람들이 그를 기억하고 역사책에 기록을 남기는 것을 말한다.

예전에 기록이란 붓으로 써서 남겼으니, 말하자면 캘리그라피를 남긴 것이겠다!?
그렇다면 '사람은 죽어서 캘리그라피를 남긴다'라는 말이 성립될까?

이름값 좀 해라~

이름값 좀 해라~!
이름에도 값이 있다니, 혹시 작명소에서 이름 지을 때 지불한 값일까?
누구나 그 사람이 잘되길 바라는 마음에서 이름을 지어주었을 것이다.
건강하고 공부도 잘 하며, 훌륭한 성품과 자질을 지녀 그 이름이 세상에서
빛나길 바라면서 지어준 것이다.

그런데 그런 바람을 저버리고 사회에 물의를 일으킨다면, 그의 부모와
그를 사랑했던 사람들의 마음이 불편해진다.
이름값을 한다는 것은 꼭 유명인이 되는 것이라기보다는 더불어 사는 세상에서
제 역할을 충실하게 하는 것이라 생각한다.

그런데 이름을 먹물로 쓰니 이름에 먹칠하는건가? (ㅎ)

이름에 관한 일곱 가지 이야기 ❸

예수님 이름으로 기도합니다

예수님의 이름으로 기도합니다~
크리스찬들은 언제나 기도 끝에 '예수님의 이름으로 기도합니다'라고 한다.
또 성경에는 "그의 이름을 통하여, 그 이름으로 말미암아, 그 이름을 가지고,
그 이름을 돌에 새기고, 이름을 걸고 맹세하다, 이름을 향해,
이름에 의해"라는 문구가 많이 있다.

기독교뿐만 아니라 모든 종교는 그 이름을 부르는 것만으로도
의지가 되는 주술성을 지니고 있다고 한다.
천지신명이여~ 산신령님이여~

이름만 불렀을 뿐인데

문익환 목사의 명연설. 이름만 불렀을 뿐인데…

"전태일 열사여!~ 김상진 열사여!~ 장준하 열사여!~ 박종철 열사여!
우종원 열사여!~ 김용권 열사여!~ 이한열 열사여!~"

· · · · · ·

1987년 7월 9일, 연세대학교에서 치른 이한열 열사 장례식에서 연단에 오른 문익환 목사는 '조사' 대신 26명의 열사들의 이름만 절규하며 부르짖는다. 단지 이름만 외쳤을 뿐이지만, 그 어떤 연설보다 듣는 이의 가슴을 후벼 파는 감동을 주었다. 어디서도 들을 수 없는 역사에 남을만한 명연설일 것이다.

이름에 관한 일곱 가지 이야기 ❺

엄마라는 이름으로...

여자들은 결혼을 하고 아이를 낳으면 '누구 엄마'로 불리는 경우가 많다.
엄마라는 이름은 얼마나 숭고한가! 너무나 숭고한 나머지 자신의 이름이
잊혀지더라도 기꺼이 '누구 엄마'로 불려지는 것을 크게 반감 없이 받아들인다.
이름만이 아니라 삶마저도 여자에서 엄마라는 신분으로 살게 되면서
가끔은 정체성의 혼란을 겪는 일도 있다.
꽤나 오랜 세월이 흘러야 '아무개 여사 회갑연'으로 비로소 이름을 찾게 된다.
그리고 묘비명에는 이름도 없이 성(姓)만 기록되어 'ㅇㅇ 최씨지묘'라고
새겨 넣는다.

시대가 많이 달라졌다 해도 여자의 이름은 아직도 서럽다.

이순신 장군과 노비들의 이름

조선시대의 노비는 사고팔기도 했던 하찮은 존재로 여겨졌다.
그러나 임진왜란에 참여한 노비들에 대한 이순신 장군의 태도는 사뭇 달랐다.
조정의 임금에게 승전보고서를 작성할 때 노비의 이름을 '삼돌이 외 20명'으로 적었던 관례를 깨고 그 이름을 일일이 기록했으며, 이름이 없는 자에게는 친히 이름까지 지어줬다는 기록이 있다.

이는, 당시 임금이 노비의 이름을 읽는다는 것은 있을 수 없는 일임에도 불구하고, 최선을 다해 싸워준 노비들의 공로를 인정하며 존중해야 한다는 이순신 장군의 인간적인 성품을 잘 보여준다.

이름에 관한 일곱 가지 이야기 ❼

창씨개명

나라를 잃으면 이름도 잃는다

창씨개명이란 부모가 지어준 우리 이름을 일본식 성과 이름으로 바꿔야 했던 일제강점기 때 민족말살통치의 한 수단으로 시행한 것이다.
지금도 어른들의 이름 중에는 '자'로 끝나는 경우가 있는데, 이는 아직도 창씨개명의 잔재가 남아 있는 것이라 할 수 있다.

나라를 잃으면 이름도 잃는다!!

이름 캘리그라피의 사용과 제한 안내

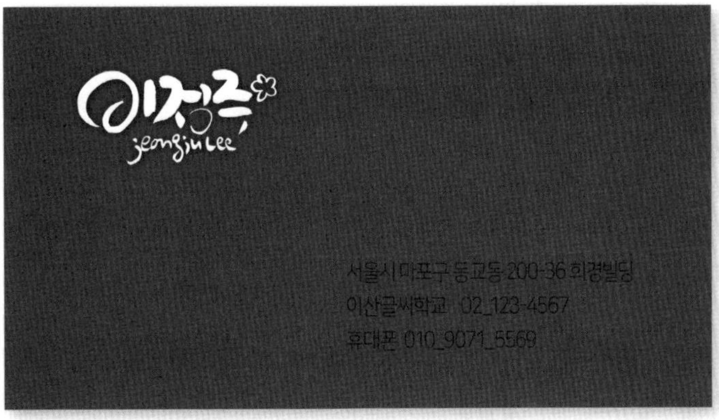

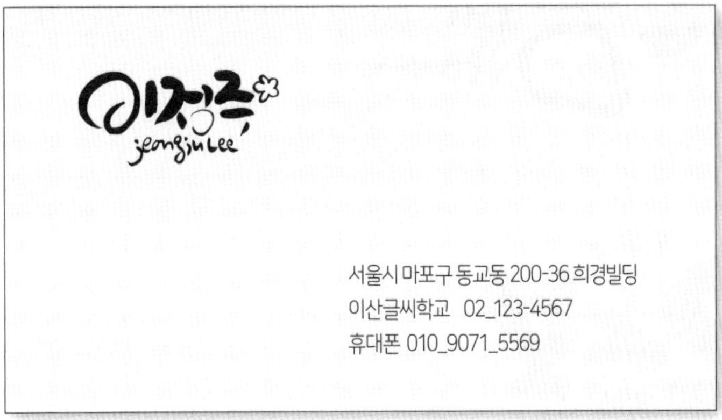

이 책에 이름을 제공해주신 분께서는 위와 같이 명함용으로 사용할 경우만 자유롭게 사용하실 수 있습니다. 간판이나 기타 인쇄물 등의 상업적 활용을 하실 경우에는 저자의 승인을 얻으신 후 사용하시기 바랍니다.

이름의 다양한 구성

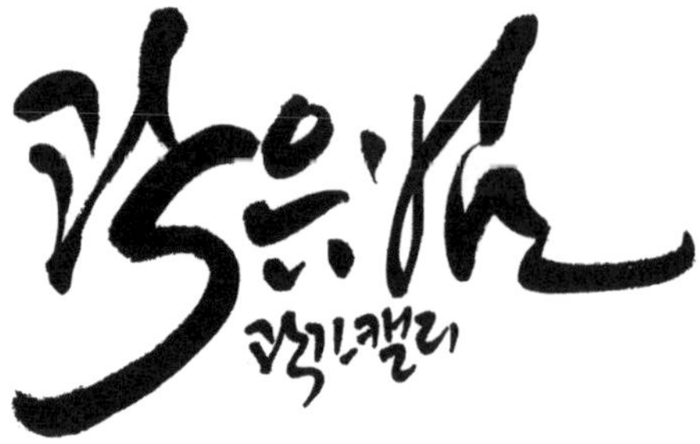

역동성 있는 흘림체는 획의 연결에 유의한다.
ㅏ와 받침 ㄱ이 자연스럽게 연결되려면 많은 연습이 필요하다.
곽의 ㄱ과 범의 ㅁ을 대칭적으로 확장하여 표현해본다.
이름은 대개 세 글자로 이루어져 있는데, 모든 글자의 획이
확장되거나 강조되면 조화가 깨진다.

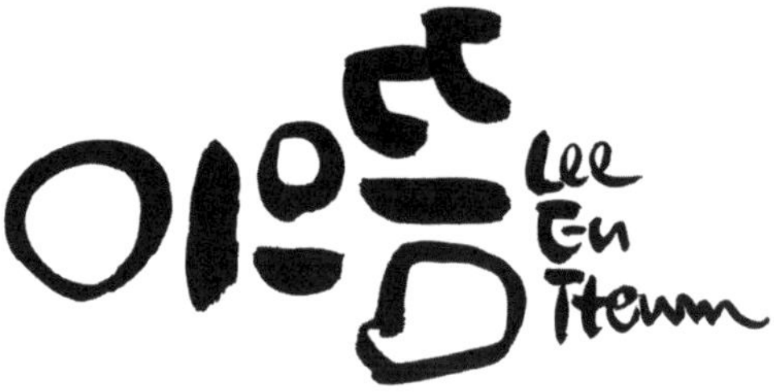

세 글자의 균형이 어려운 경우 획이 많은 글자에 억지로 맞추려고
하지 말고 글자간 의존적으로 구성한다.
첫 글자 '이'에서 ㅇ을 지나치게 강조하는 것은 좋은 표현이 아니다.

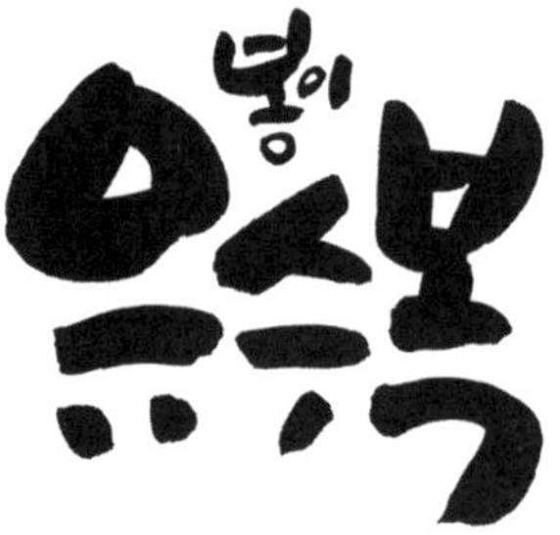

세 글자 모두 세로모음형으로 구성된 경우 동일하게 높이를 맞추는
것보다 어깨동무 하듯이 구성한다. 가운데 글자에 받침이 있을
경우는 다르게 구성한다.

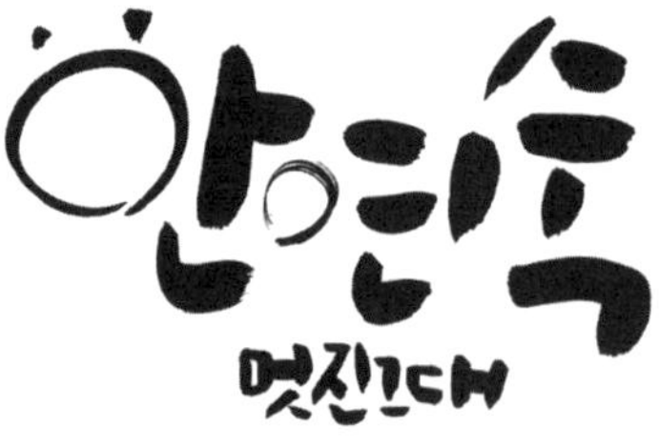

첫 획이 둘 다 ㅇ인 경우 크기에 차이를 둔다.
받침이 둘 다 ㄴ인 경우는 서로 부딪쳐서 어우러지기가 어렵다.
이때 다른 글자에서 시선을 끄는 강조획을 두거나 장식을 두어
지루하지 않도록 한다.

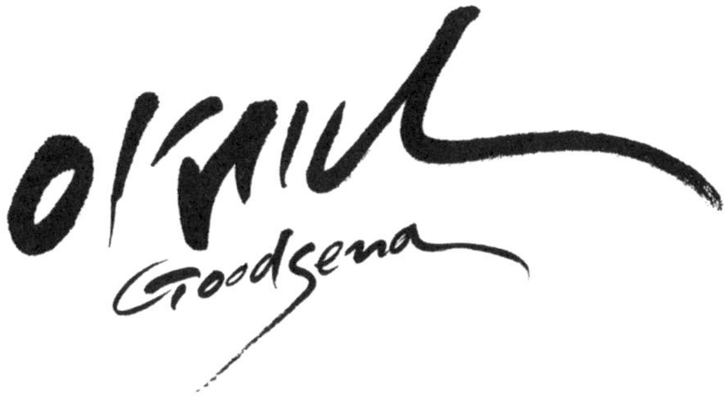

받침이 전혀 없는 경우는 가로나 세로획에서 확장획을 찾아 표현한다. 세로획이 연이어 있는 경우 필압의 차이를 두어 지루하지 않도록 한다. 확장획을 제외하고 길이의 차이를 두는 것은 바람직하지 않다.

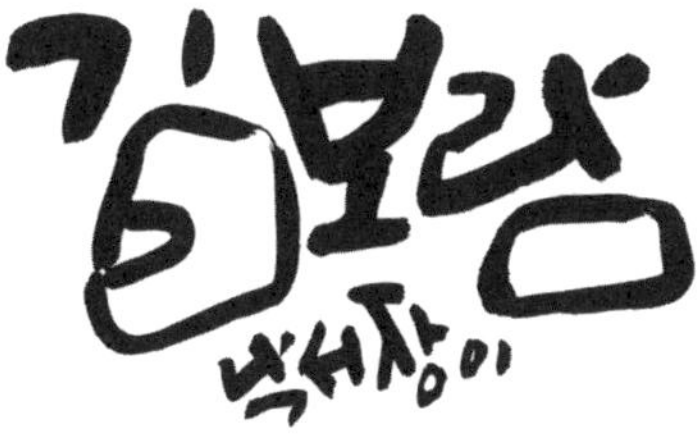

ㅁ에 장식을 넣어본 경우인데, 두개씩이나 ㅁ이 있는 경우 단조로울 수 있다. 이럴 때 ㅁ안에 획을 더 넣어 장식을 하면 새로운 구성이 될 수 있다.

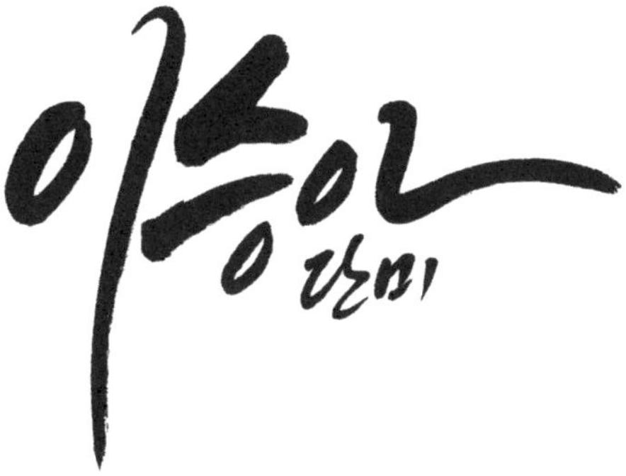

'이'자의 세로획을 맵시 있게 살려 쓰기가 매우 어렵다.
자연스럽게 표현되려면 많은 연습이 필요하다.
'아'자의 가로획을 역동적으로 확장하여 표현하는 것도 많은 연습을 필요로 한다.
받침이 없는 이름들만 별도의 연습을 해보자.

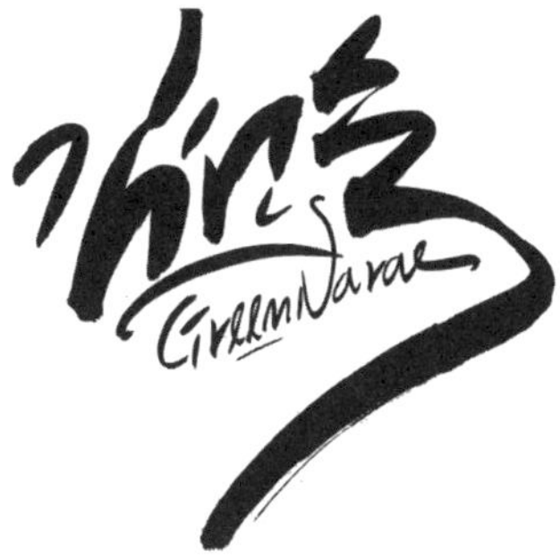

전체적으로 역동성만을 강조한 구성이다.
'김'자의 ㅁ에서 마지막 획을 가로확장하여 강조하는 경우 '선'자의 ㄴ 받침이 축소될 수밖에 없다. 이때 '숙'자의 ㄱ을 강조하여 어색한 느낌이 들지 않도록 표현한다.
영문에서 획 하나를 빈 공간에 넣어 밀도 있게 구성했다.

이름 쓸 때 유의할 점

▶ 이름의 자획을 살핀다.

▶ 구성을 살핀다.

▶ 받침이 있고 없음의 경우

▶ 획을 확장하여 강조할 수 있는가.

▶ 획의 많고 적음의 어우러짐

▶ 필압의 차이로 표현하기

▶ 필세의 정도

▶ 덧꾸밈 요소 추가

▶ 글씨 스타일 결정 (흘림, 판본, 큐티, 단순…)

▶ 가독성

▶ 필기형 / 표현형 / 슬로건 타입

가은주 ~ 김희정

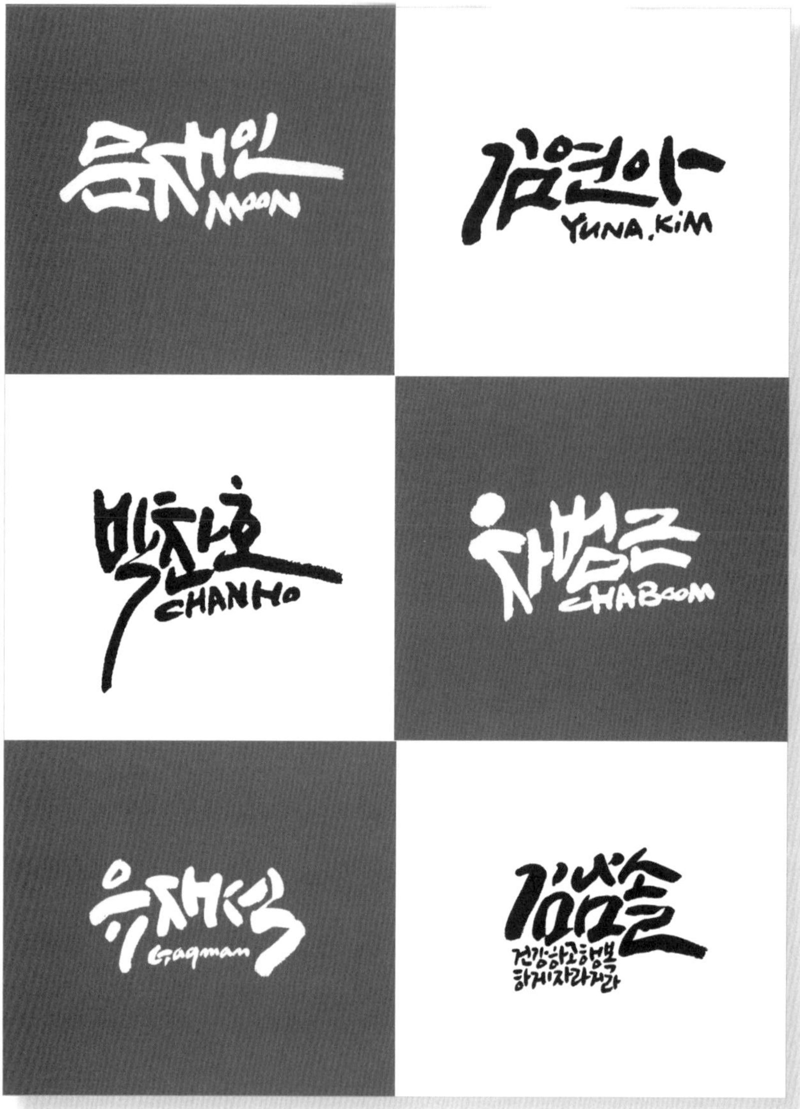
문재인
MOON
김연아
YUNA.KiM
박찬호
CHANHO
차범근
CHABOOM
유재석
Gagman
건강하고행복
하게자라거라

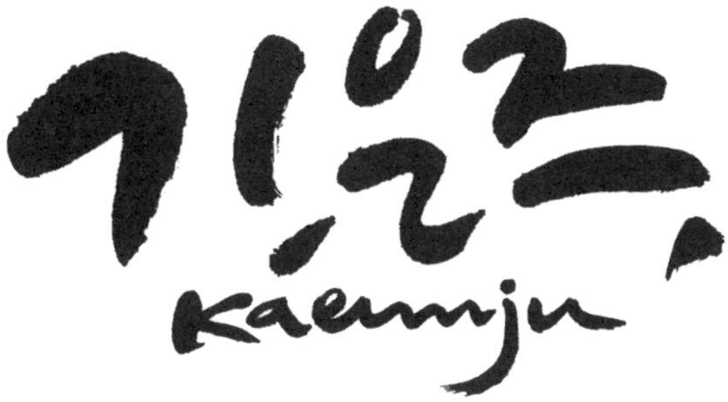
Kaeunju

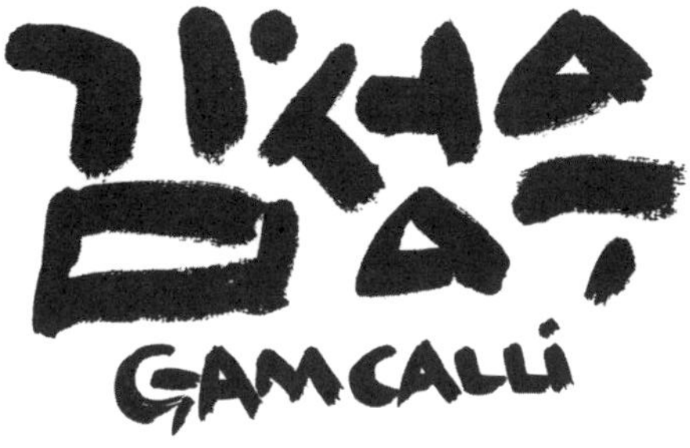
GAMCALLI

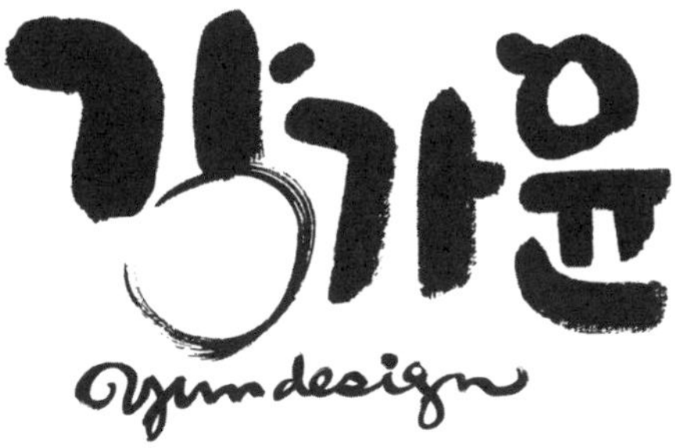
yundesign

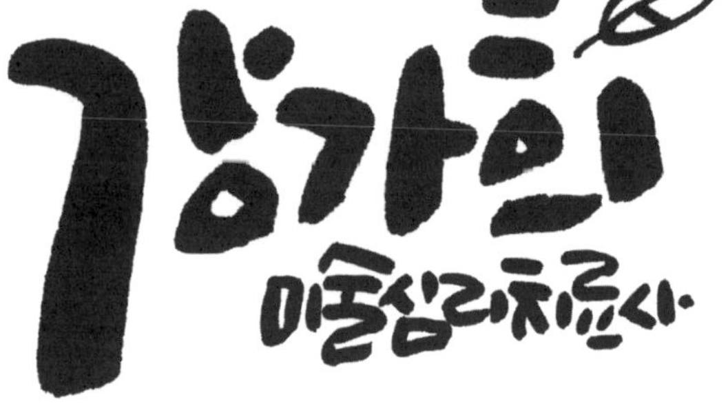
강가희
미술심리치료사

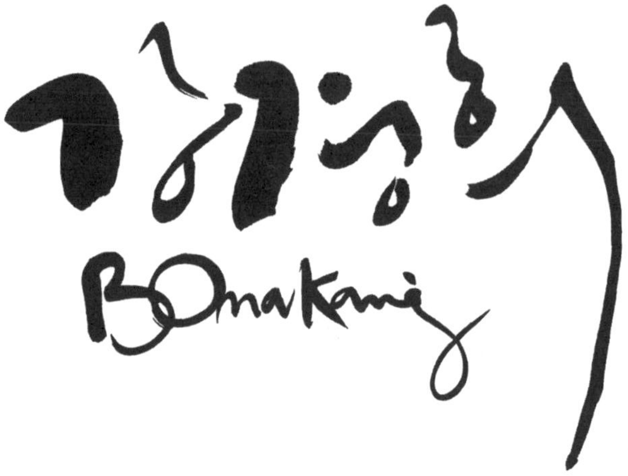

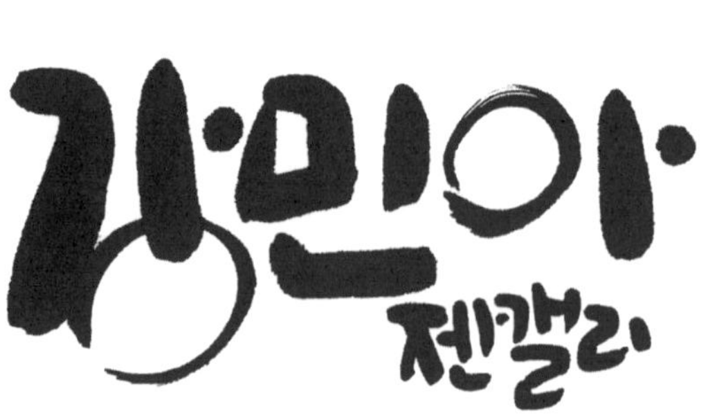
강민아
젠갤리

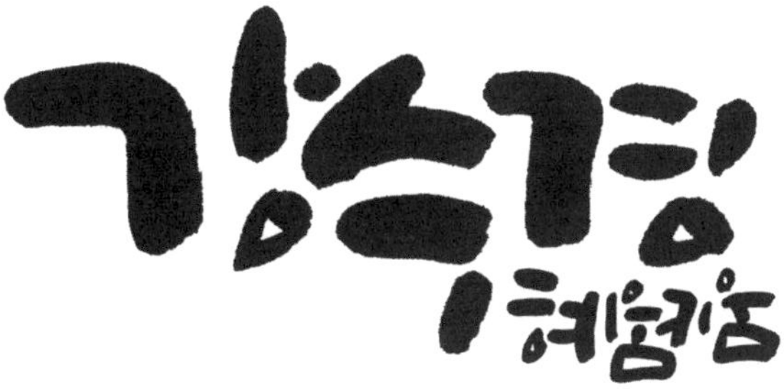

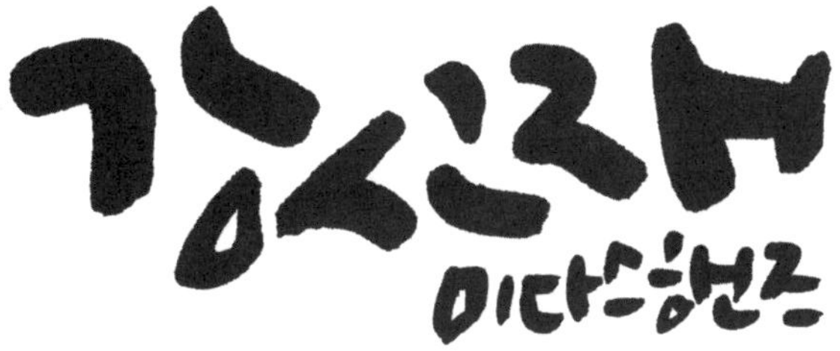

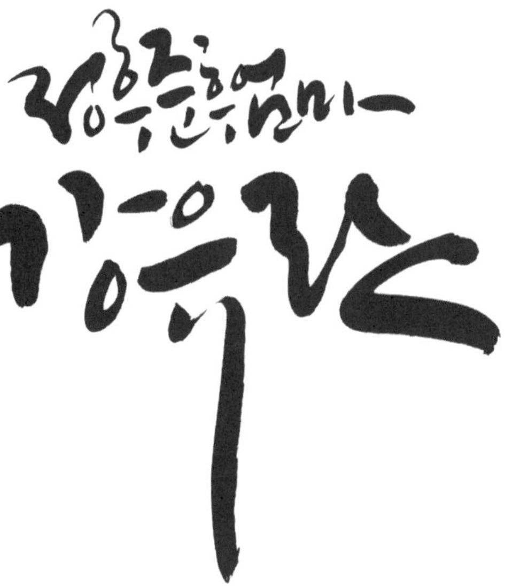

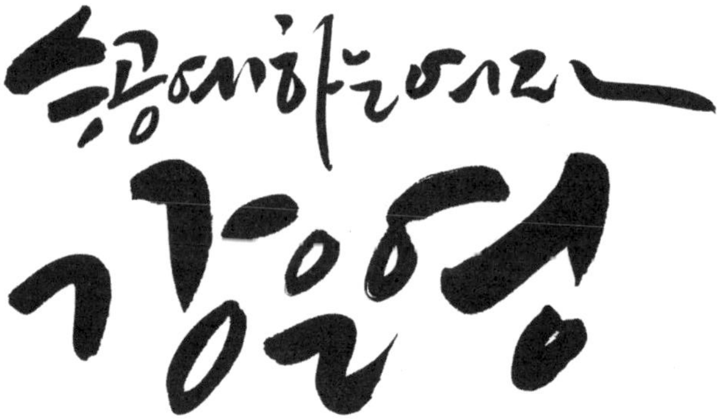

강은영

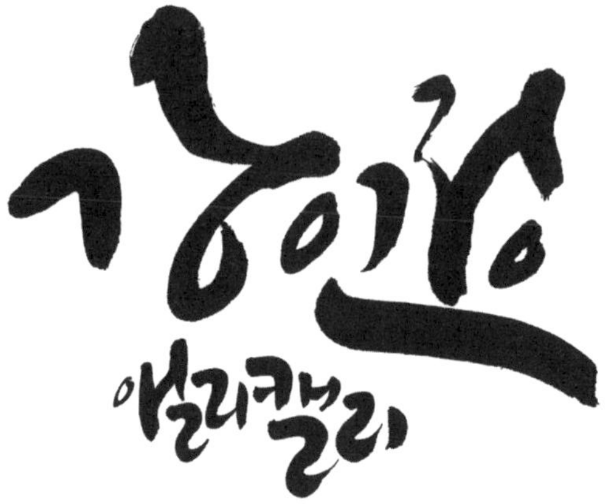

강인경

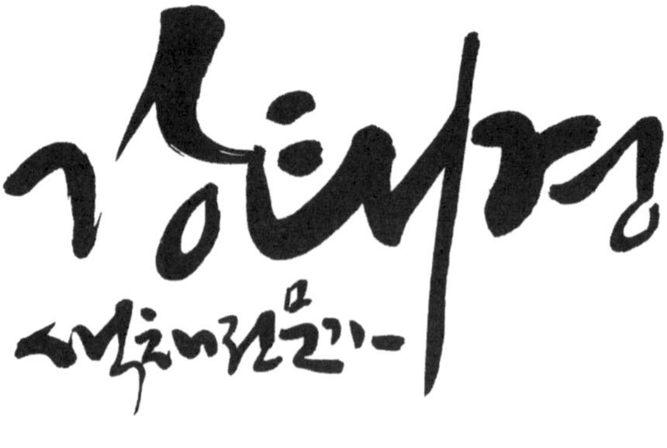

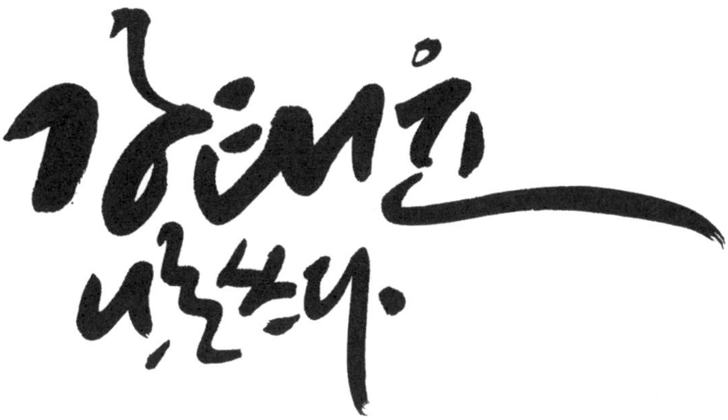

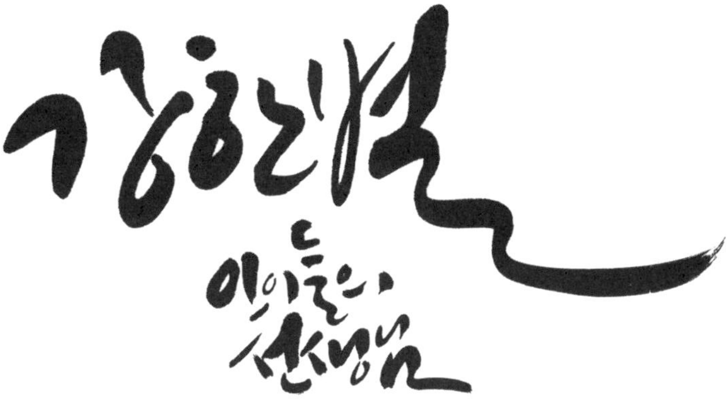

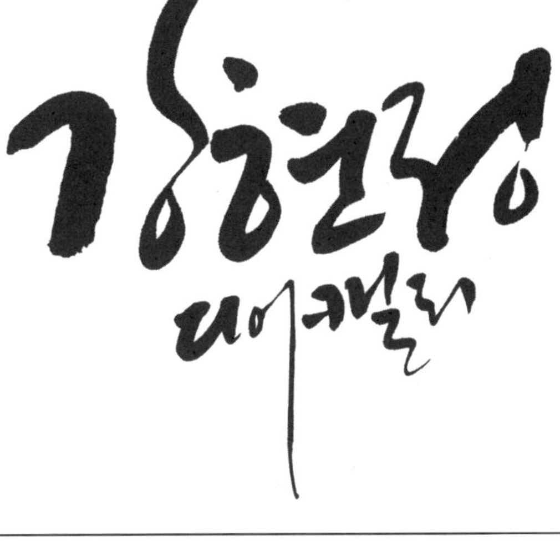

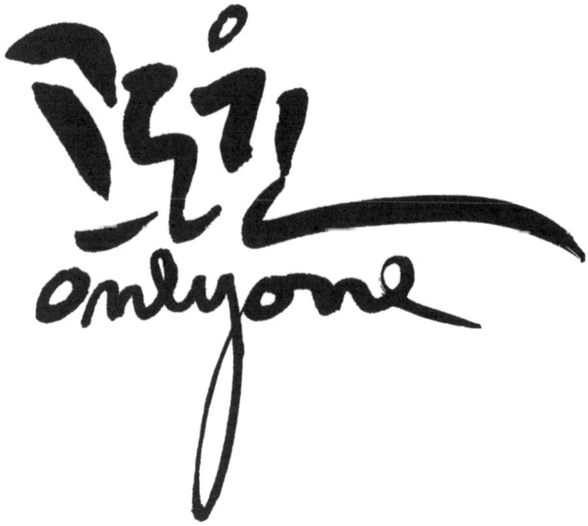
onlyone

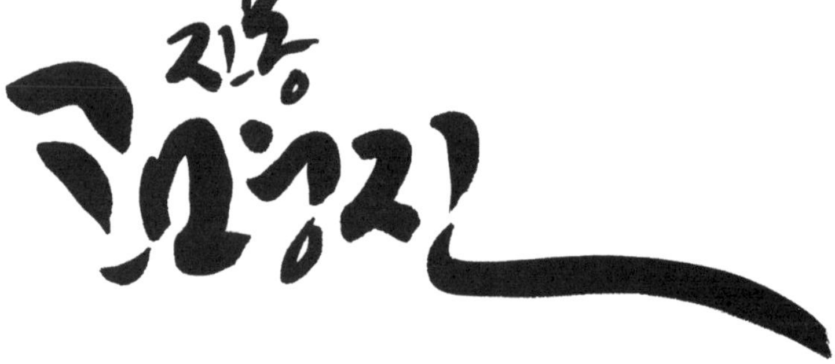

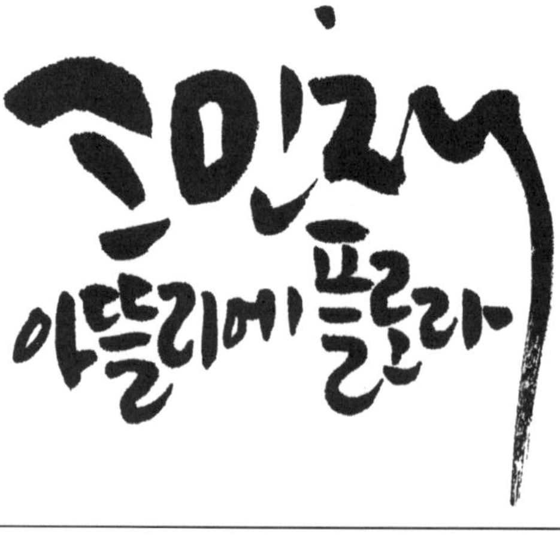
아뜰리에 플로라

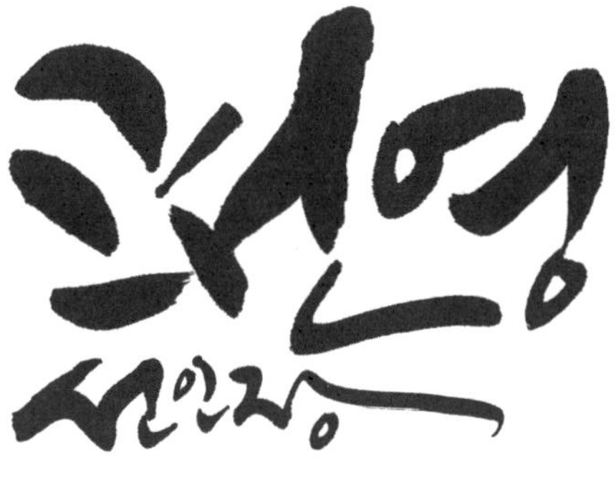

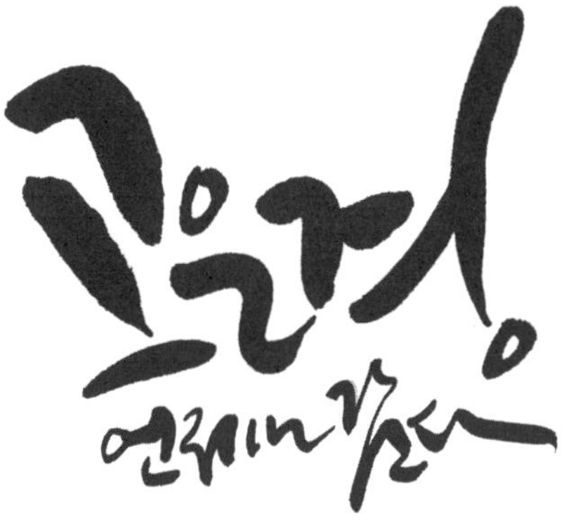

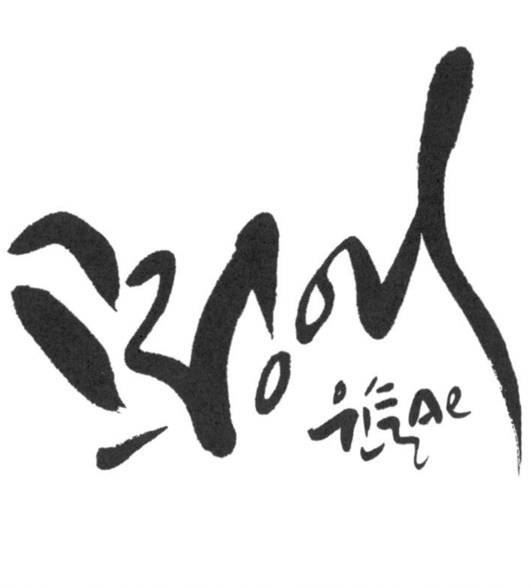

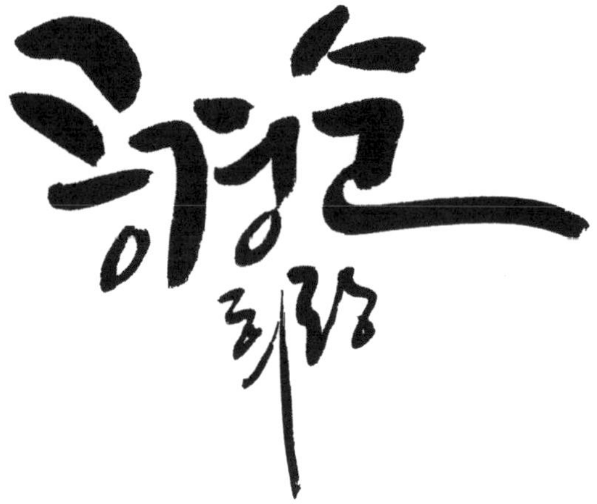

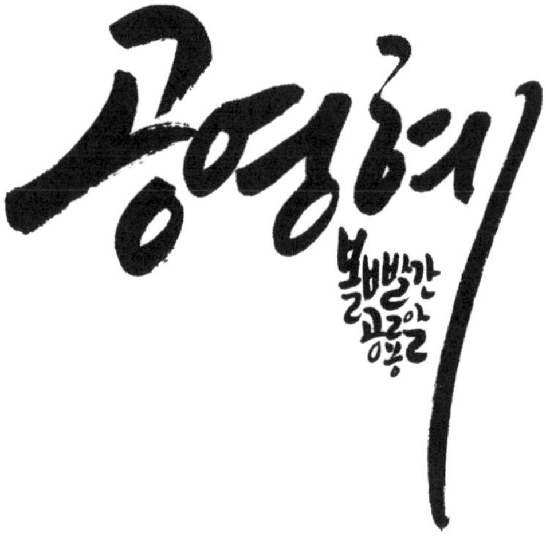

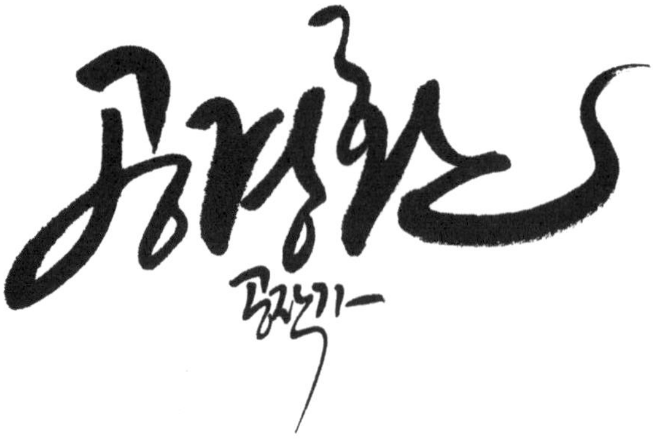

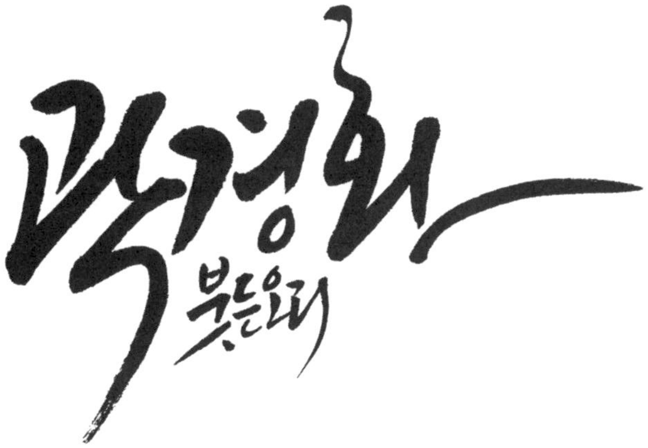

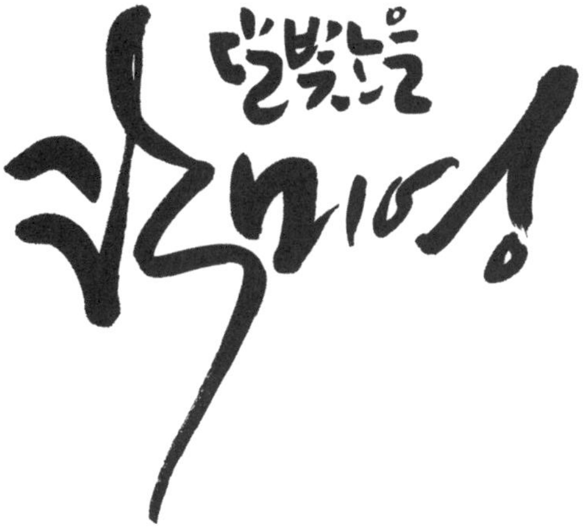

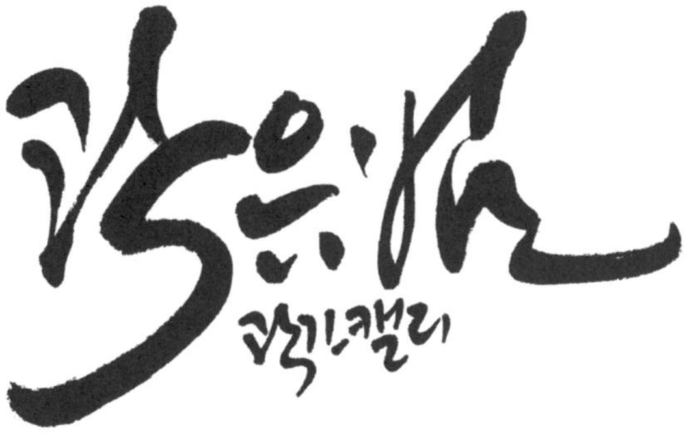

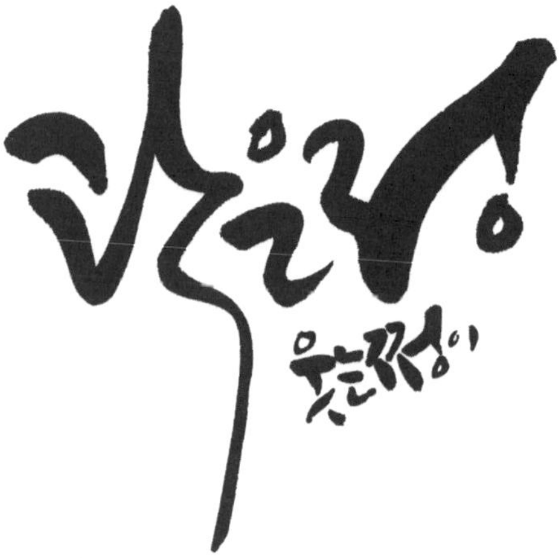

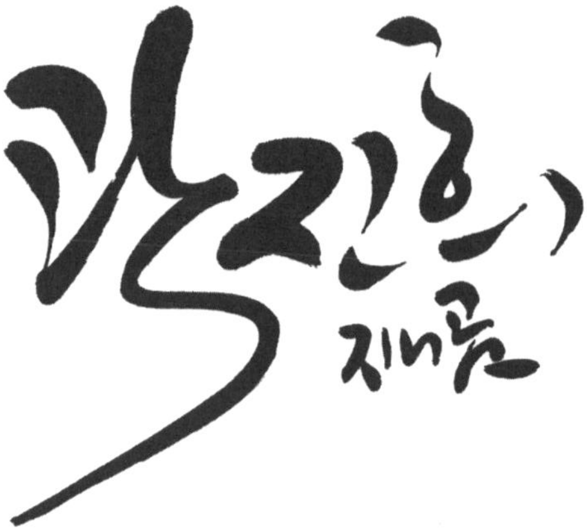

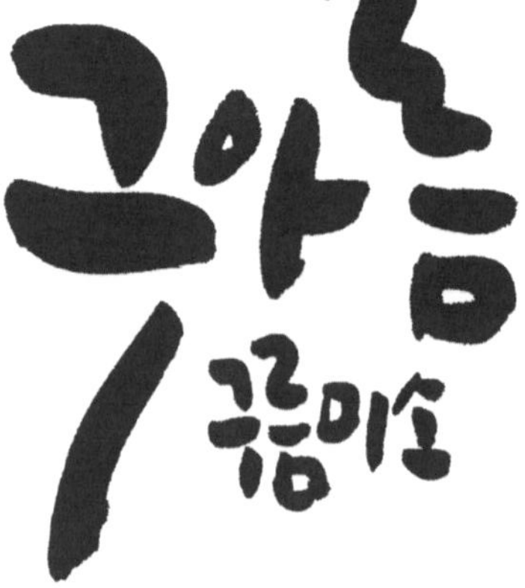

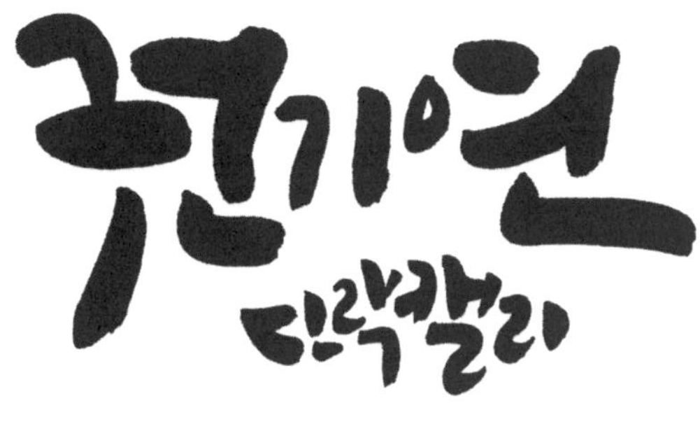
권기연
디락캘리

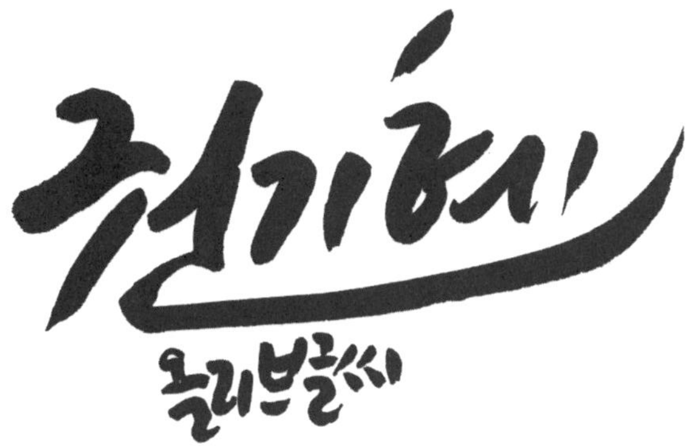
권기혜
올리브글씨

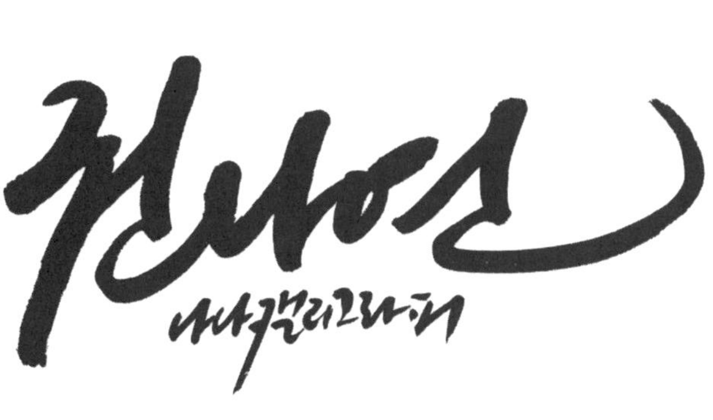
권나연
나나캘리그라피

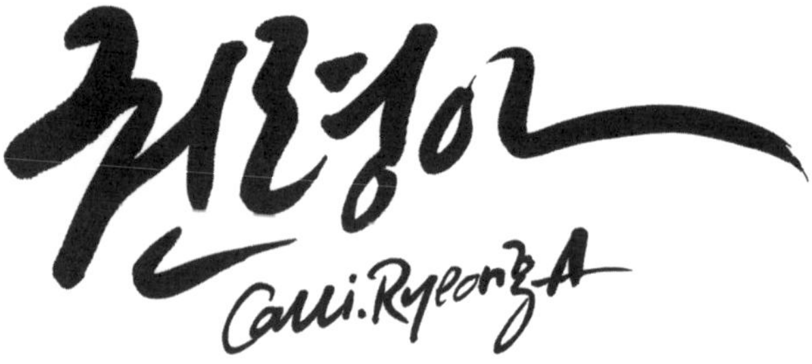
권령아
Calli.Ryeong A

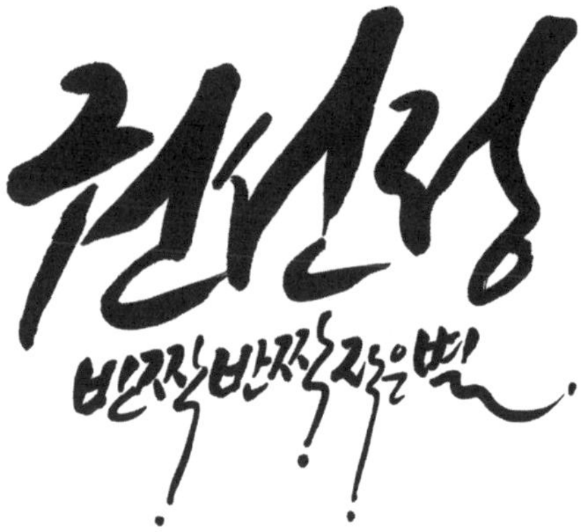
권선령
반짝반짝 작은별

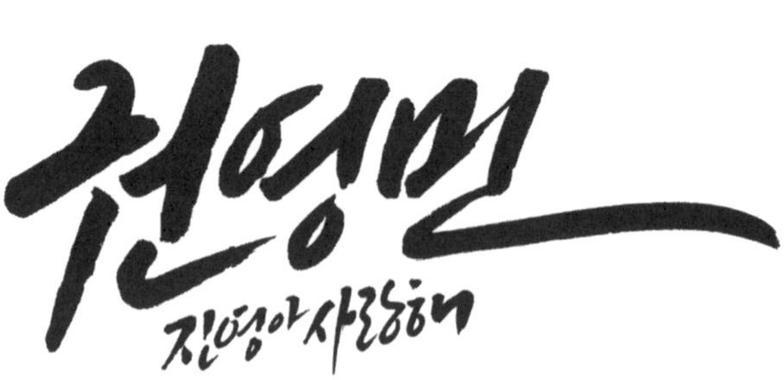
권영민
진영아 사랑해

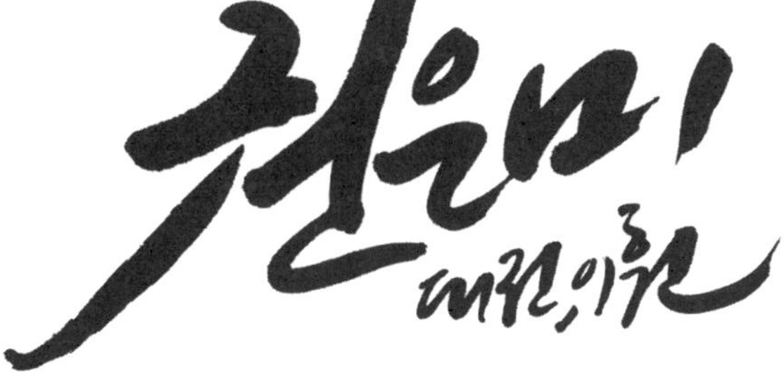

권은미

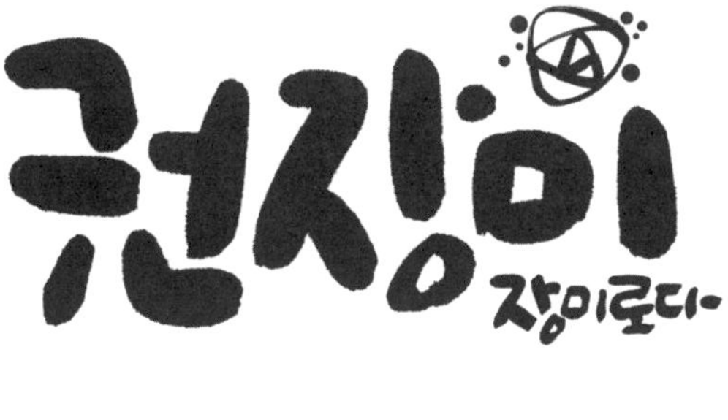

권징미
장미로다

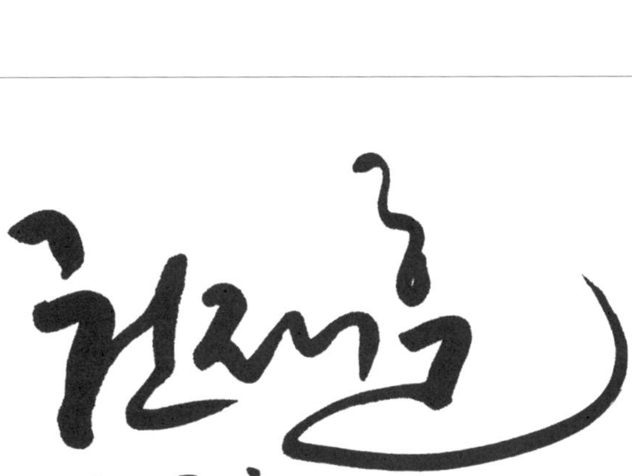

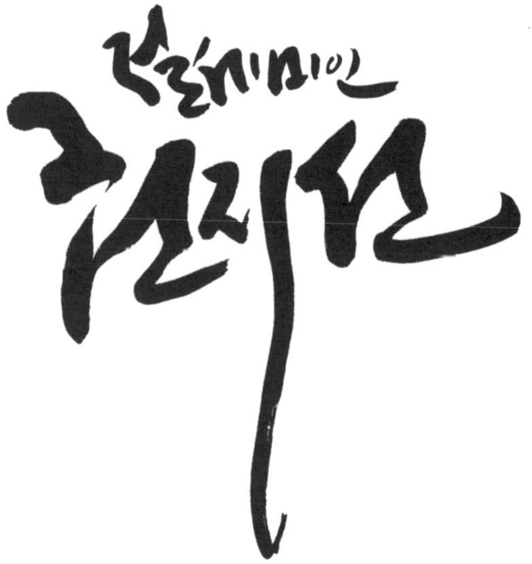

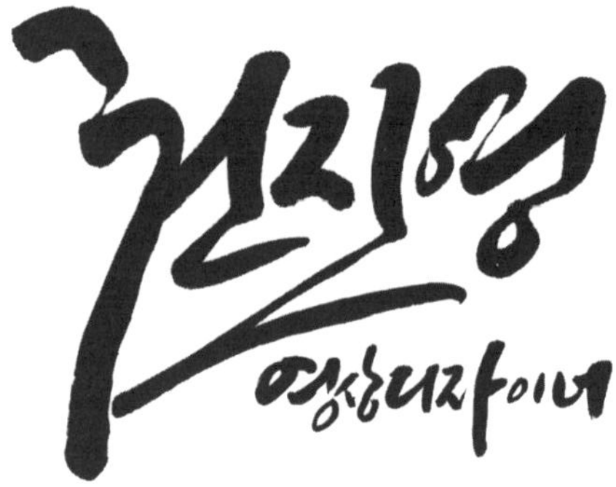
권지영
영상디자이너

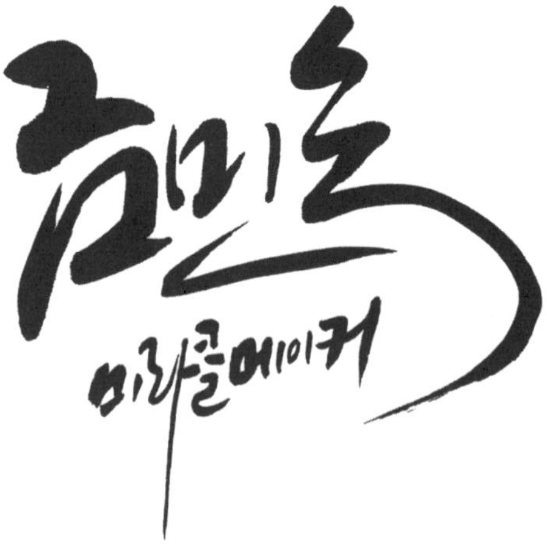
미라클메이커

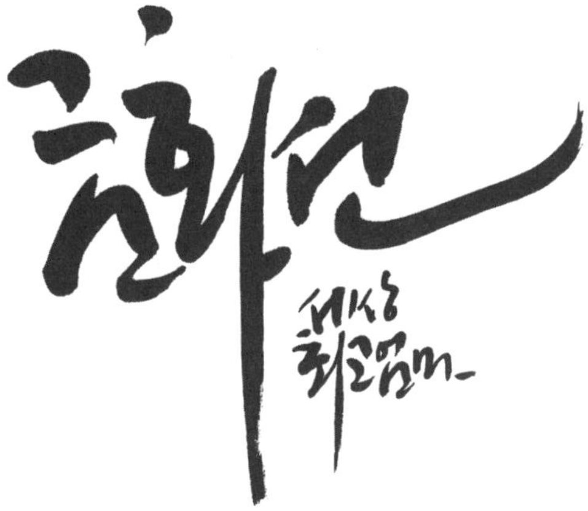

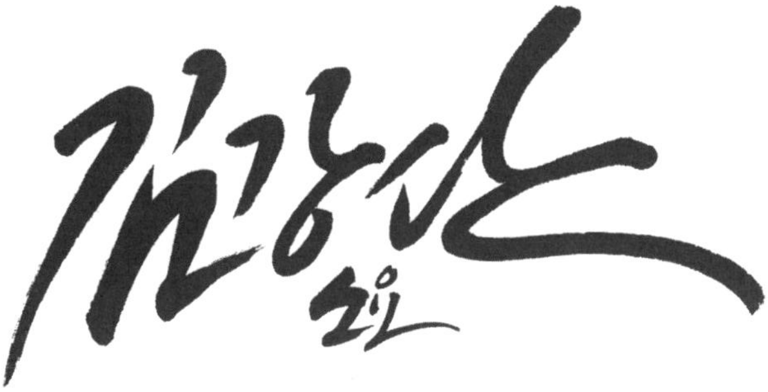

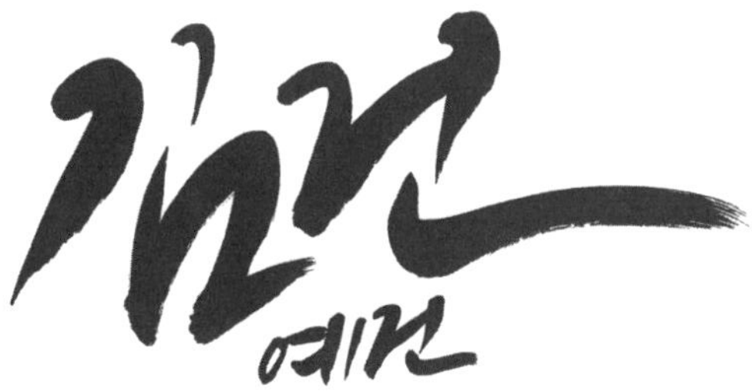

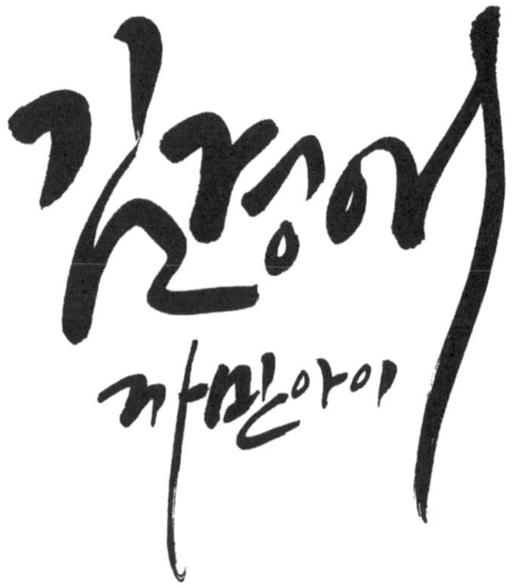

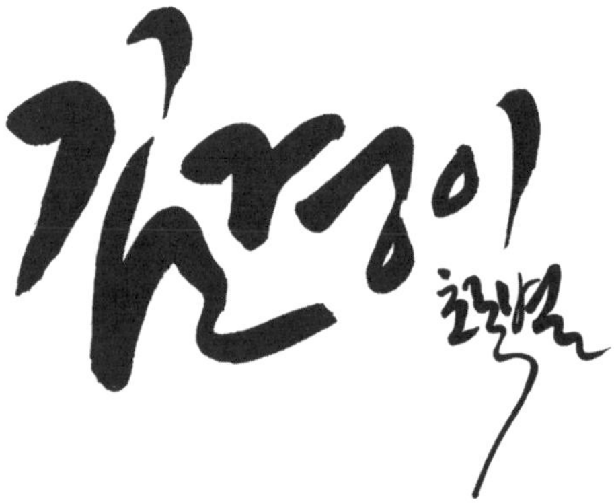

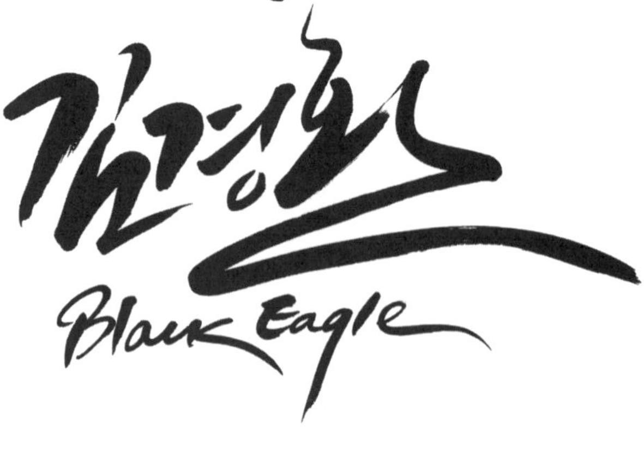
Black Eagle

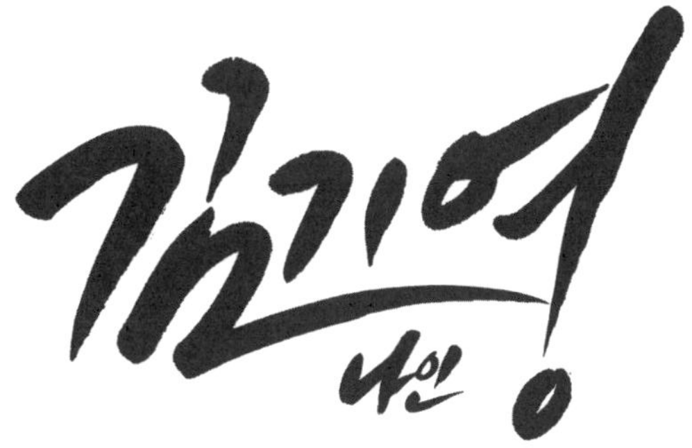
김기영
나인

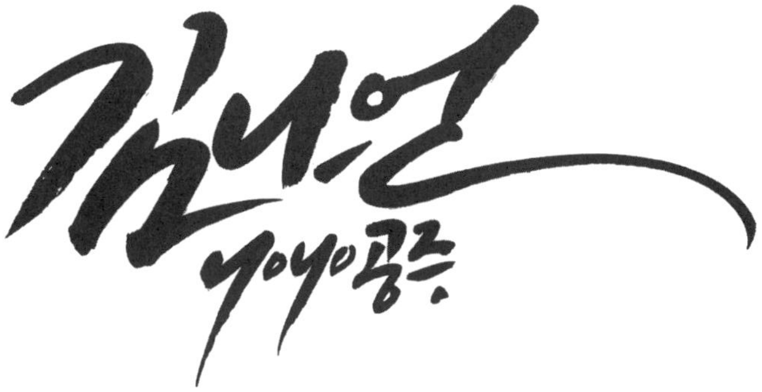
김나연
냥냥공주

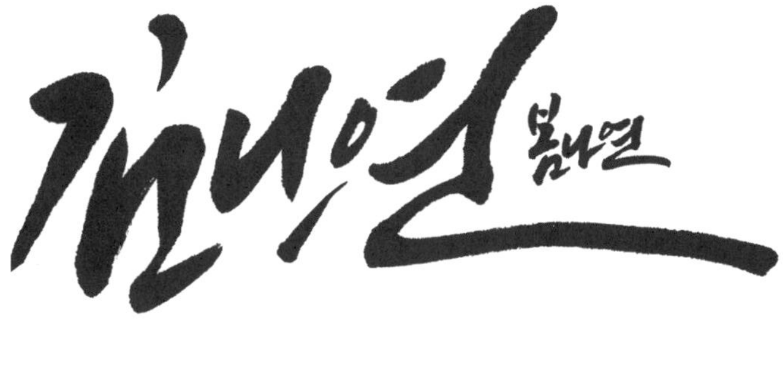
김나연
봄나연

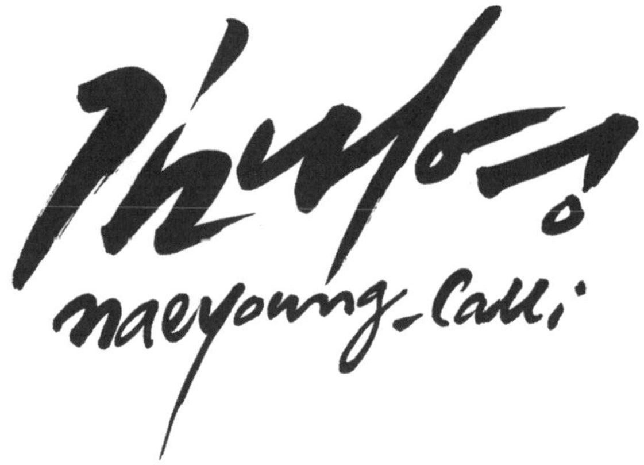
김내영
naeyoung_calli

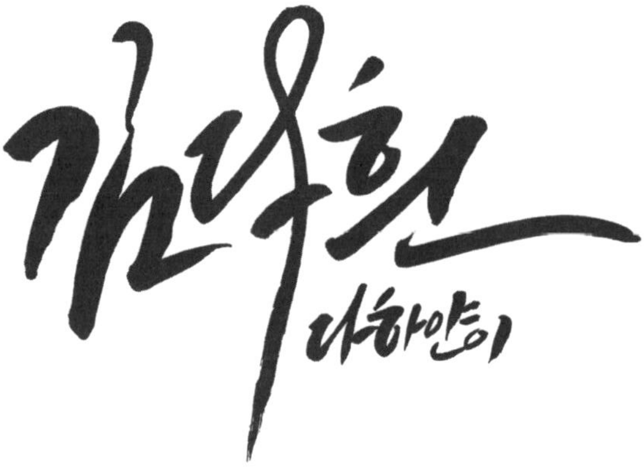

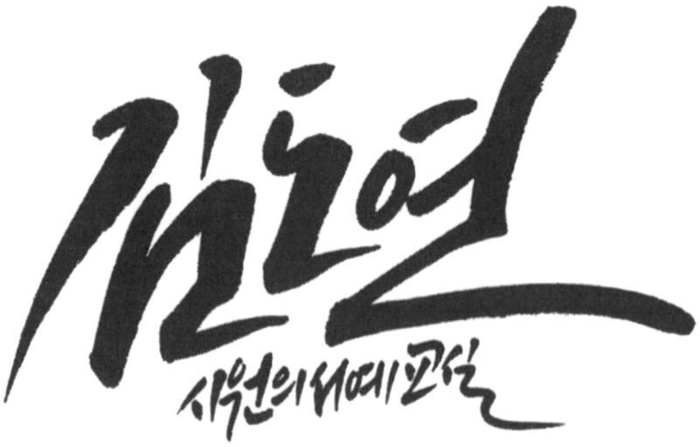

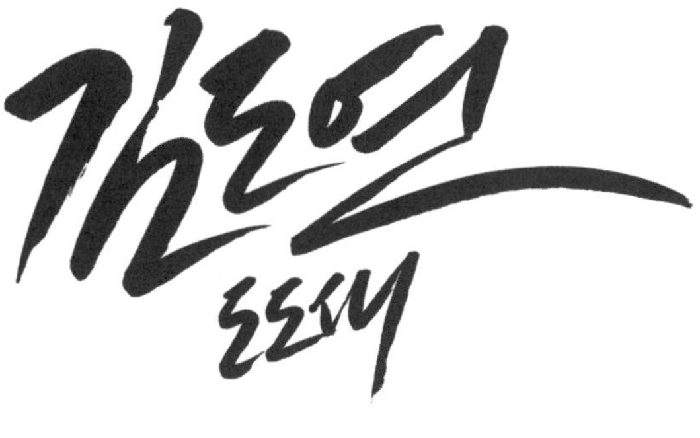

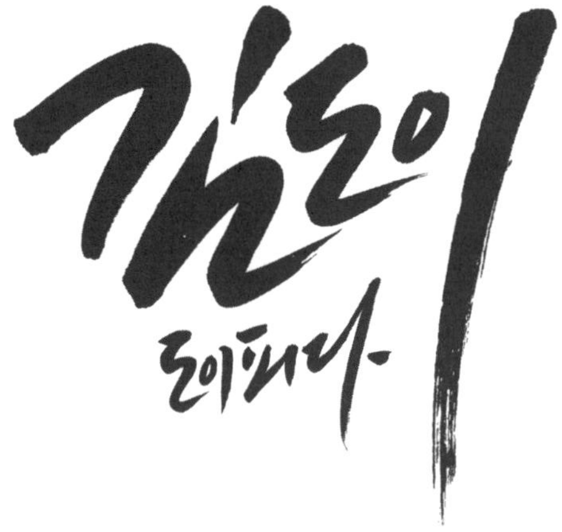

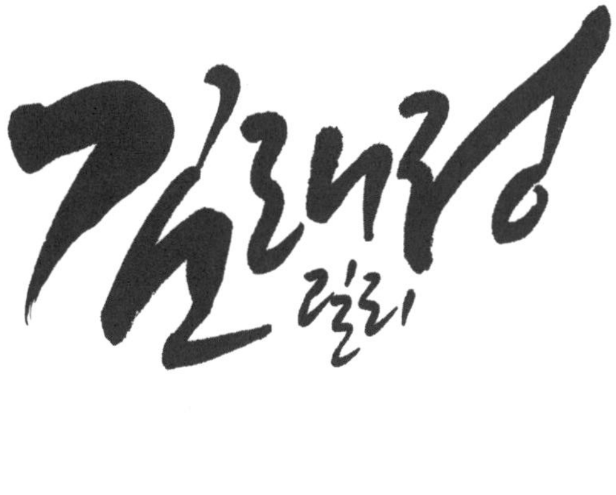

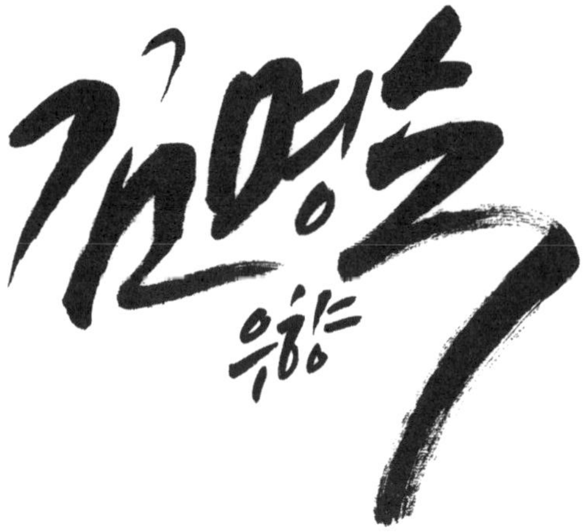
김명숙
유향

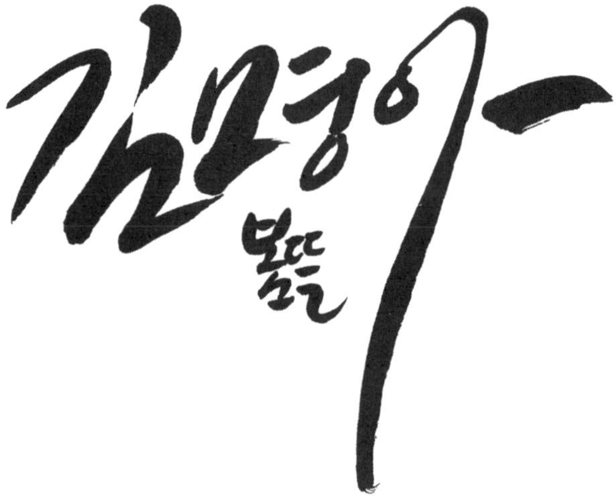
김명희
봄뜰

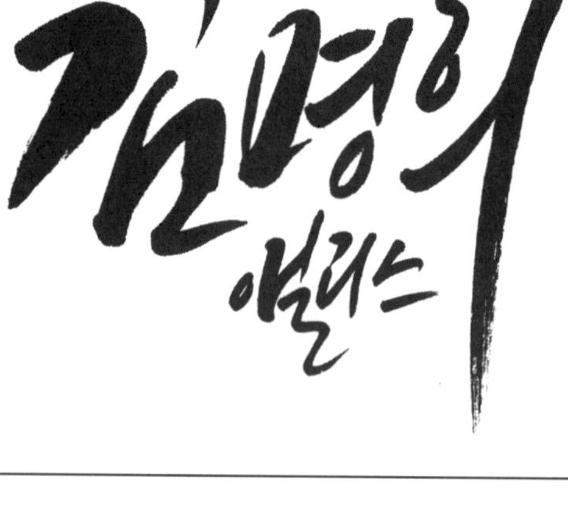
김명희
앨리스

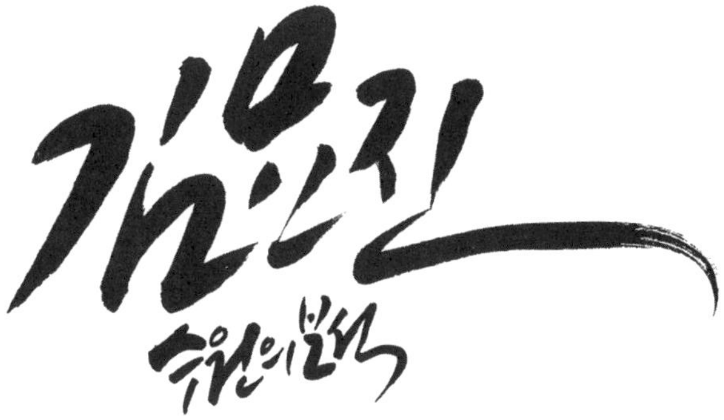

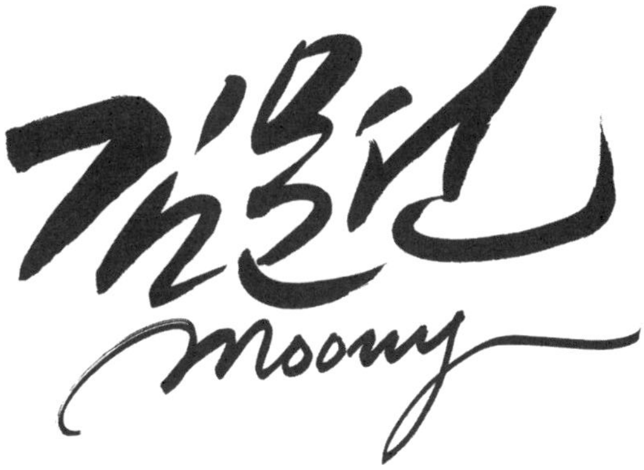
Moony

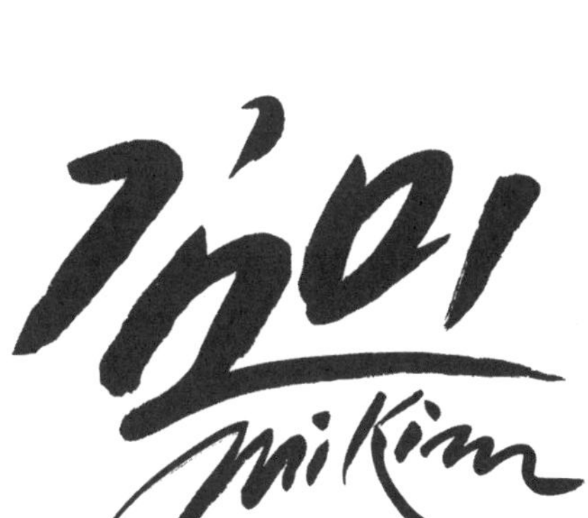
김미
Mi Kim

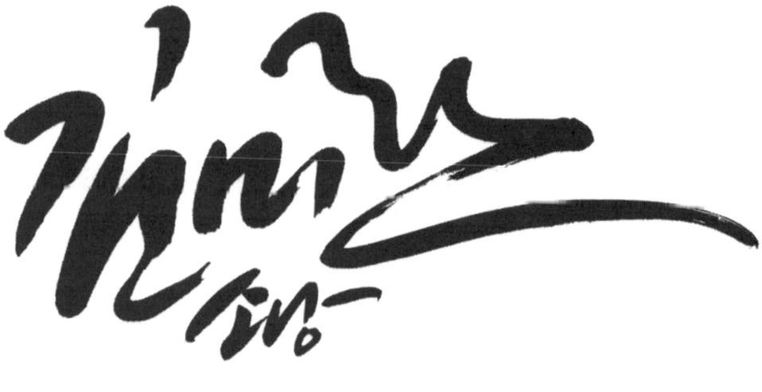

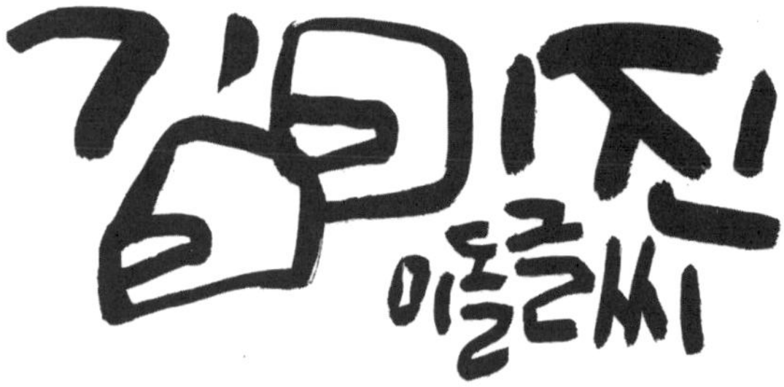
김미진

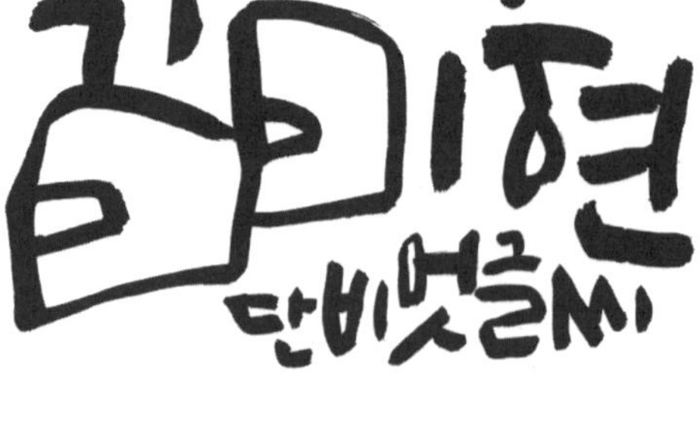
김미현

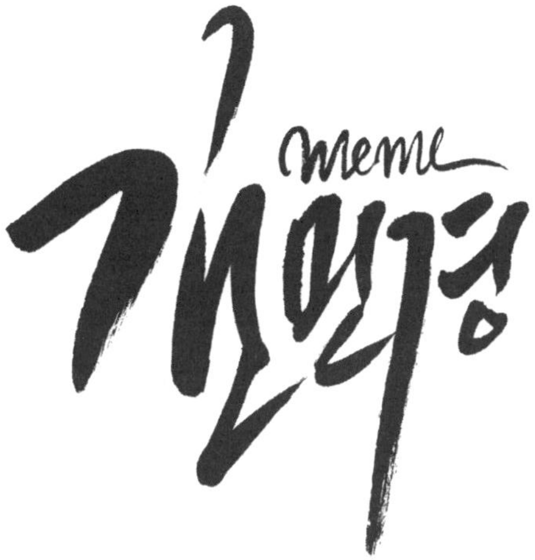
meme

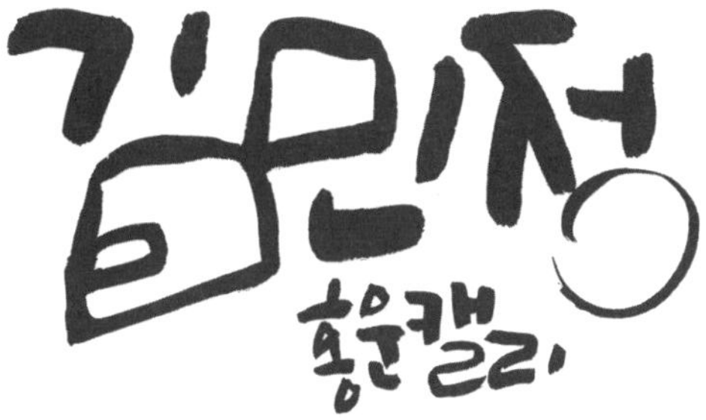
김민정
홍운캘리

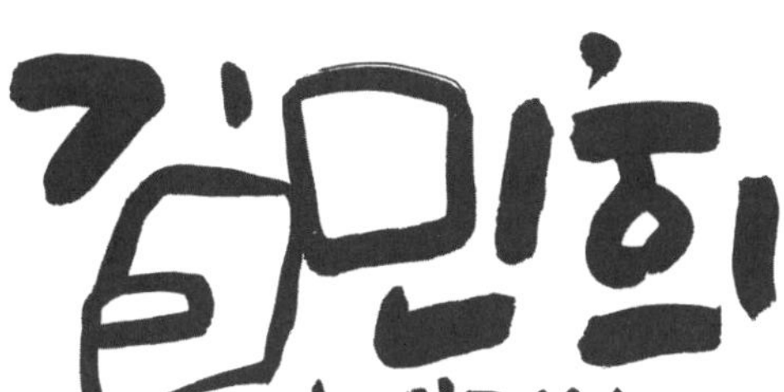
김민희
해말글씨

김병주
한그릇

김보람
낙서장이

김사빈
예술행동
극단라나앤레오

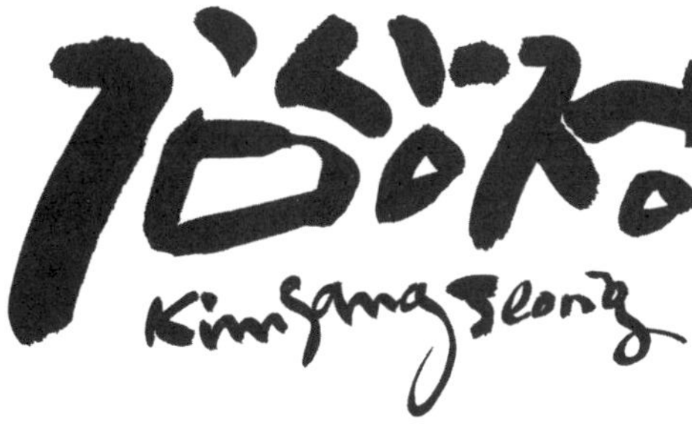

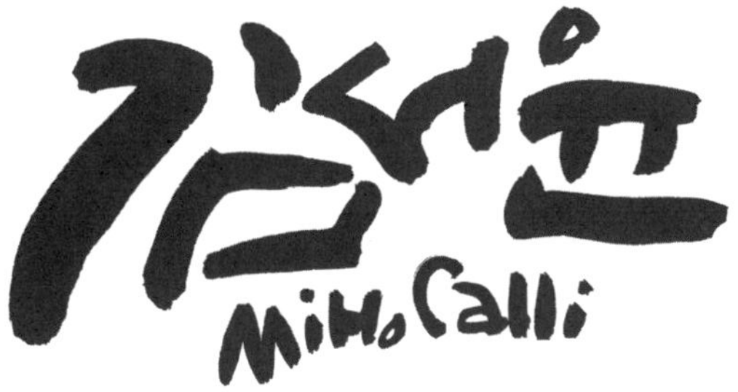
MiHo Calli

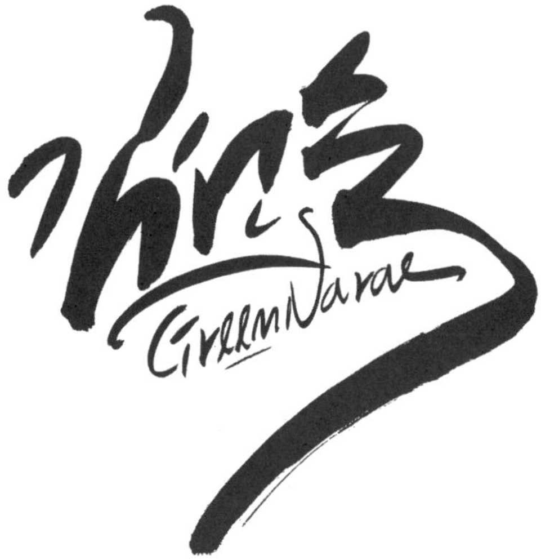

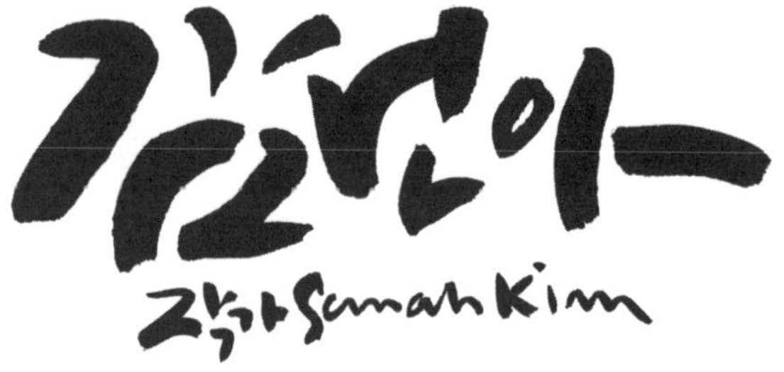
김선아
작가 Sunah Kim

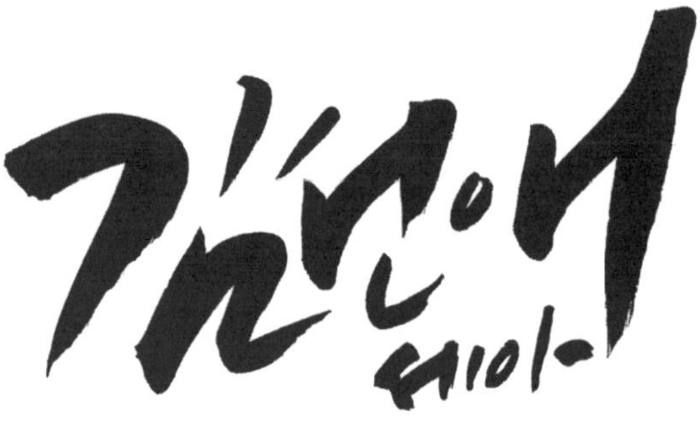
김선애

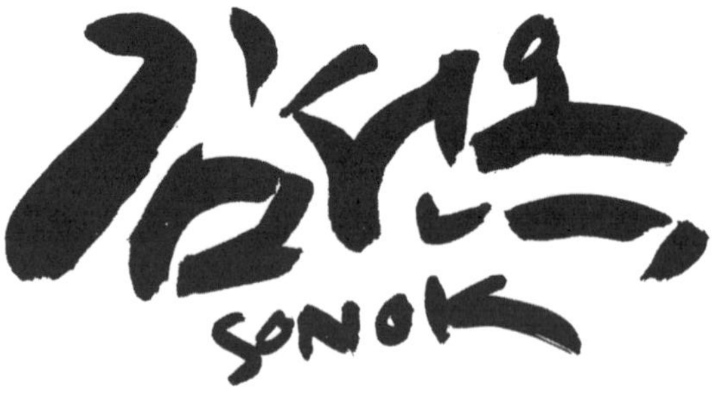
김선옥
SONOK

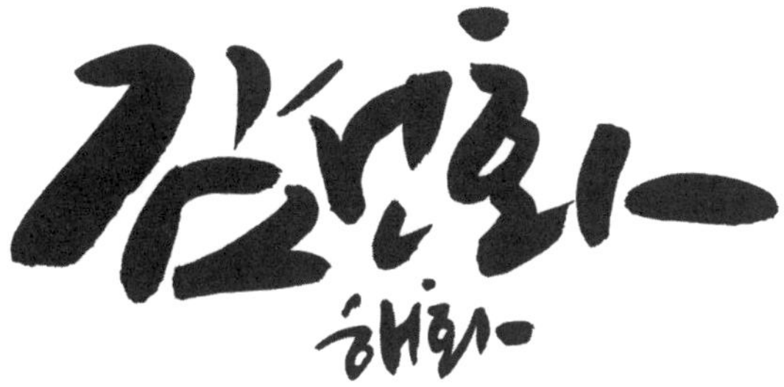
김선화
해화

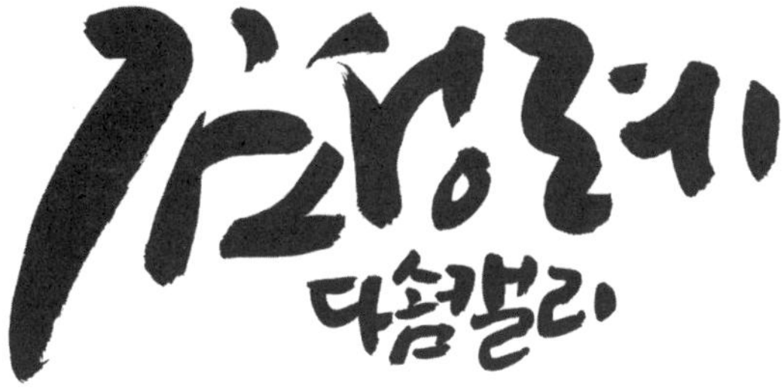
김정례

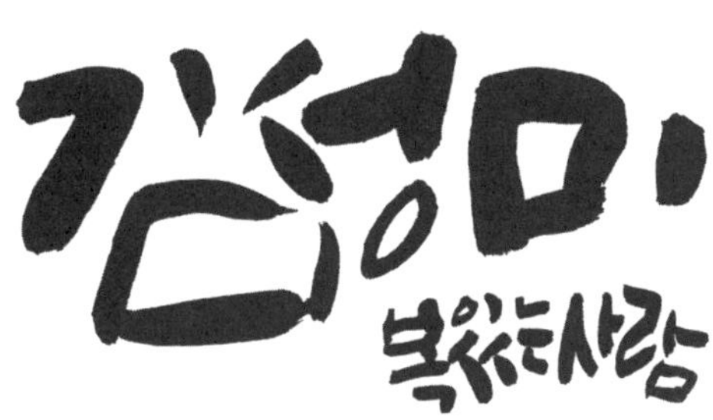
김성미
복있는사람

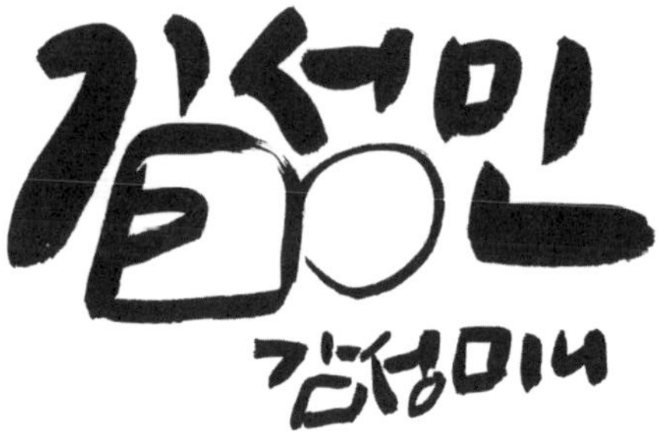
김성민
김성미니

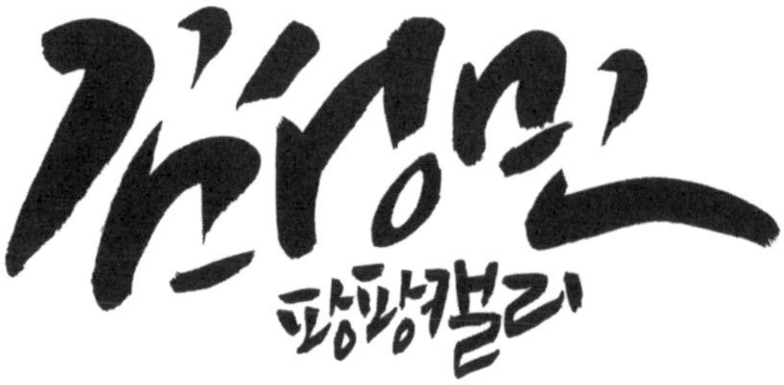
김성민
팡팡캘리

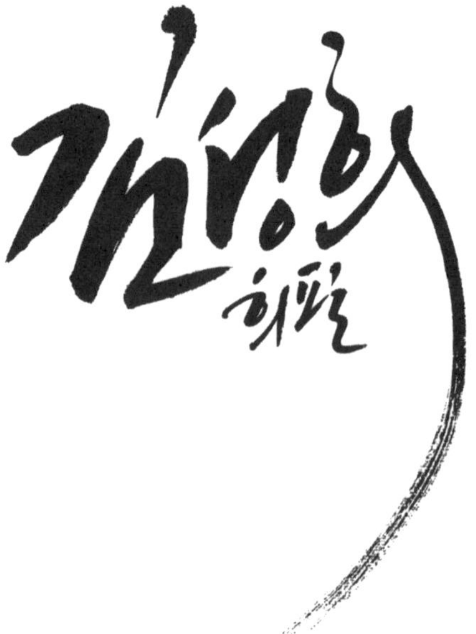
김성희
희필

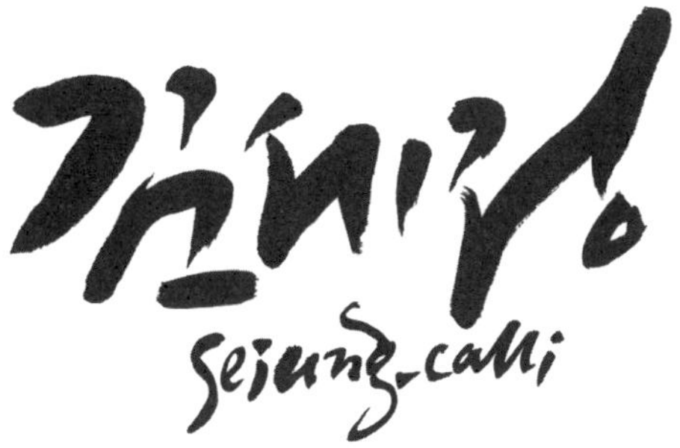
김세정
seiung-calli

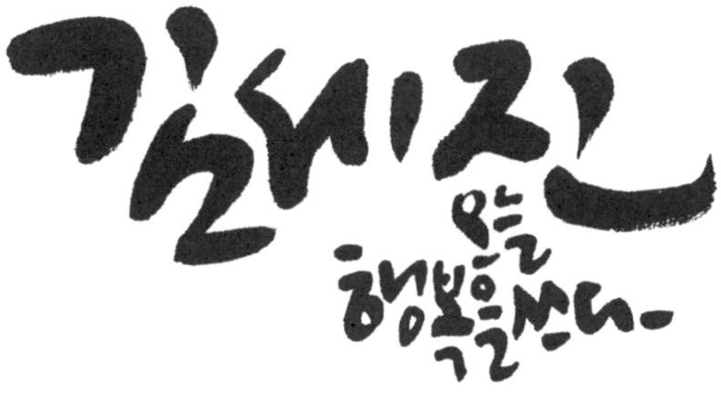
김세진
오늘
행복을 쓴다.

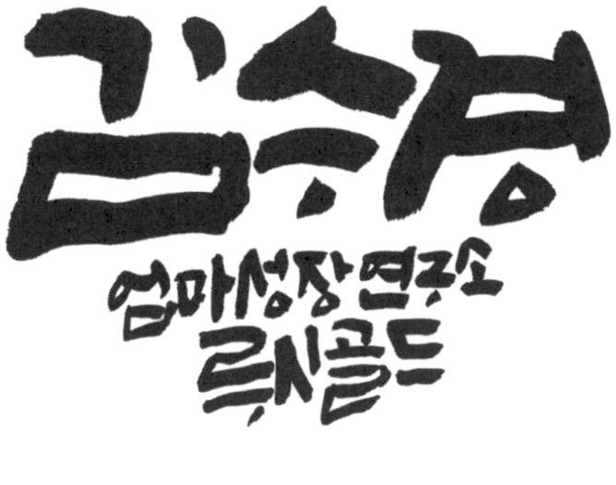
김수경
엄마성장연구소
루시골드

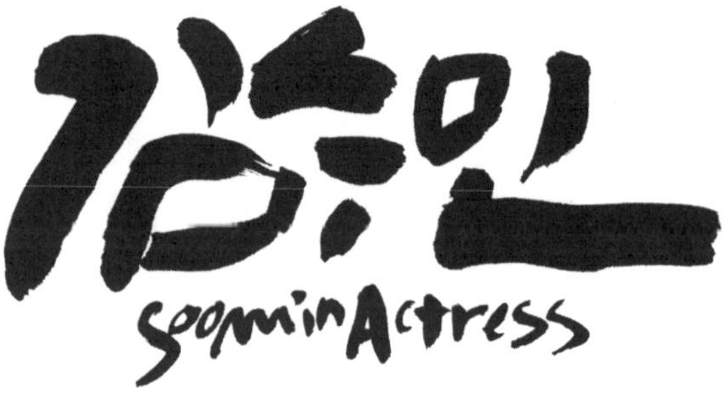
김수민
soominActress

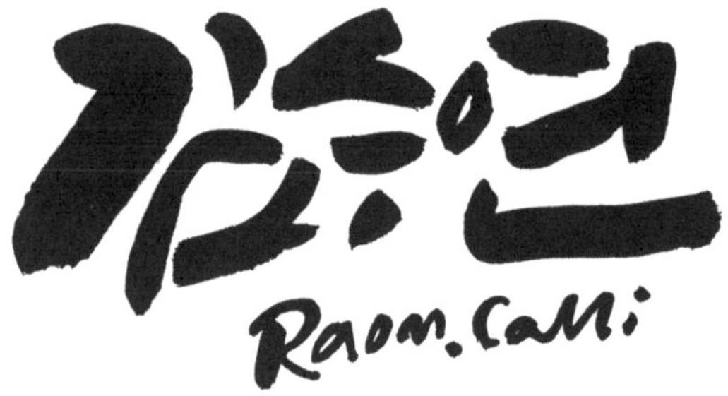
김수연
Raon.calli

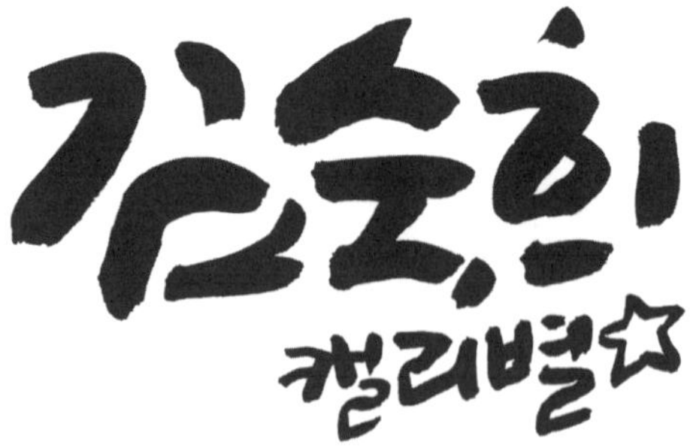
김순희
캘리벨☆

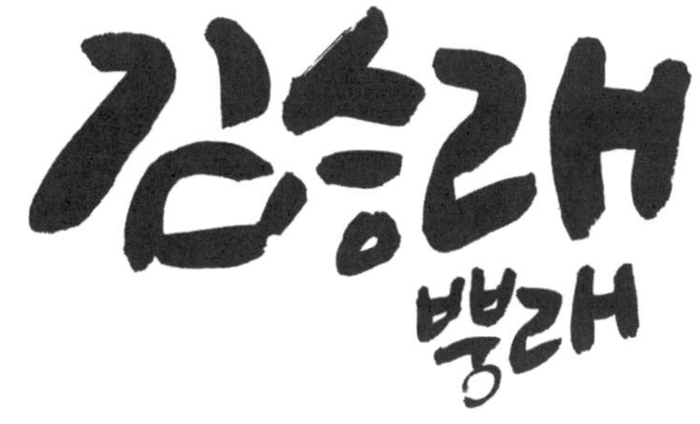
김승래

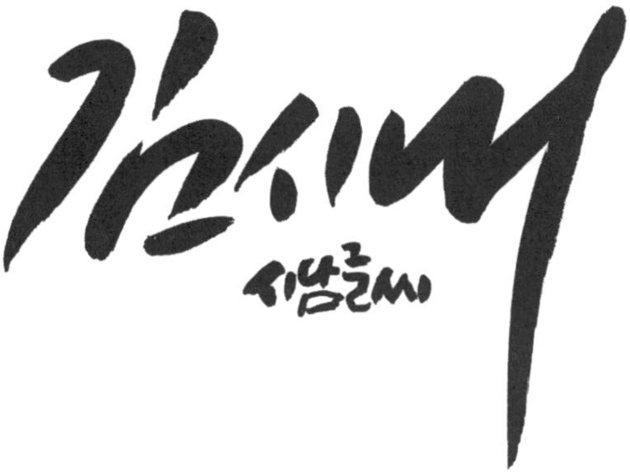
김시내

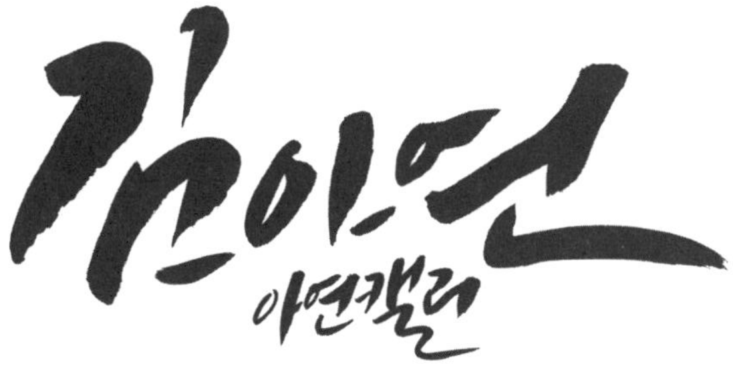
김이연
아연캘리

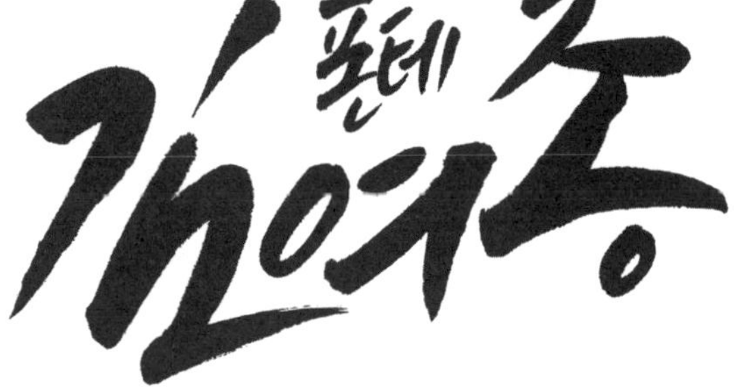

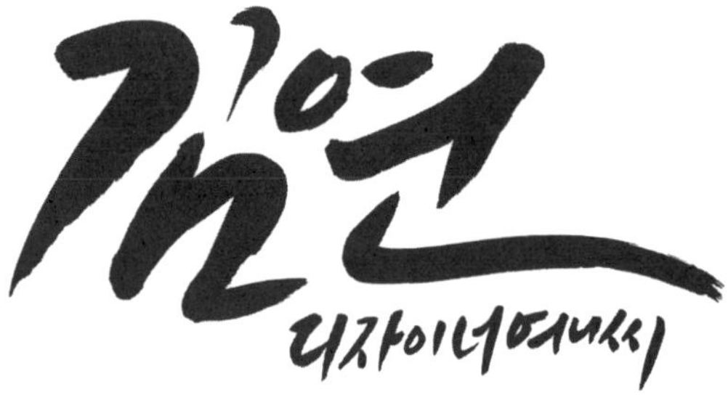

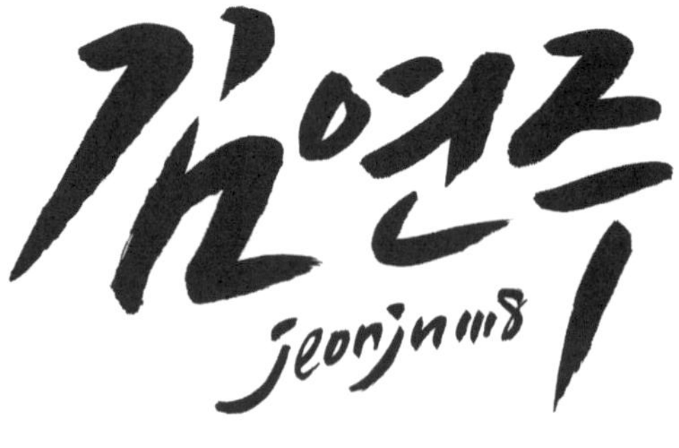

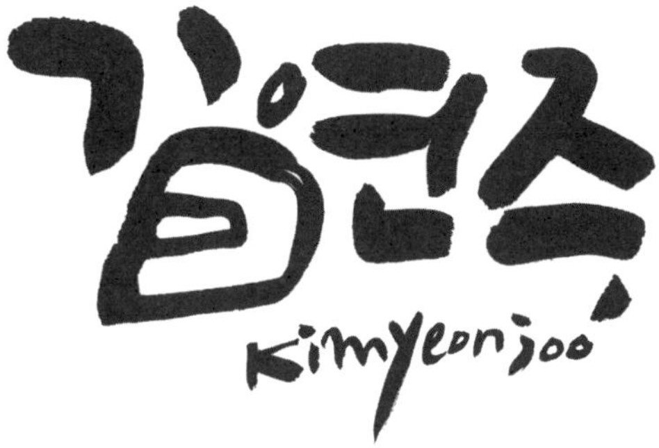
김연주
kimyeonjoo

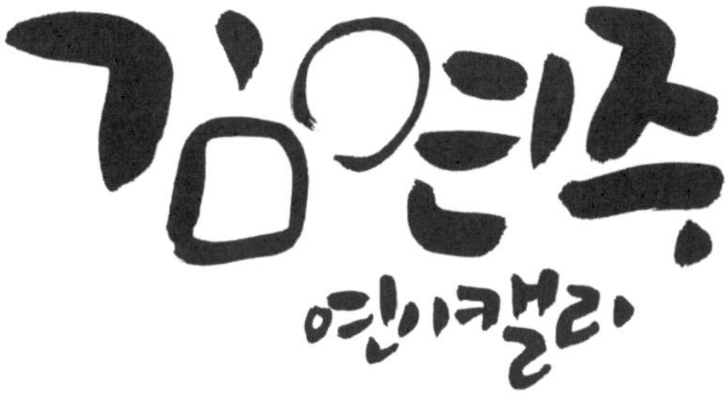
김연주
연이캘리

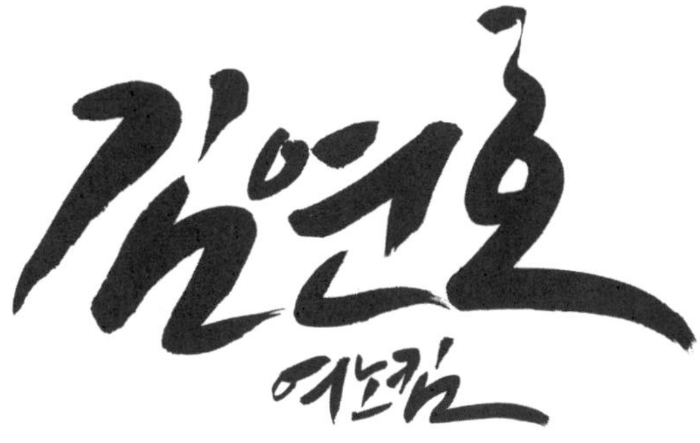

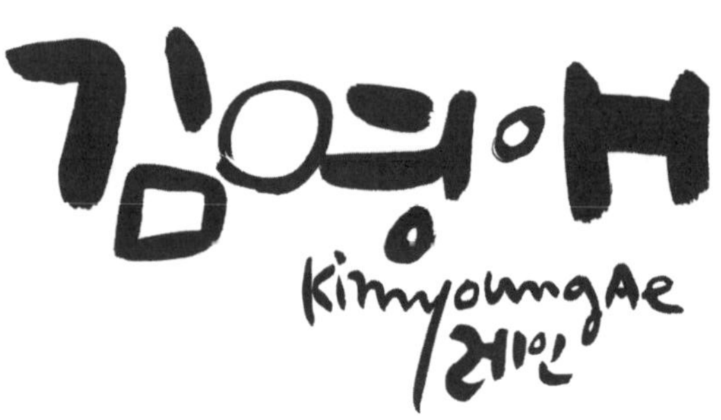
김영애
KimyoungAe
레인

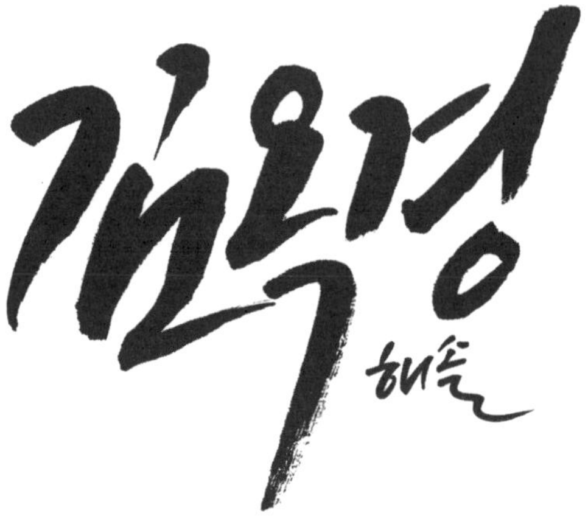
김옥경
해솔

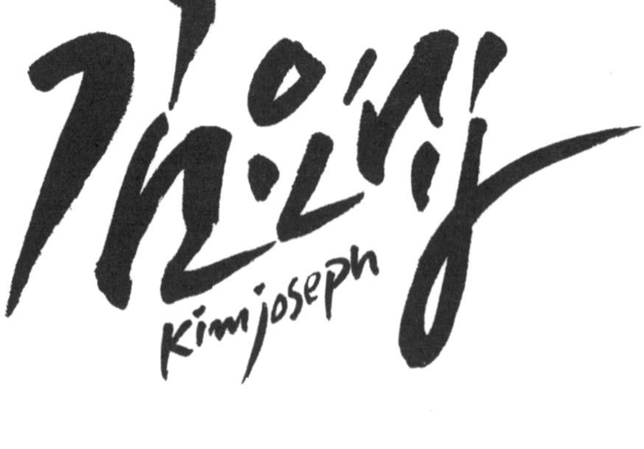
김요셉
Kimjoseph

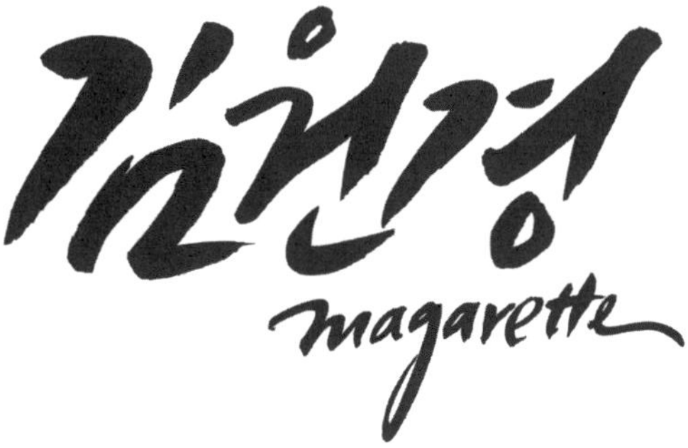
magarette

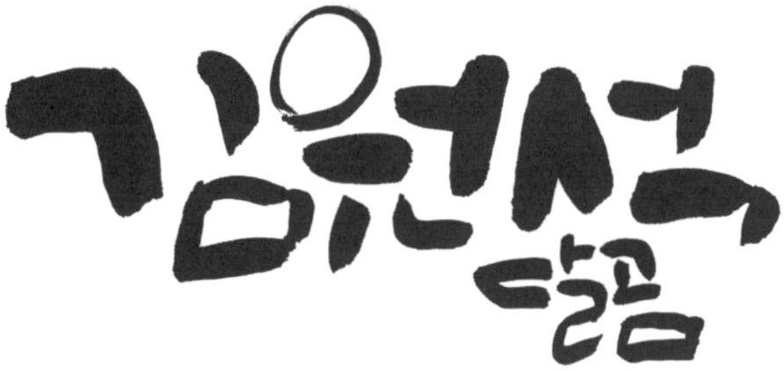
달곰

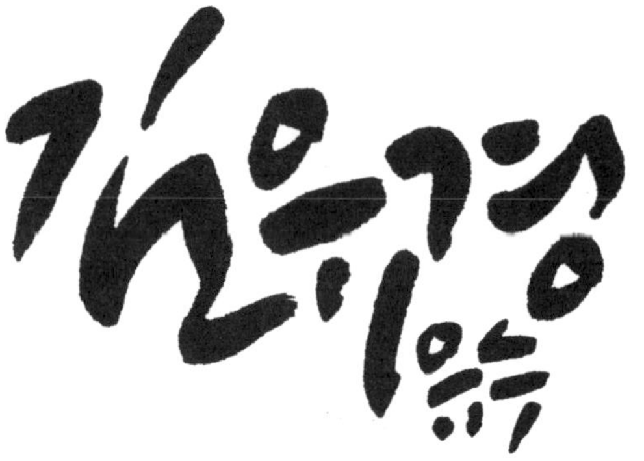

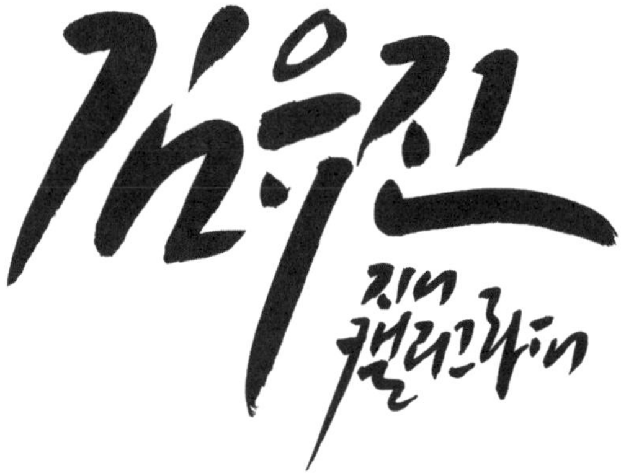

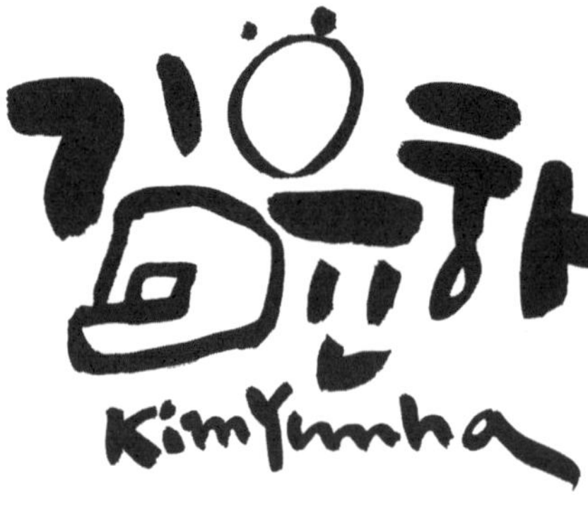
김윤하
KimYunha

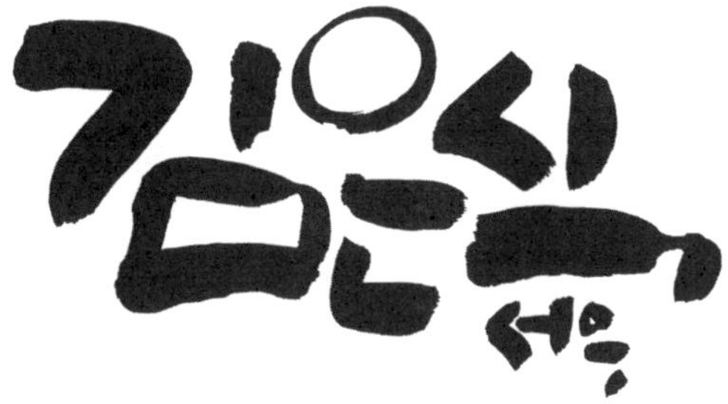
김은식

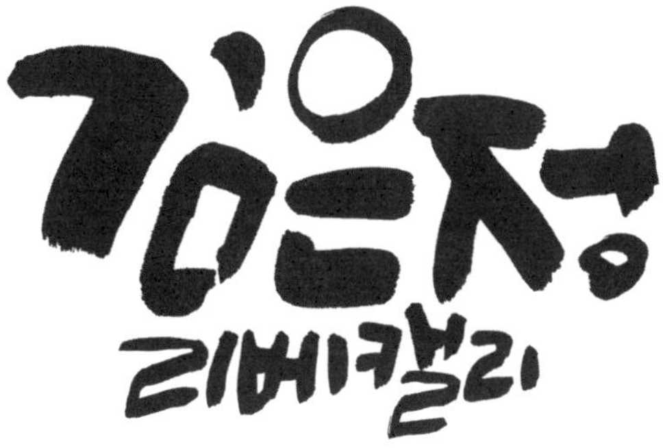
김은정

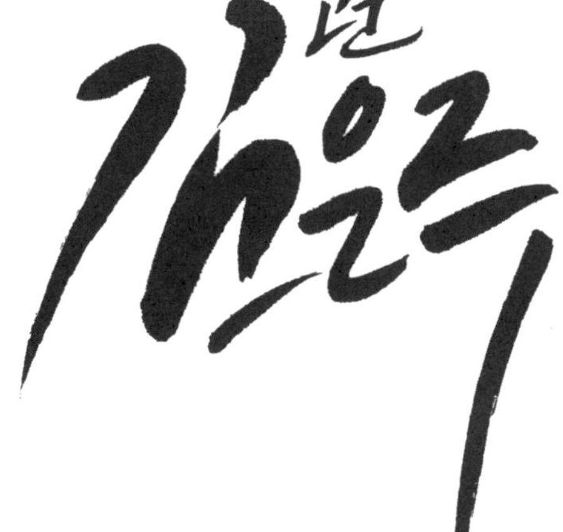

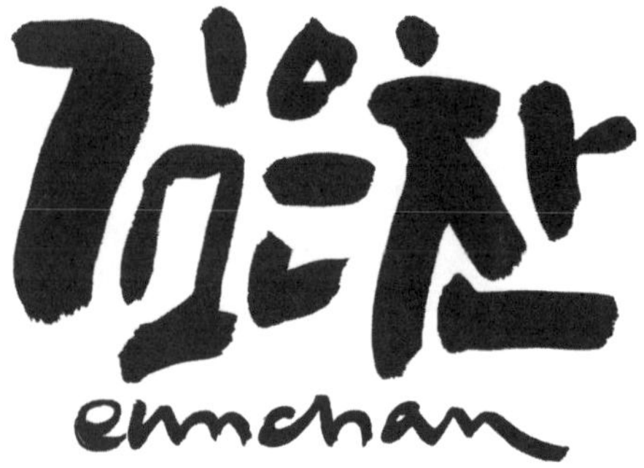
김은찬

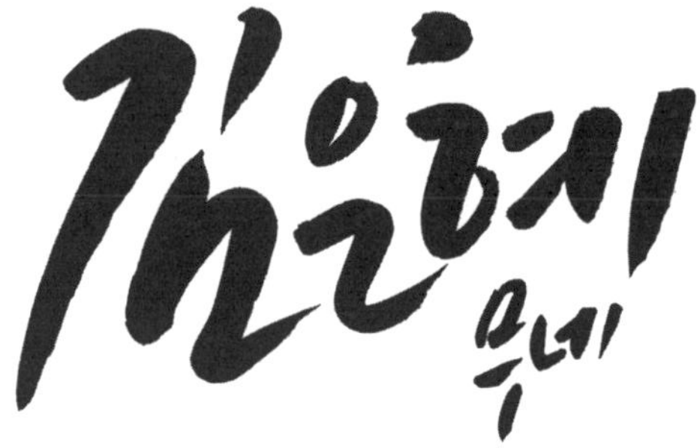
김은혜

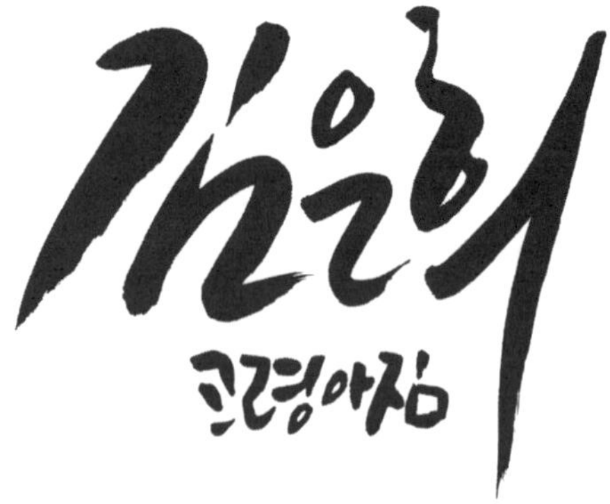
김은희

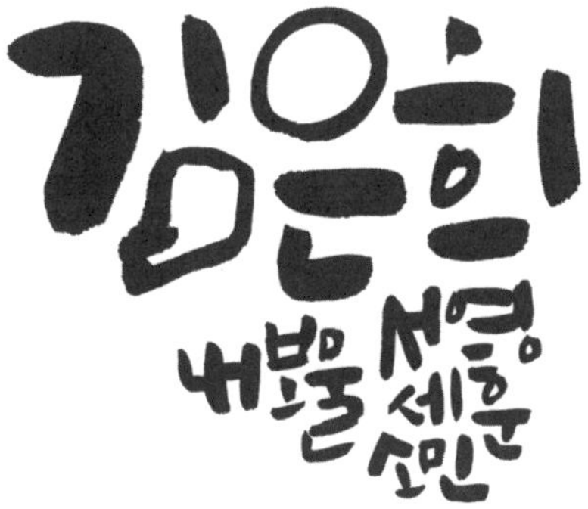
김은희

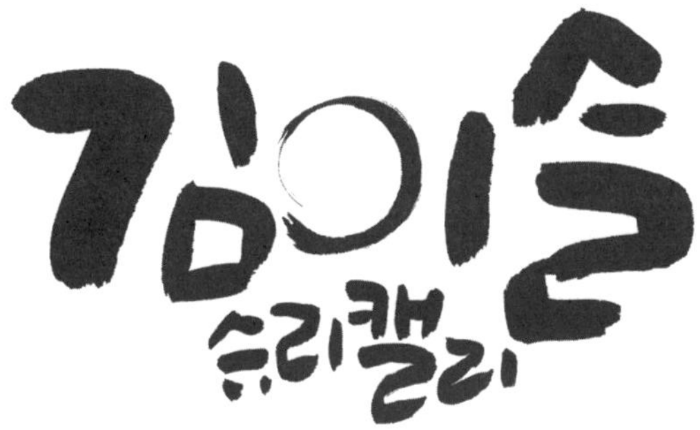
김이슬

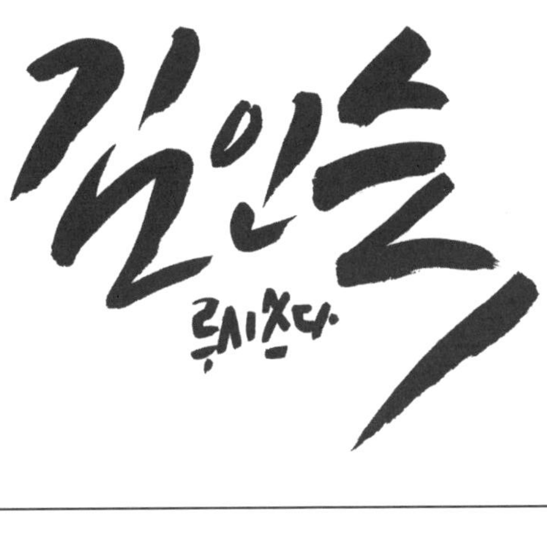
김인숙

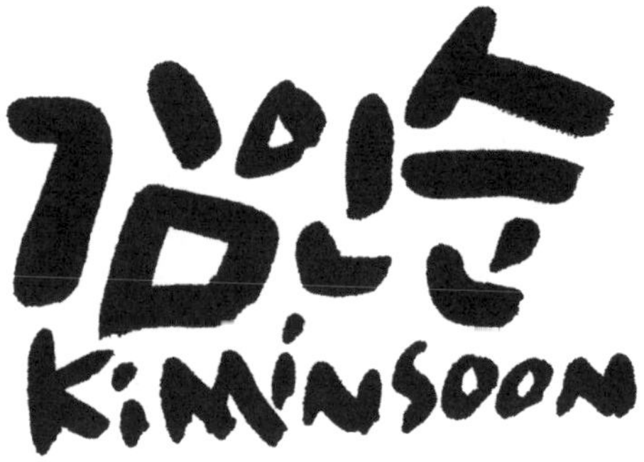
김인순
KIMINSOON

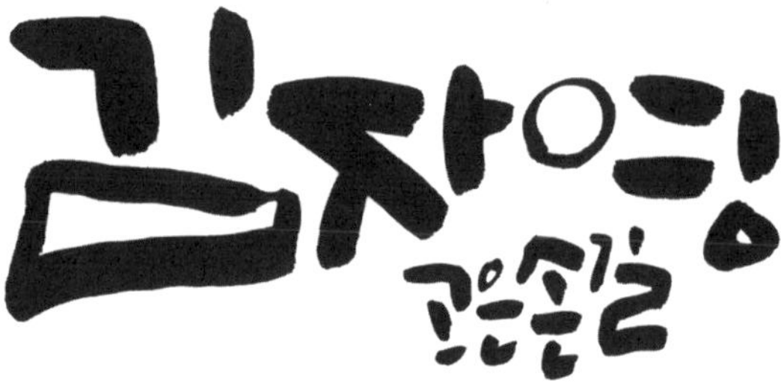
고운손길

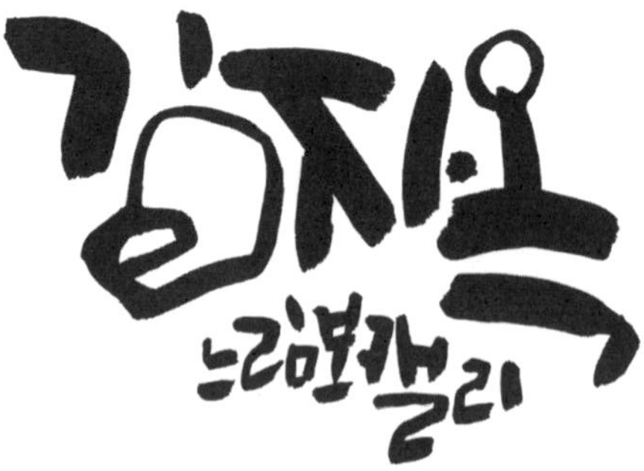

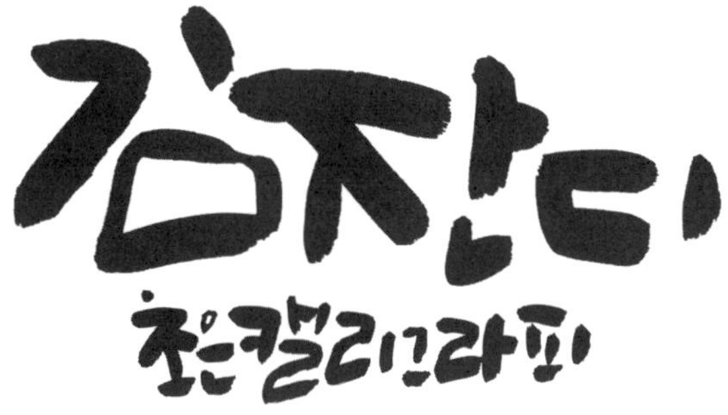

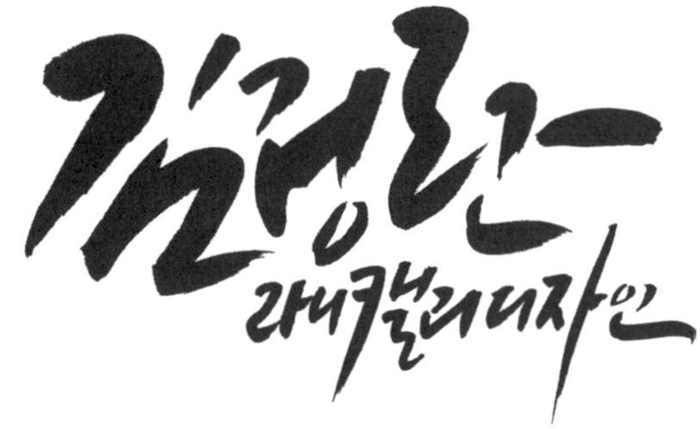

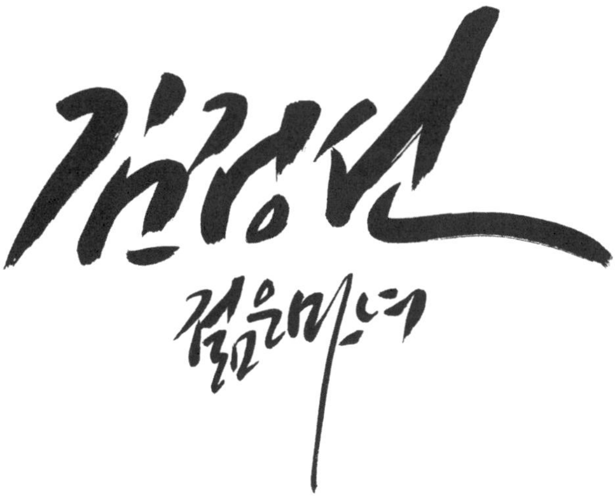

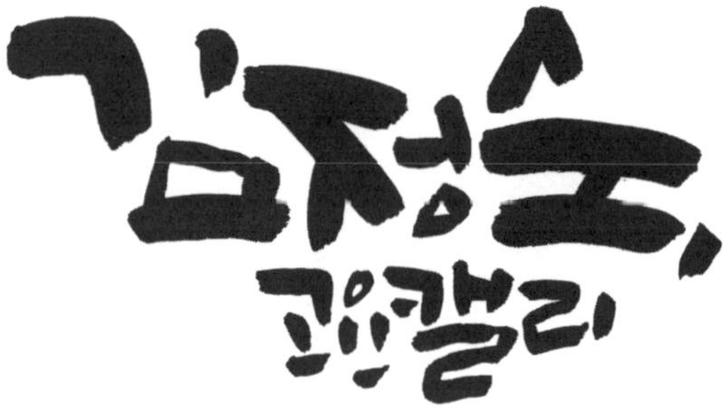
김정숙
고은캘리

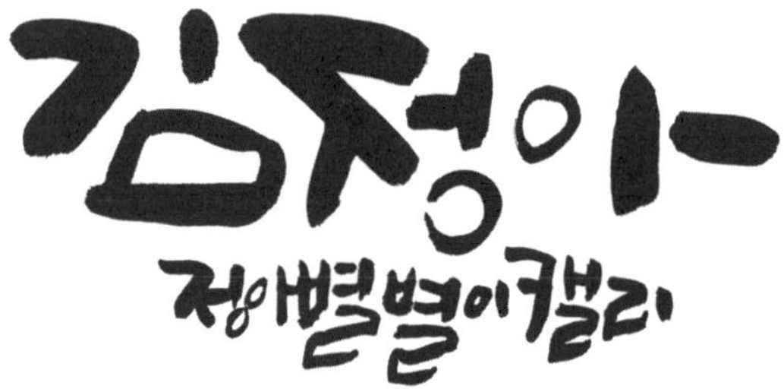
김정아
정애별별이캘리

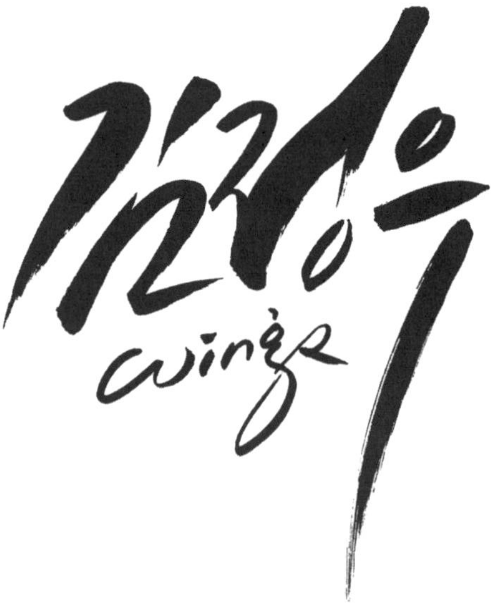
김정우
wings

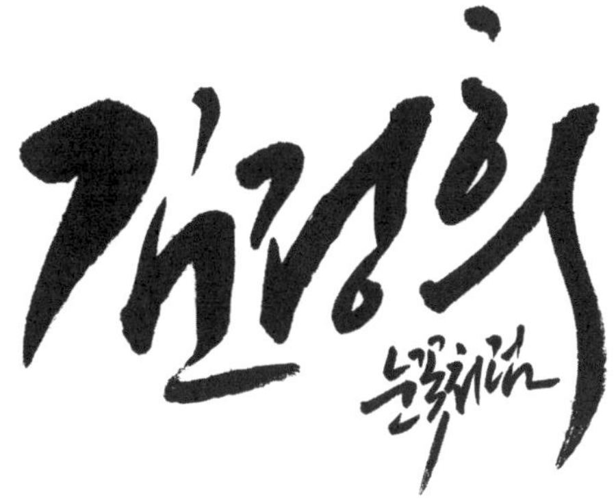
김경희
눈꽃처럼

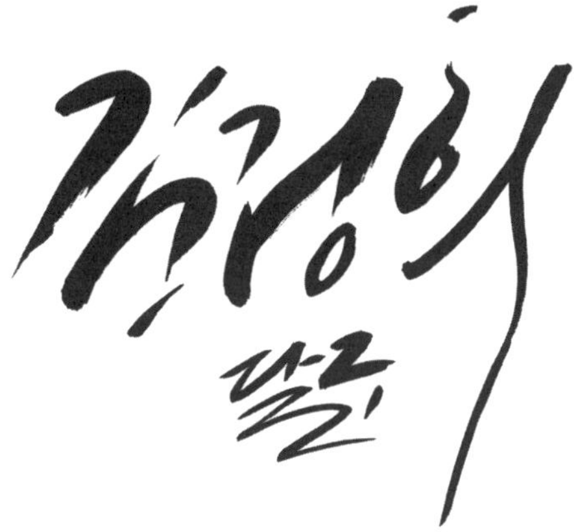
김경희

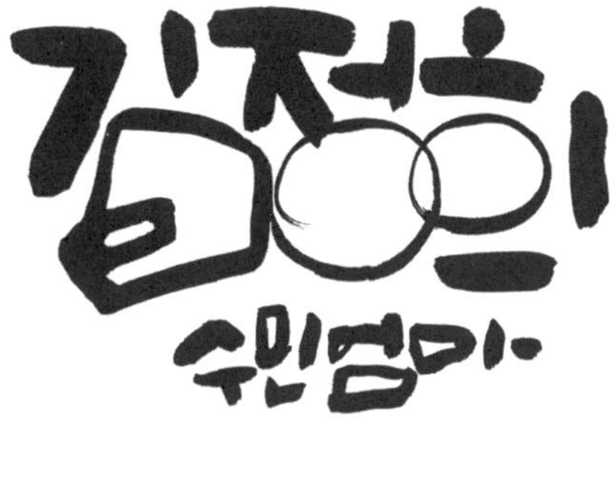
김정희
수민엄마

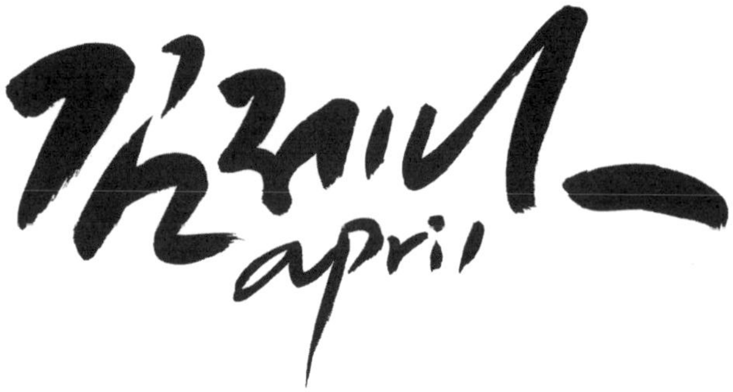
april

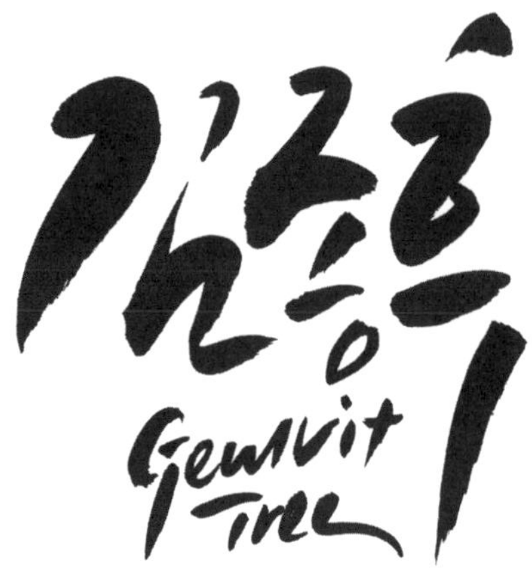

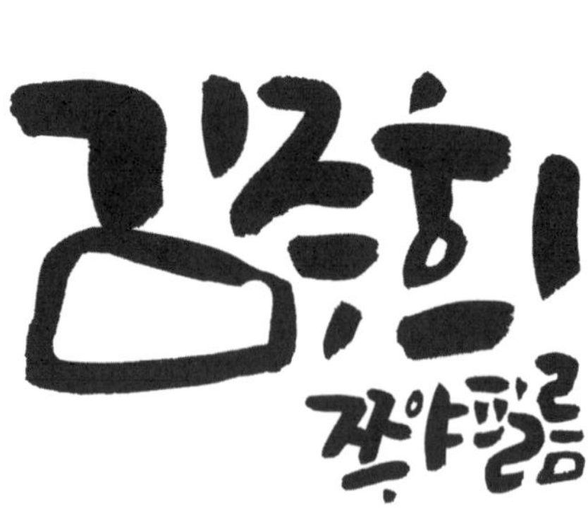

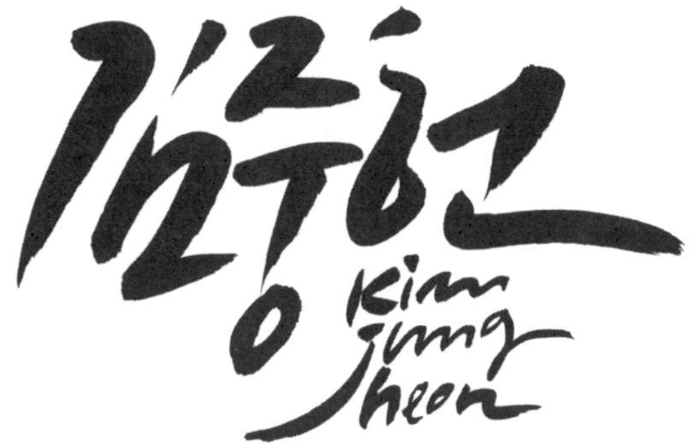
김중헌
Kim
Jung
heon

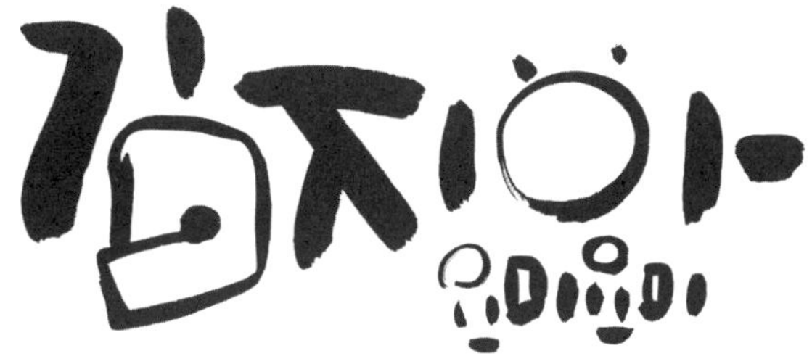
김지아

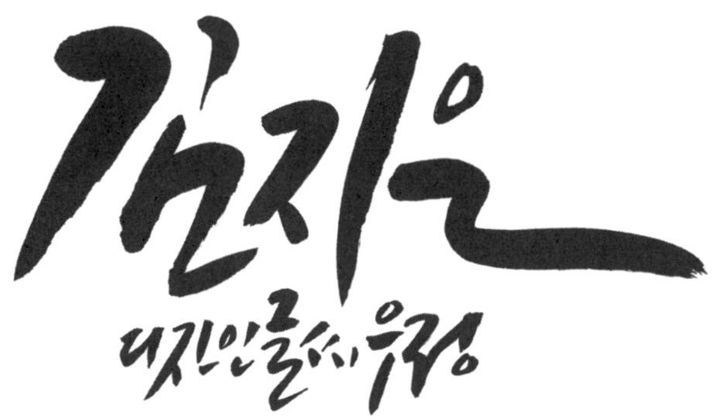
김지운

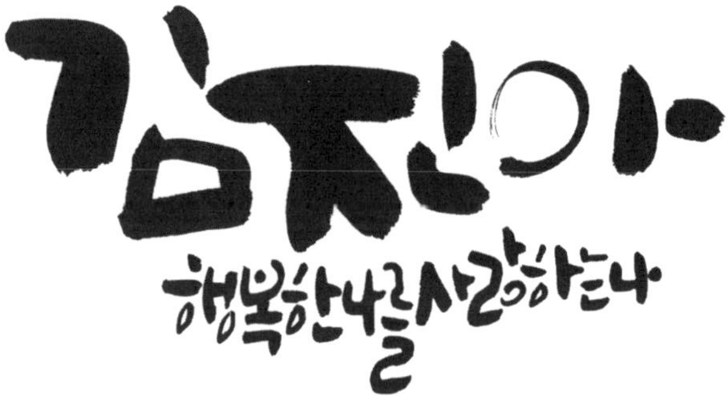
김진아
행복한나를사랑하는나

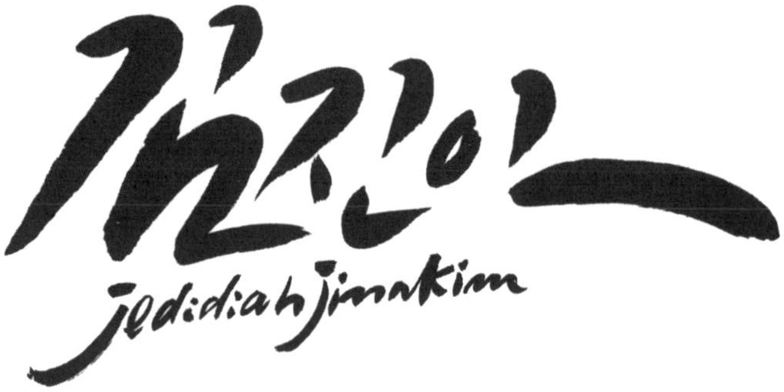
김진아
jedidiah jinakim

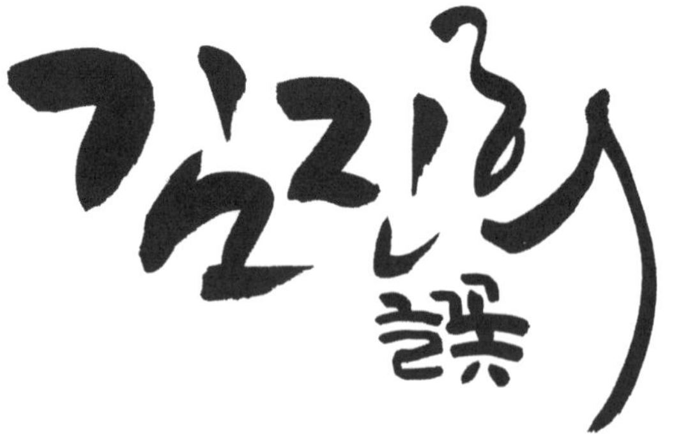
김진희
들꽃

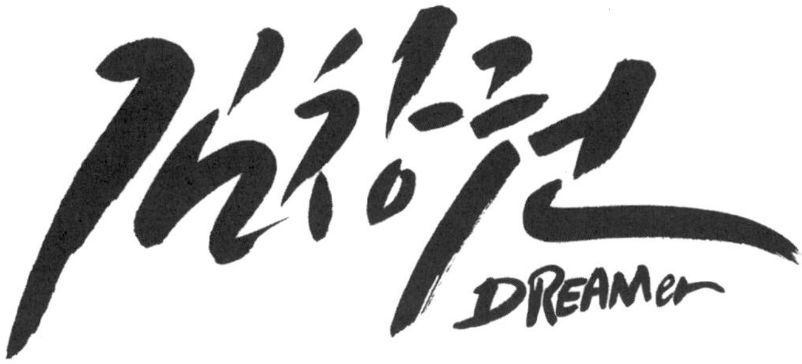
DREAMer

김채연
CHAEYEON

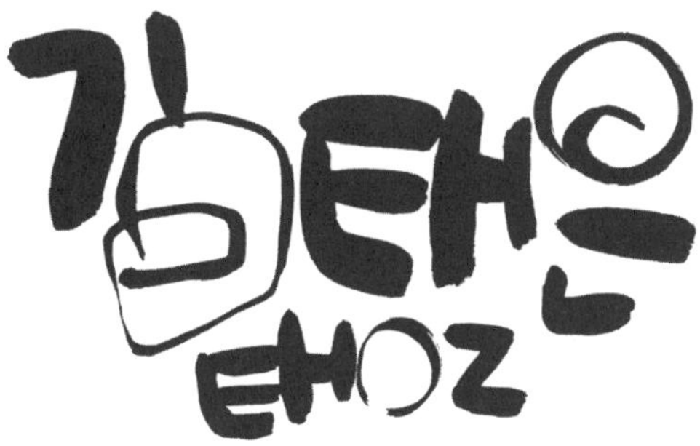
김태은
EHOZ

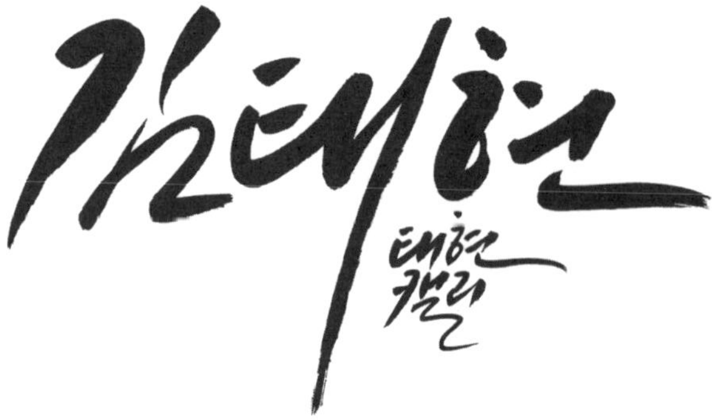
김태현
태현
캘리

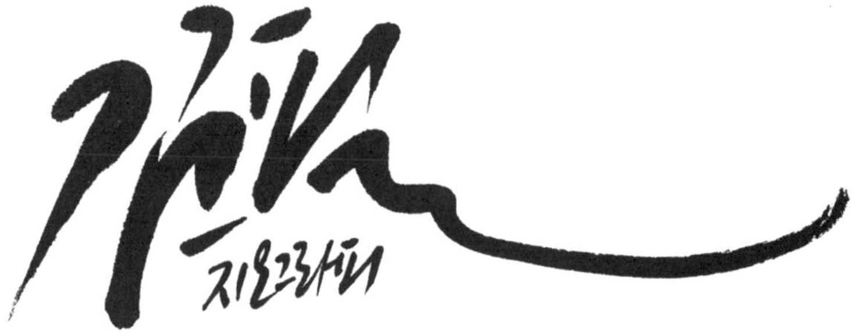

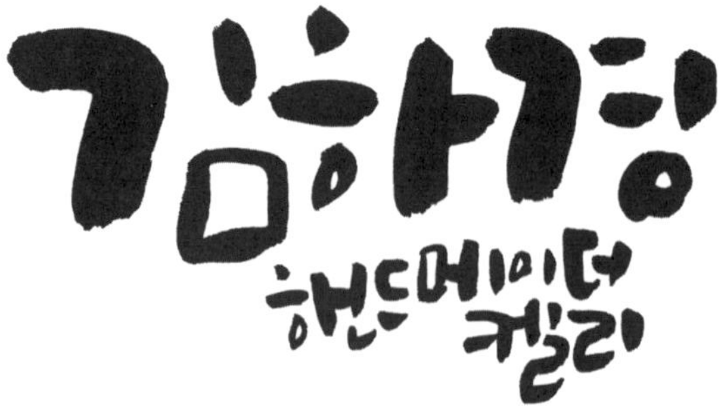
김하경
핸드메이드
캘리

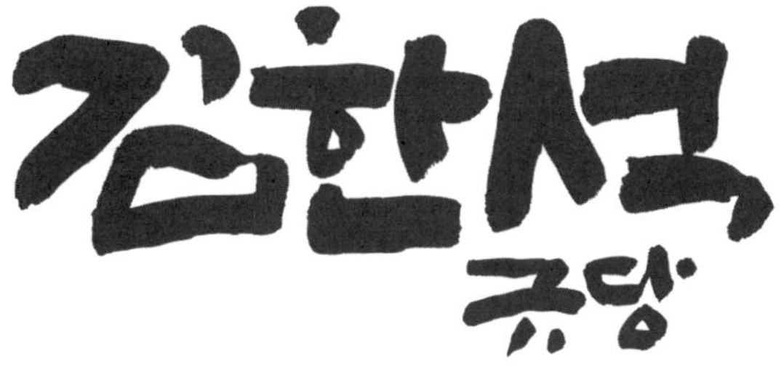
김한석
국당

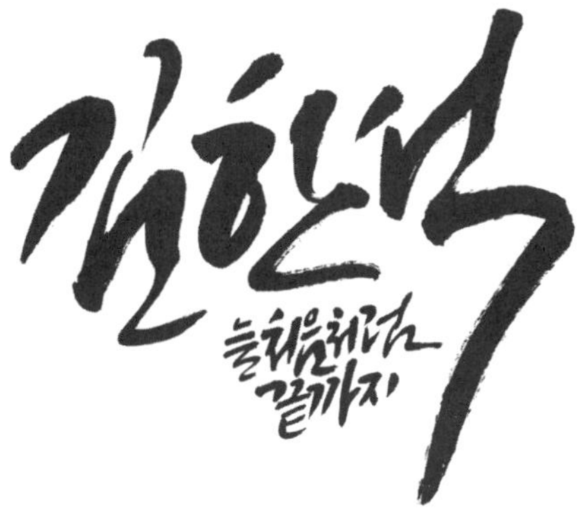
김한석
늘처음처럼
끝까지

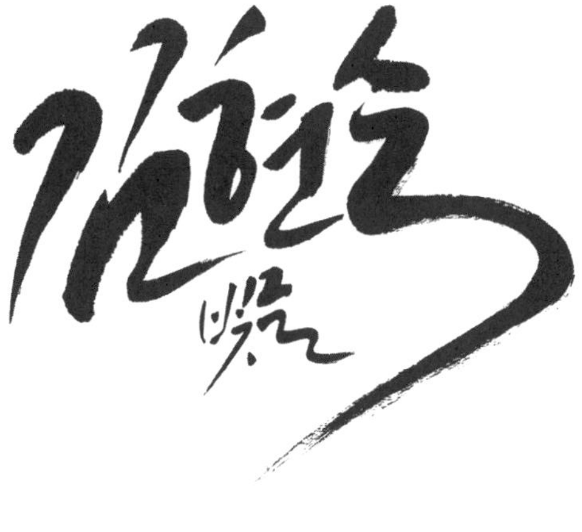
김현숙
빛글

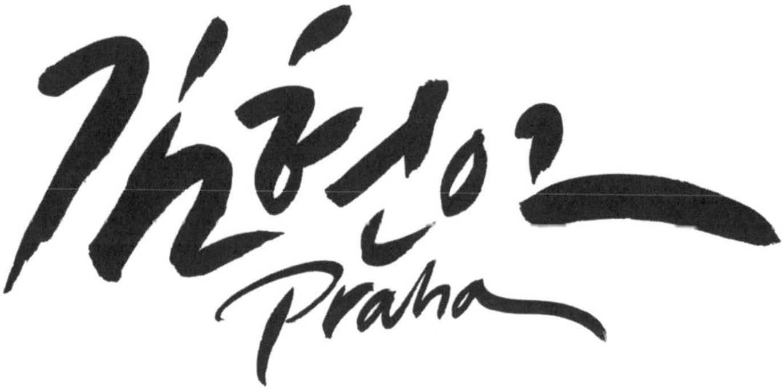
Praha

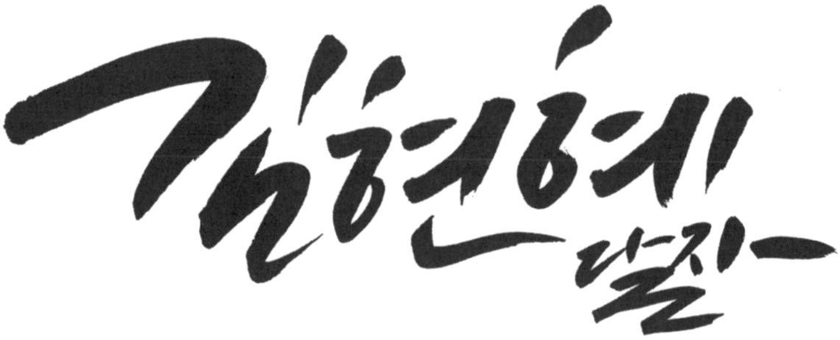

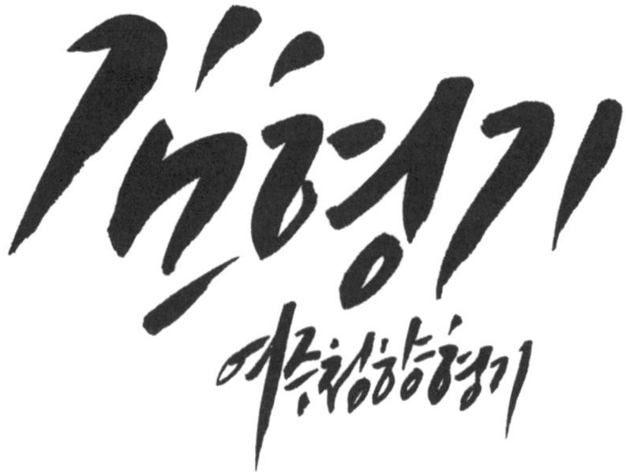

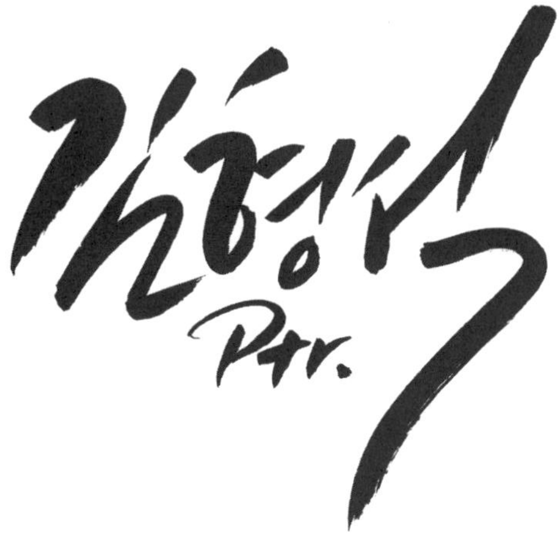

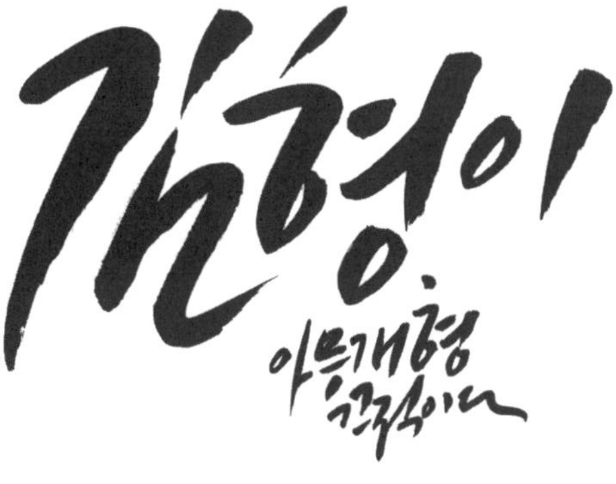

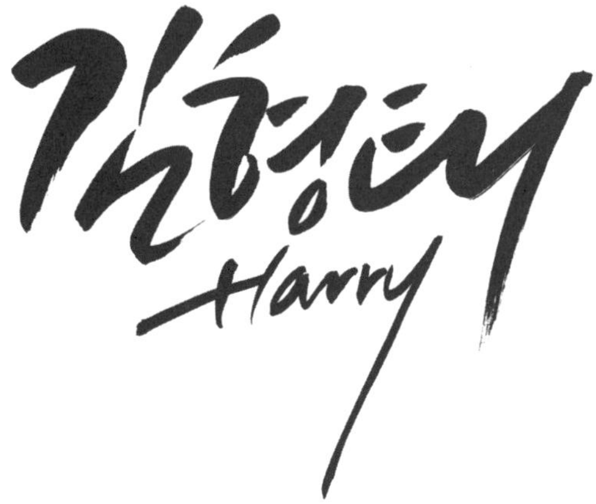
Harry

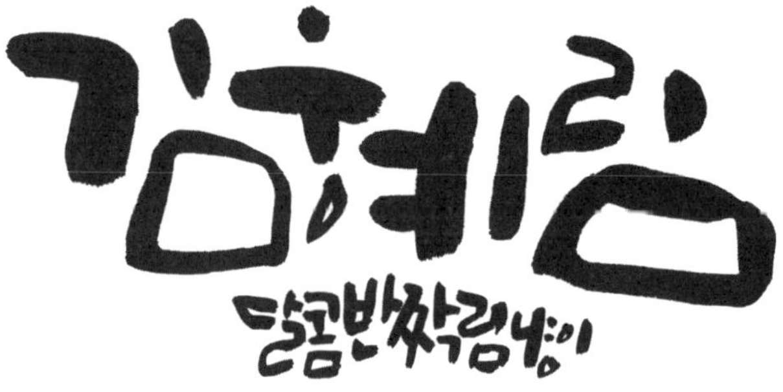
김혜림
달콤반짝림냉이

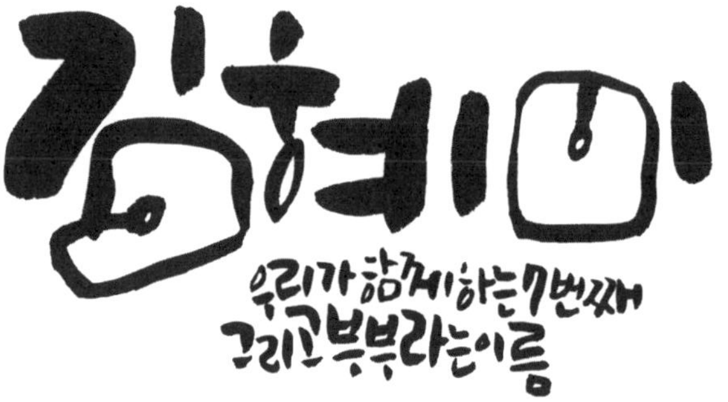
김혜미
우리가 함께하는 7번째
그리고 부부라는 이름

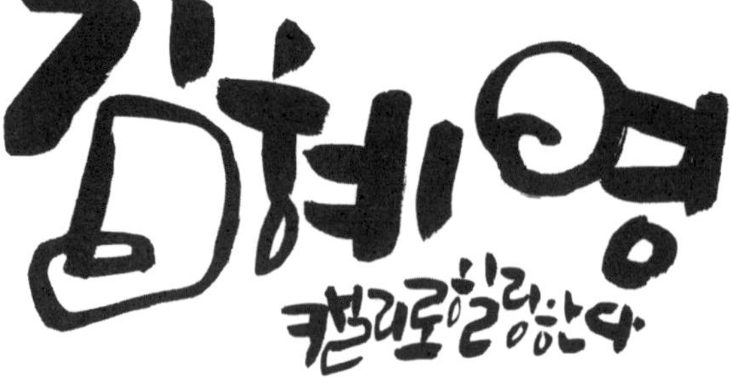
김혜영
캘리로 힐링한다

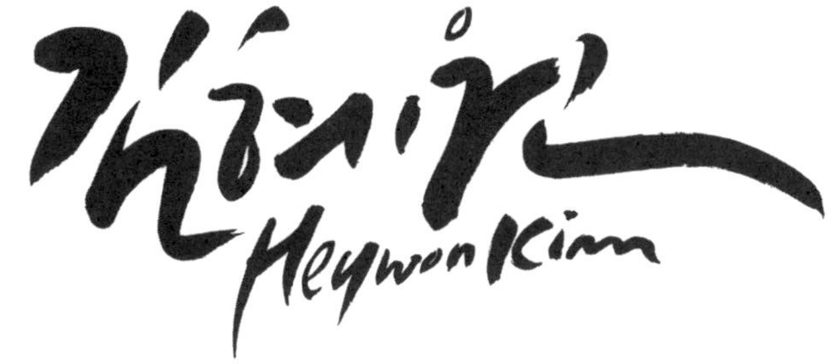
김혜원
HeywonKim

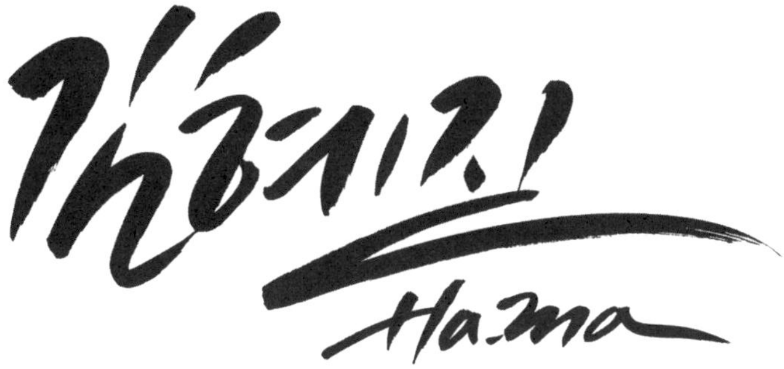
김혜진
Hama

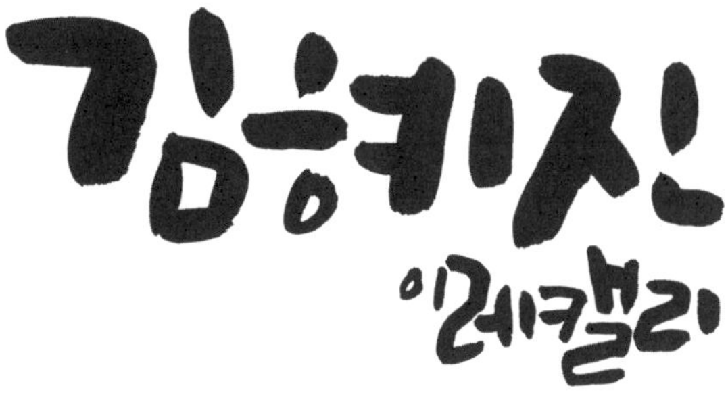
김혜진
이레캘리

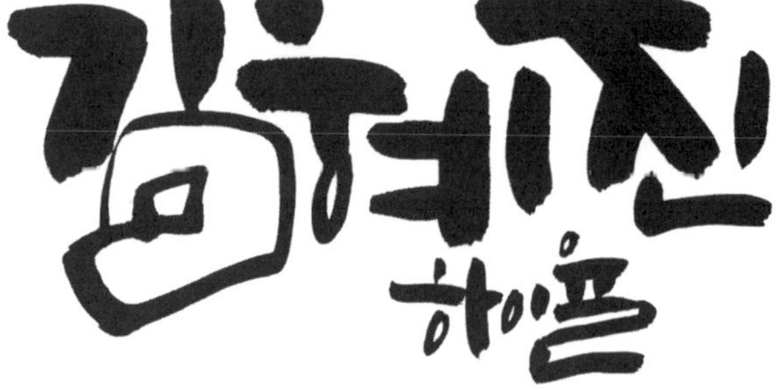
김혜진

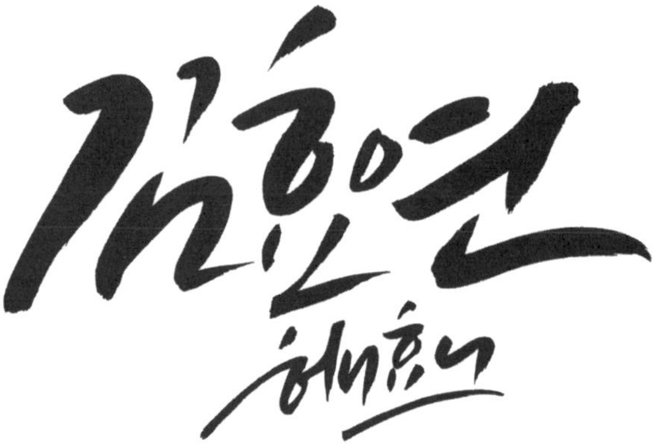

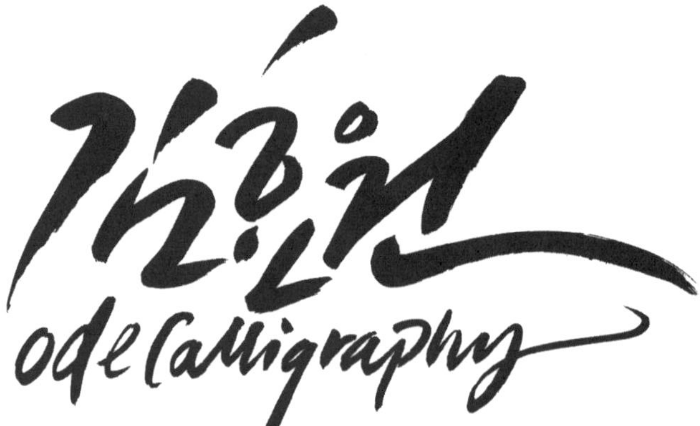
ode calligraphy

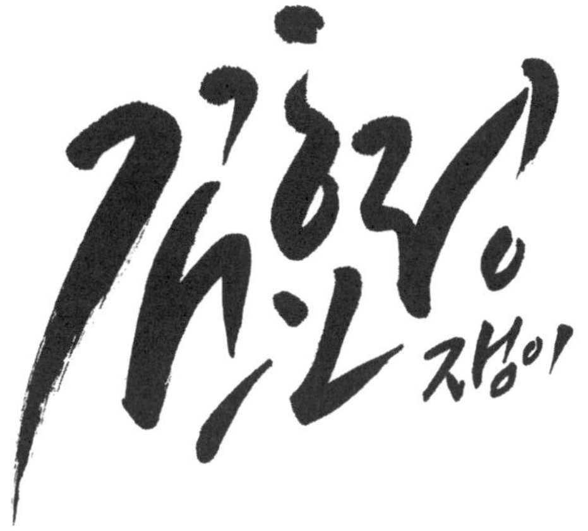

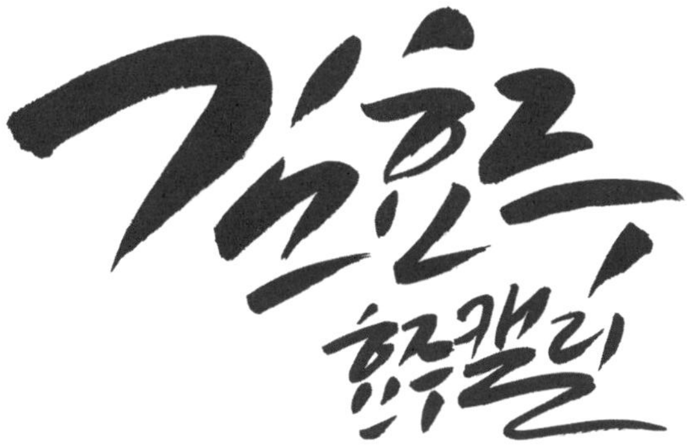

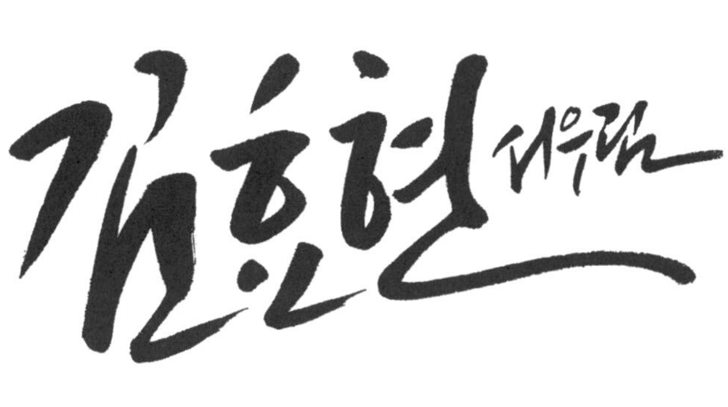

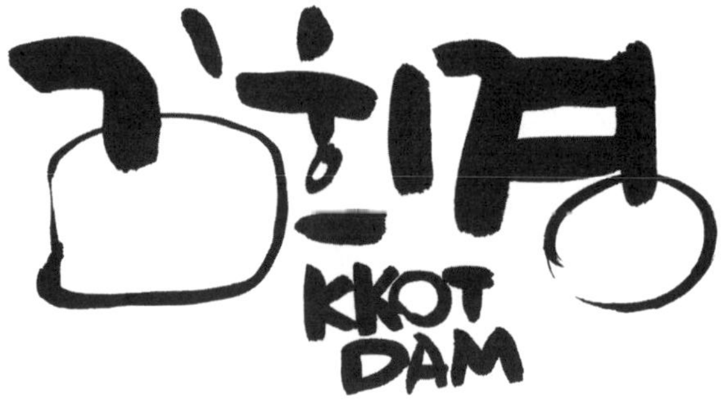
KKOT
DAM

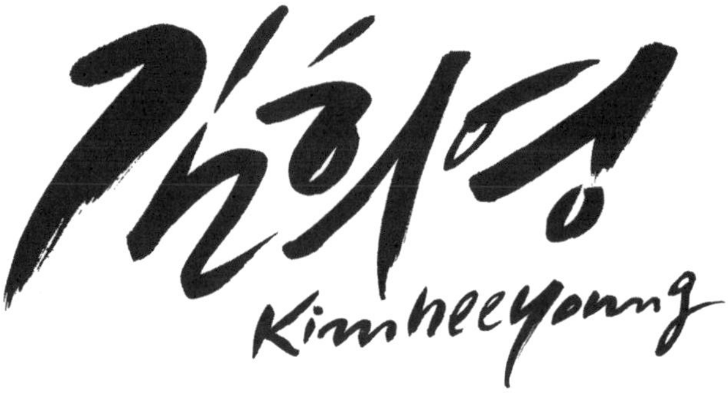
Kimheeyoung

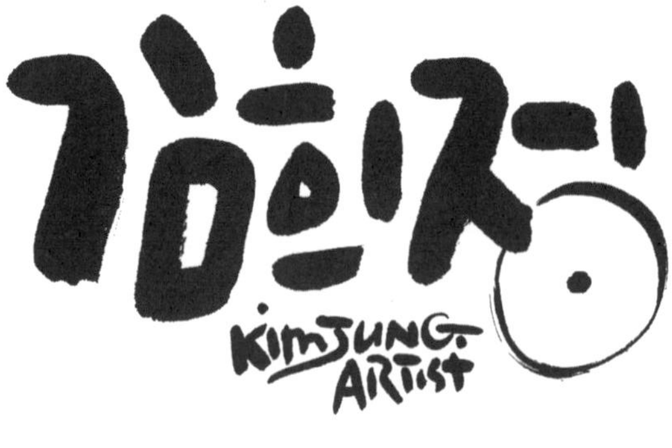
KimJUNG.
ARTIST

나선영 ~ 심판자

지금 그 사람
이름은 잊었지만

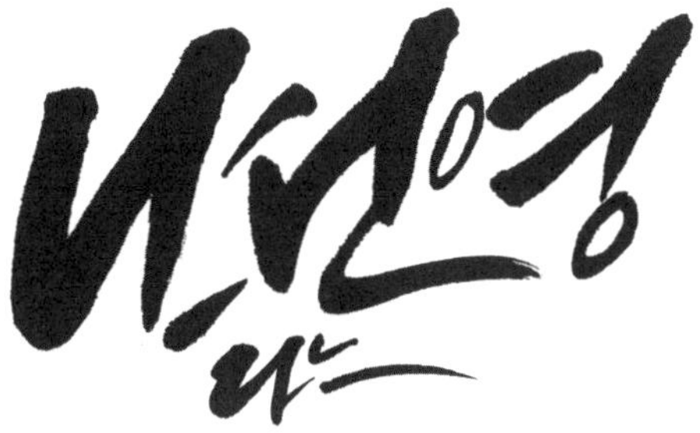
나선영

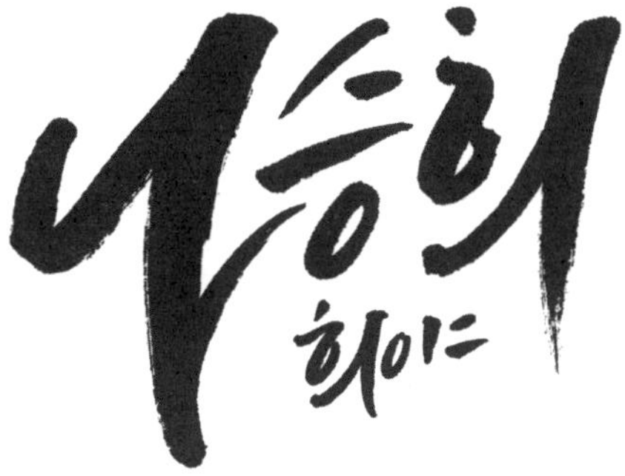
나승희

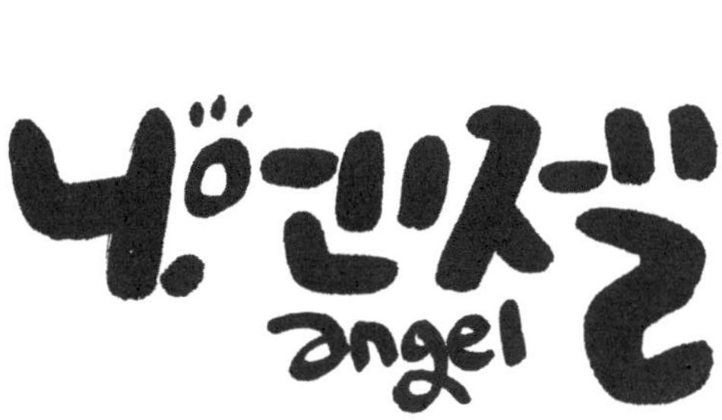
나엔젤
angel

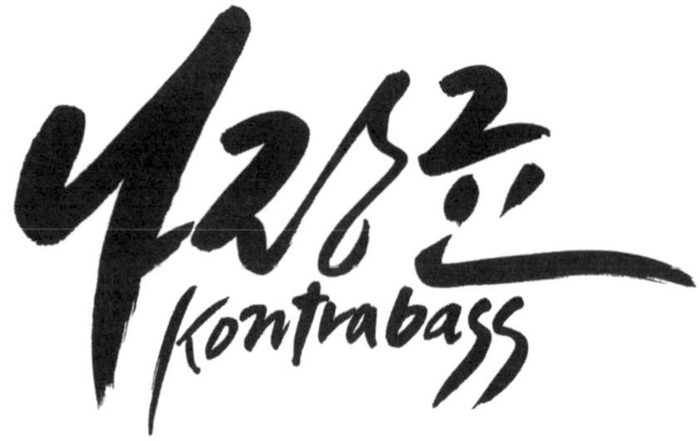
Kontrabass

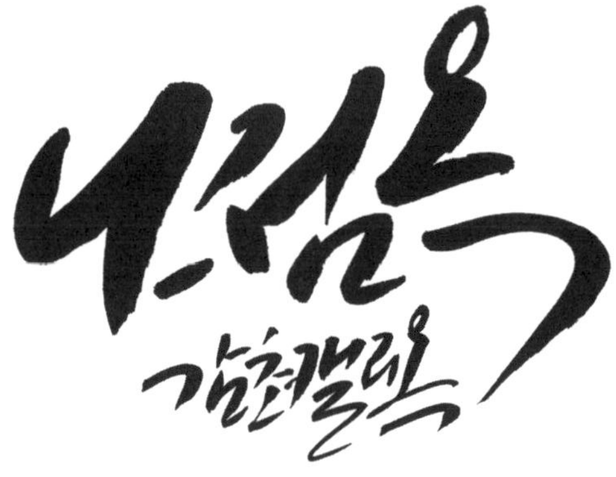

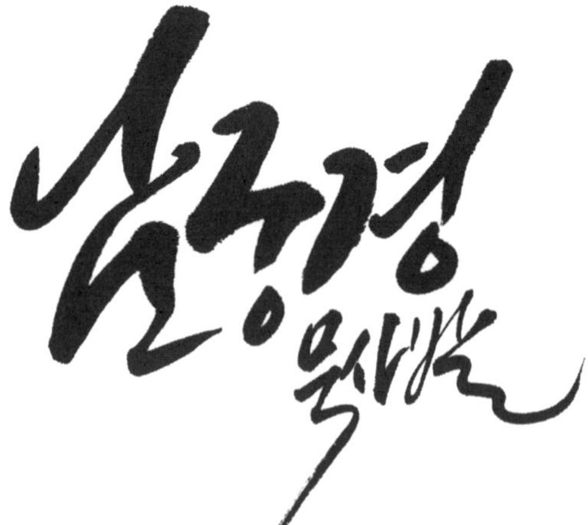

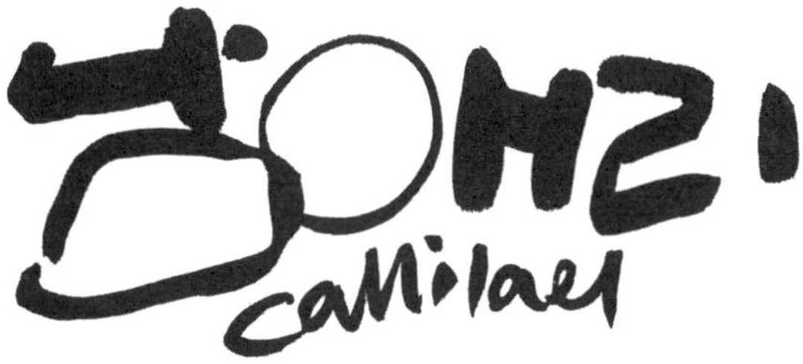

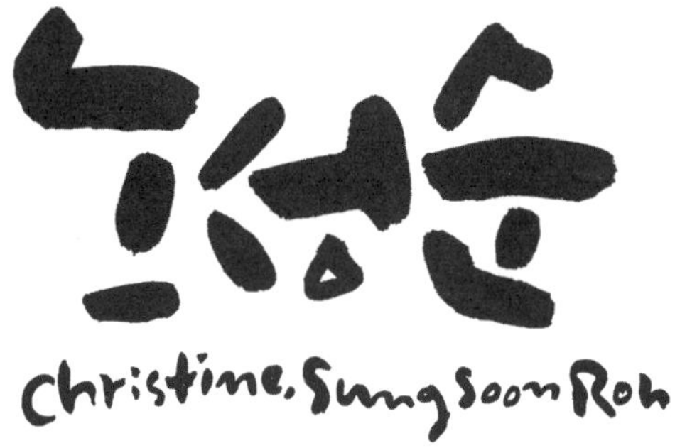
Christine. Sung Soon Roh

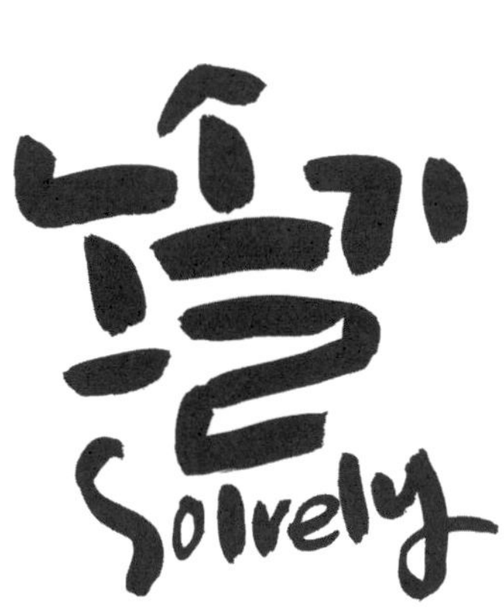
Solvely

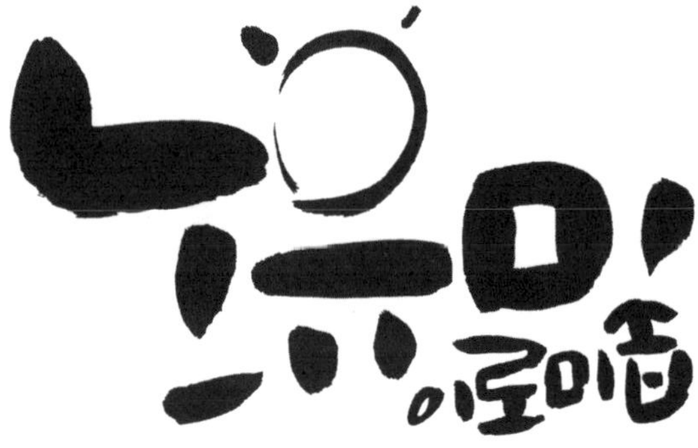

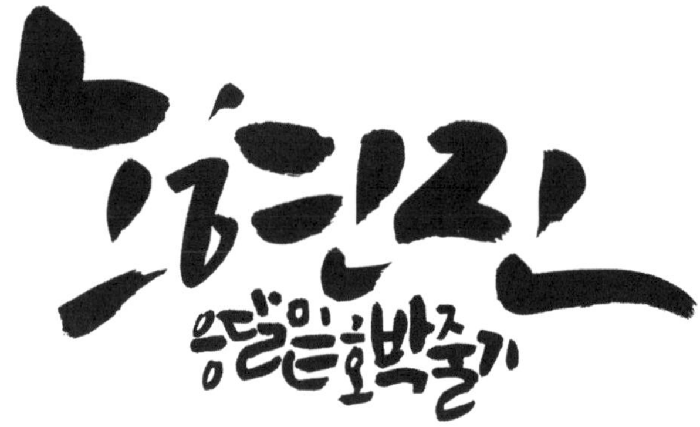

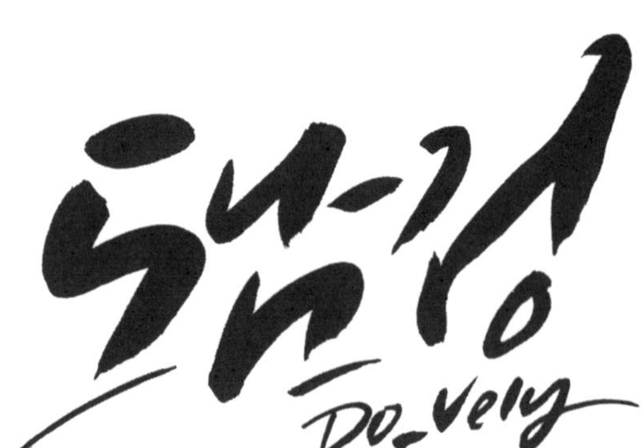
Do_vely

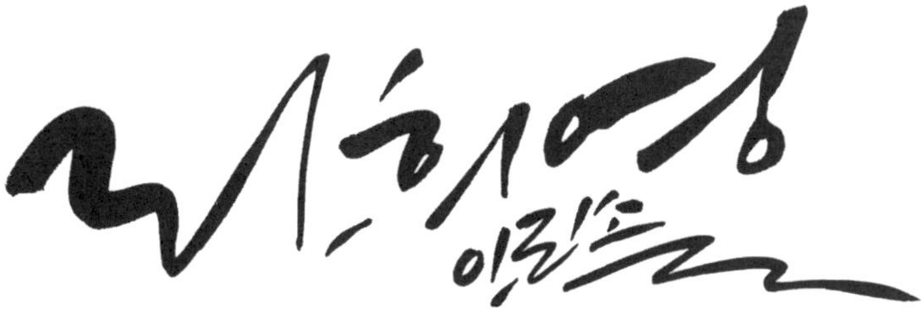
아리솔

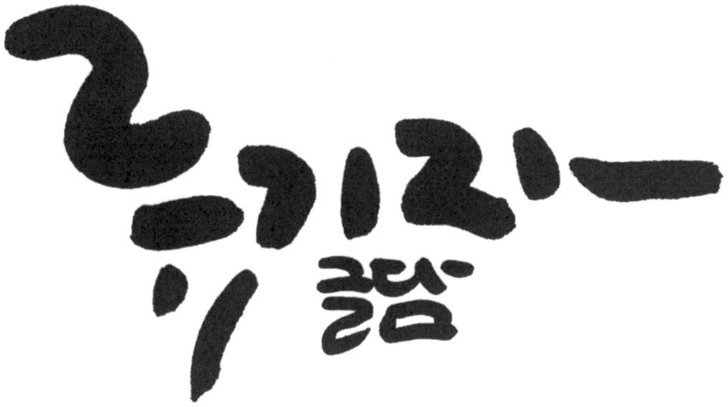
글담

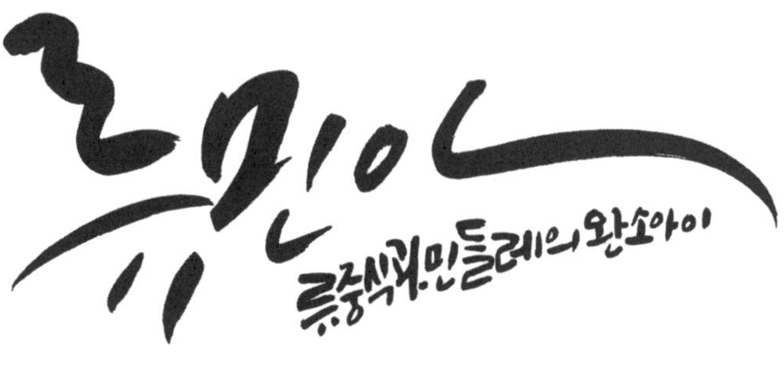
류중식과 민들레의 완소아이

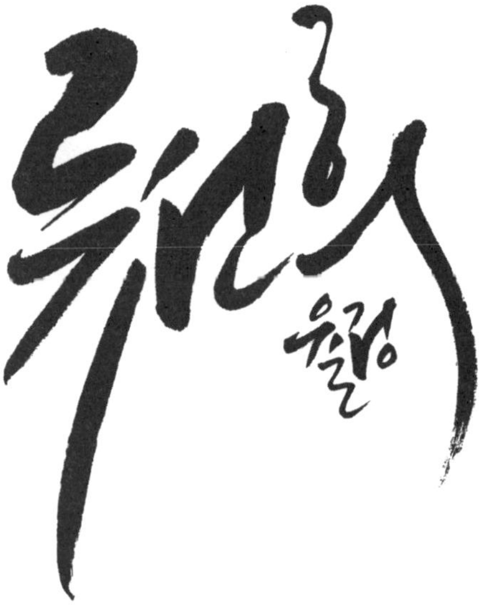

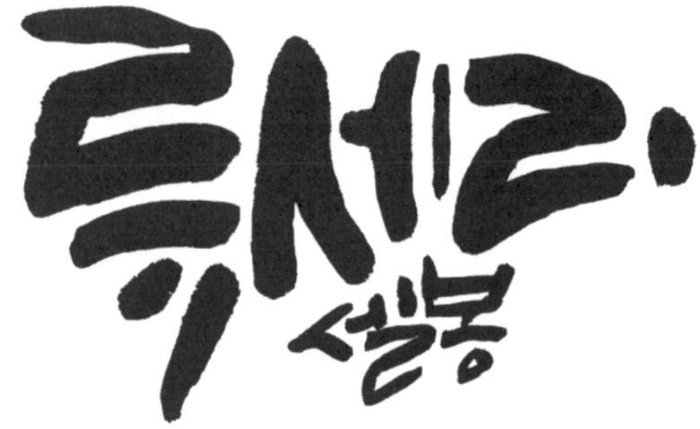

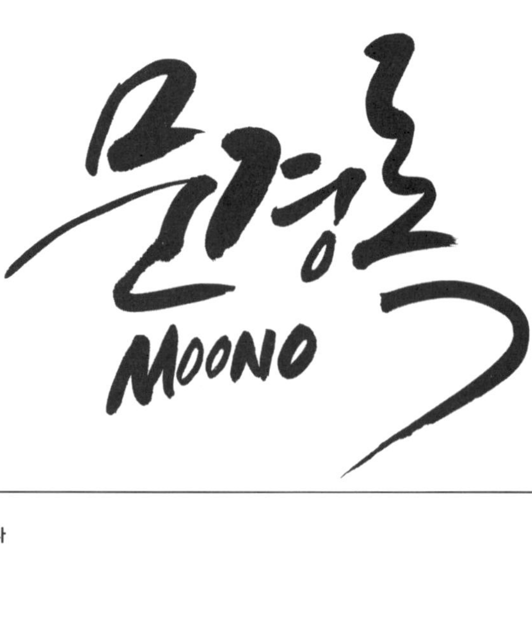
MOONO

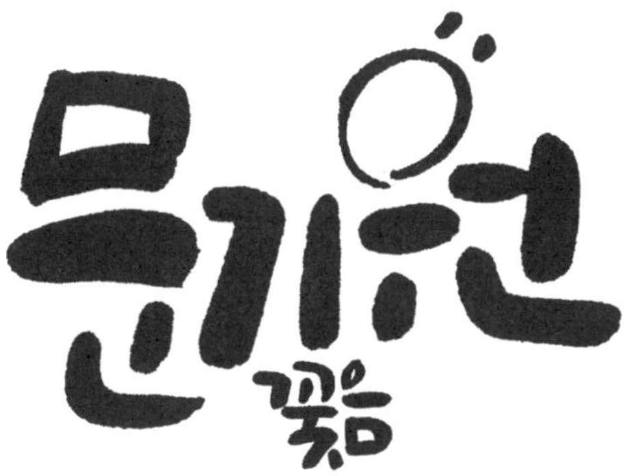
문기원
꿈을

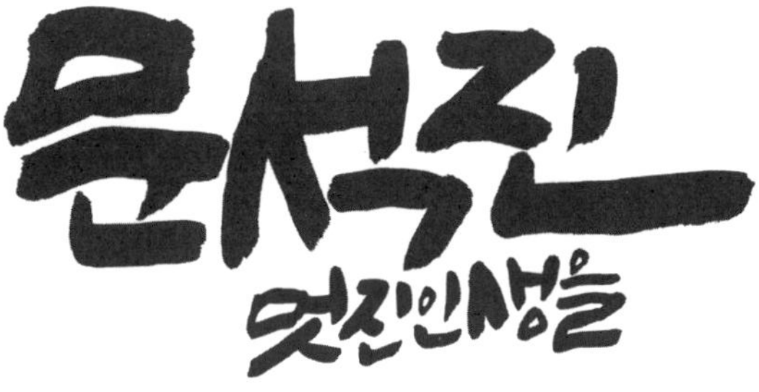
문서진
멋진인생을

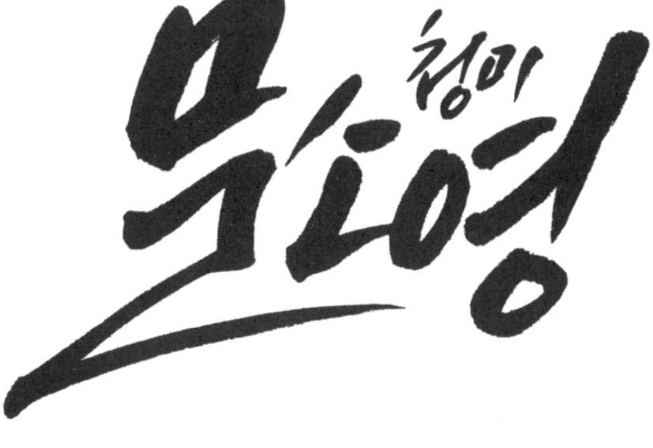
청미
문소영

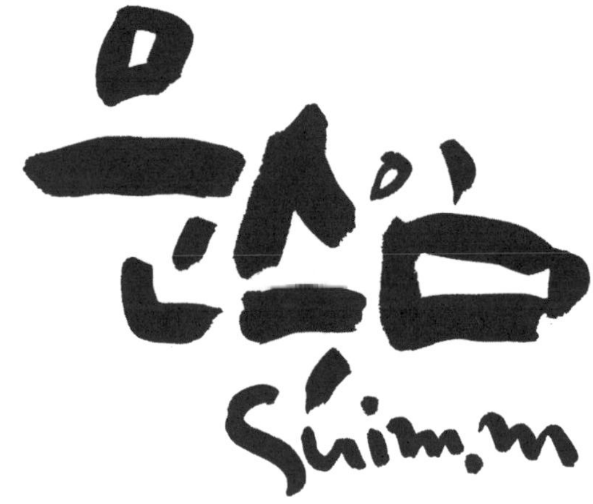

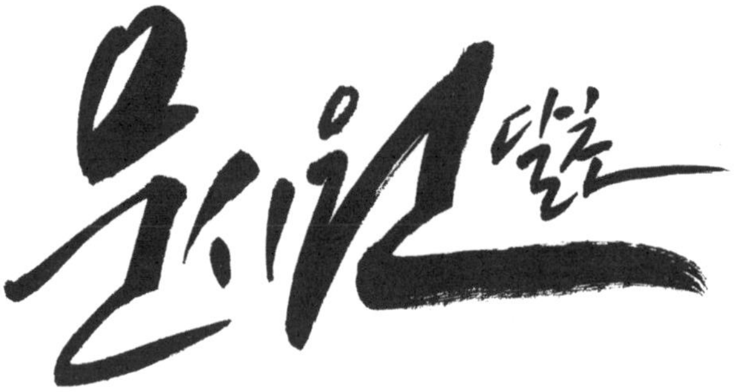

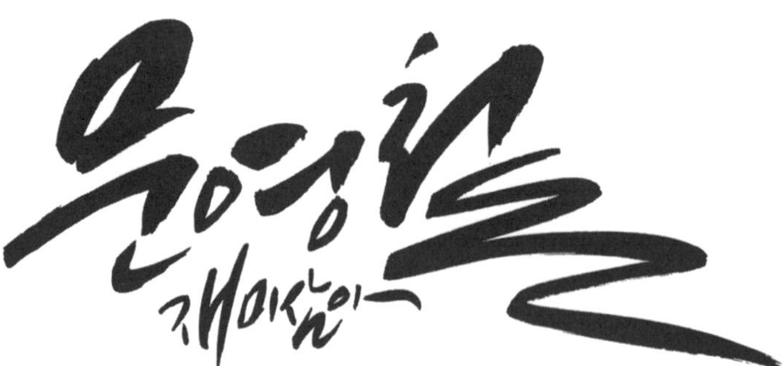

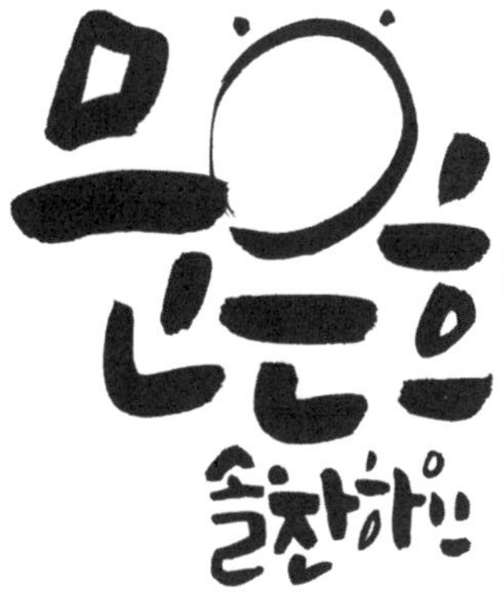
문은희

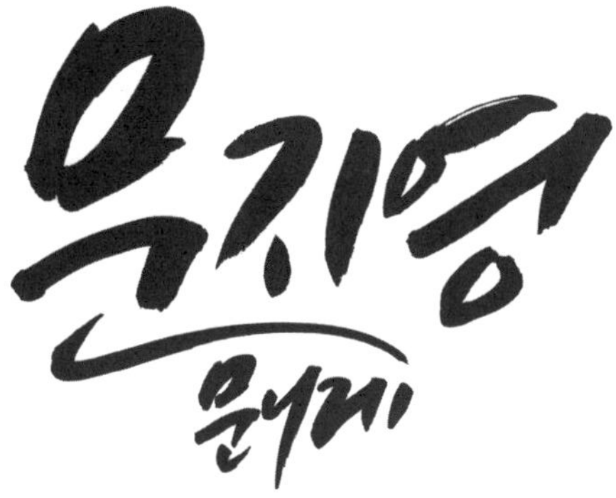
문지영

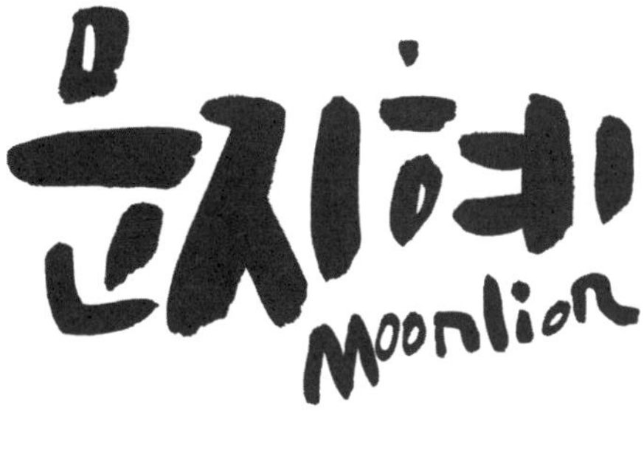
문지혜
Moonlion

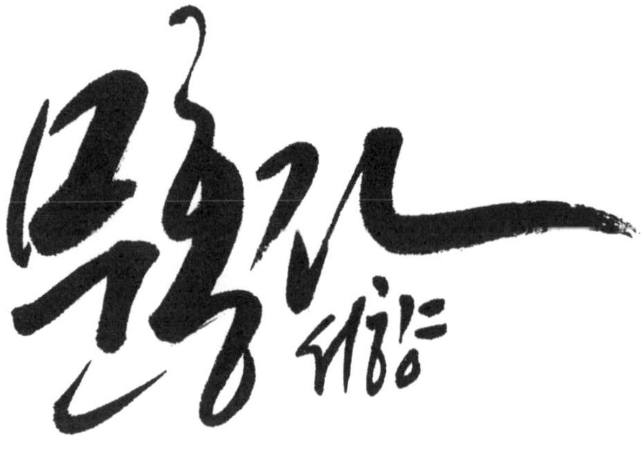

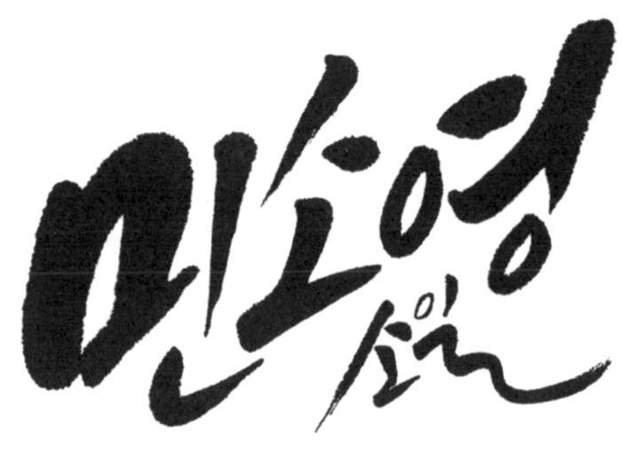

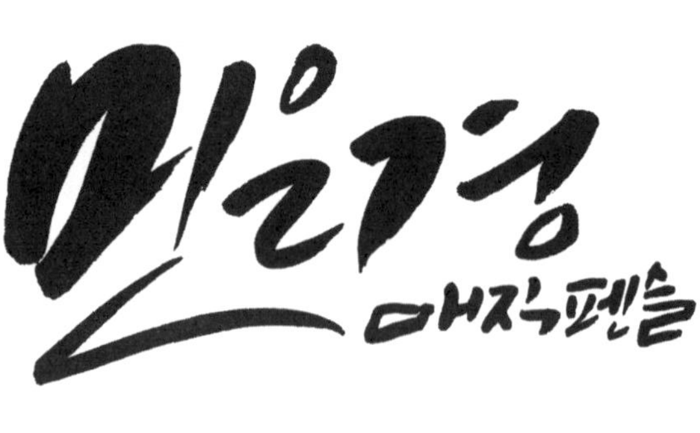
매직펜을

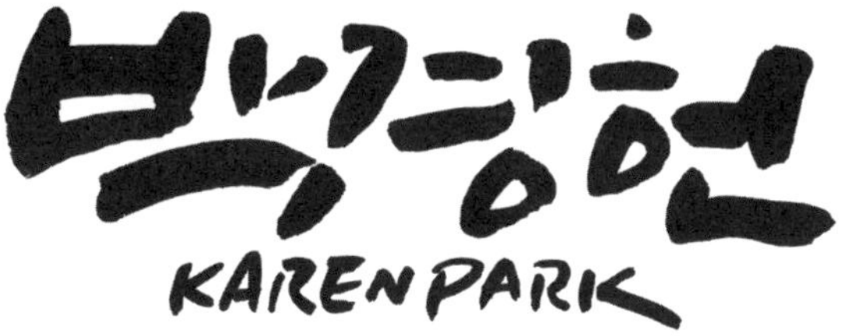
박경헌
KAREN PARK

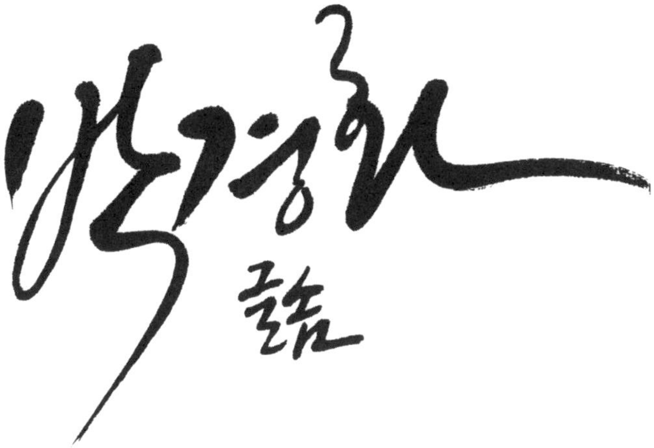
박경헌

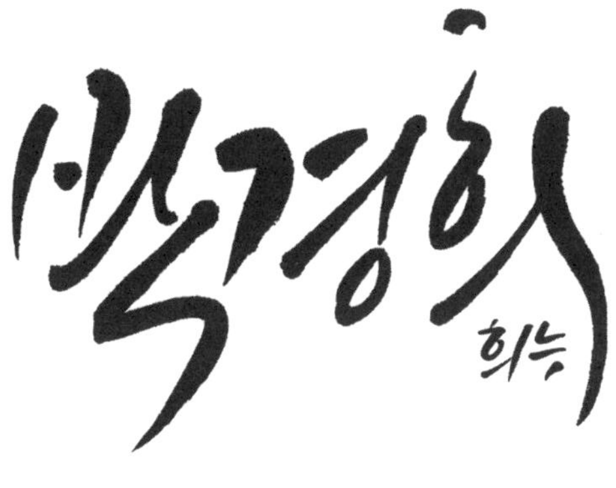
박경헌

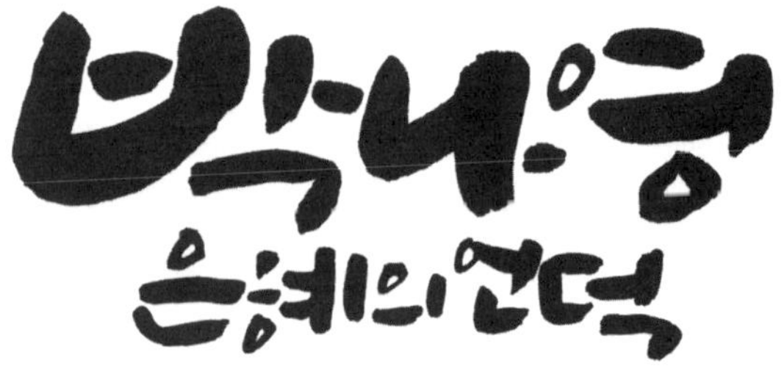
은혜의 언덕

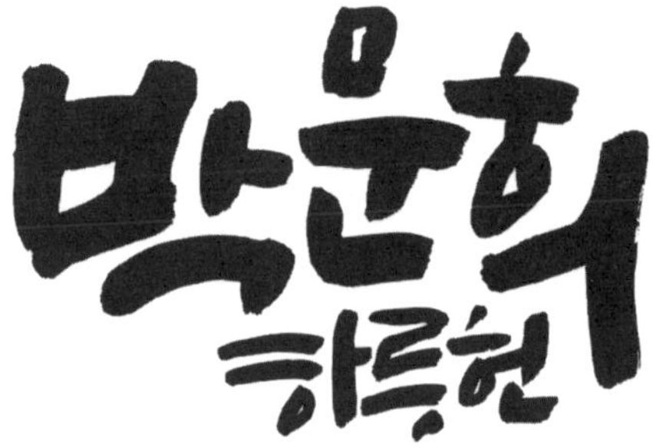
박은희

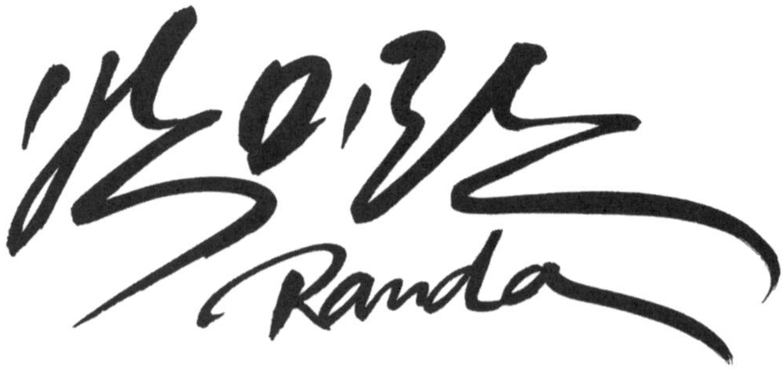
박미란
Randa

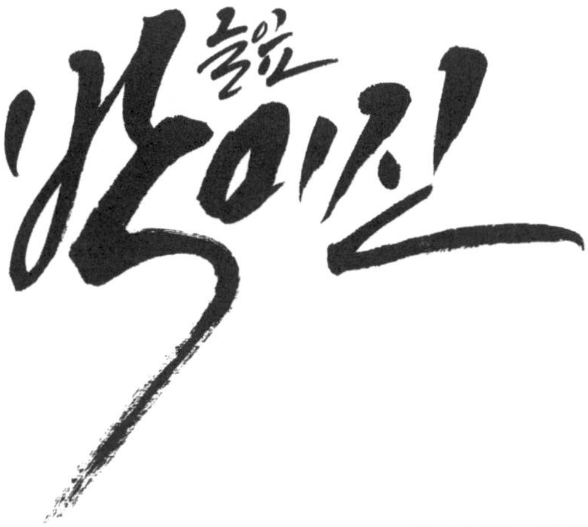
박미진

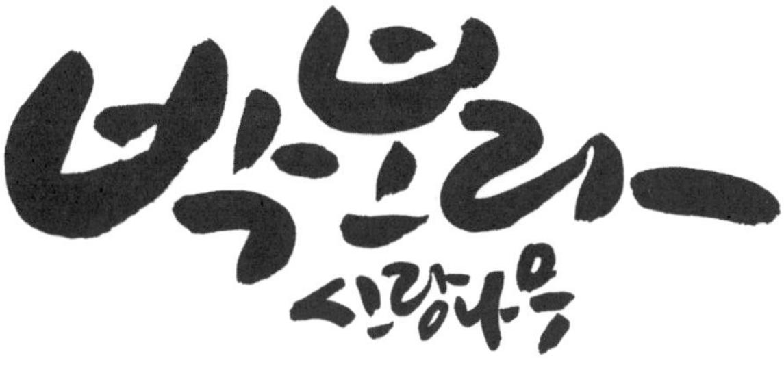

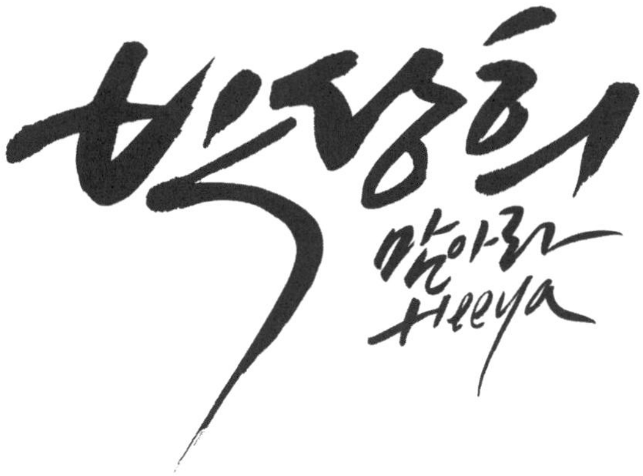
박상희
맑아라
Heeya

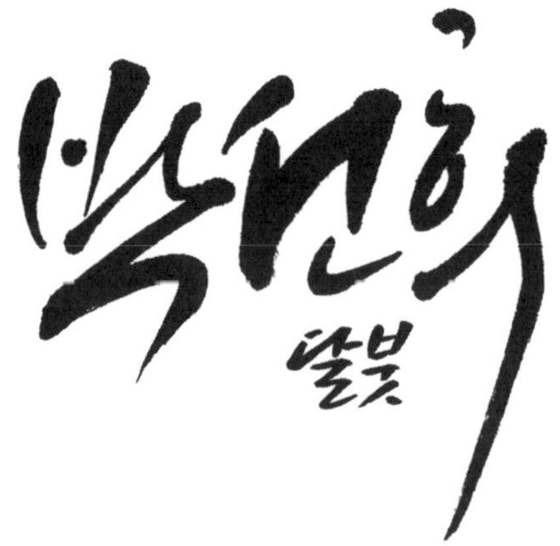

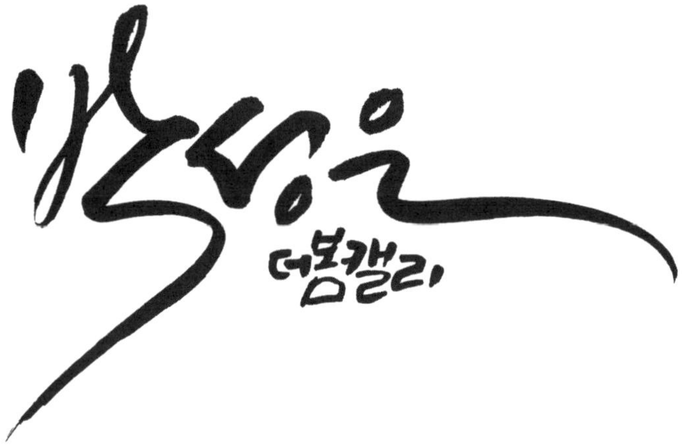
더봄캘리

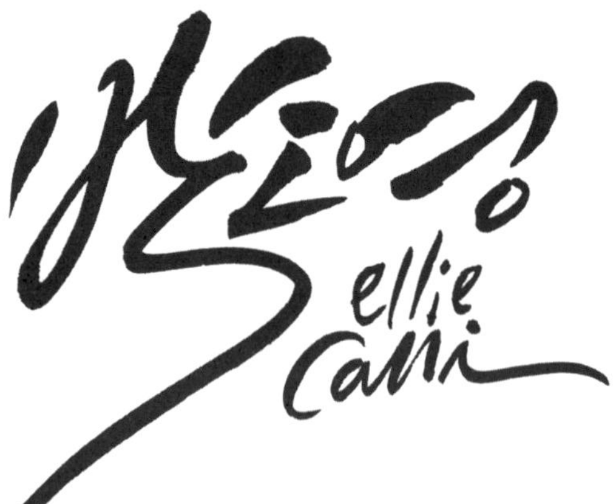
ellie
calli

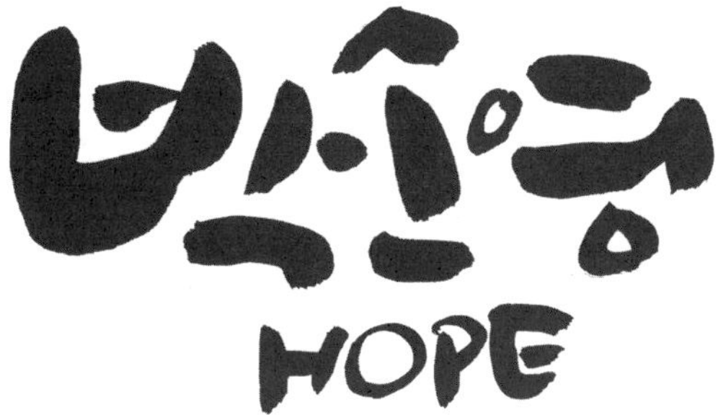
HOPE

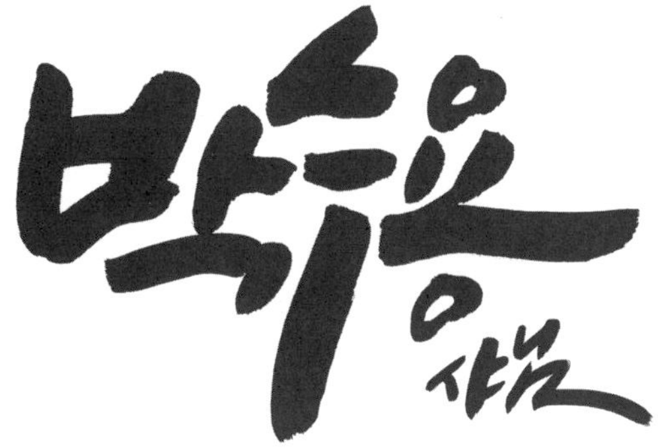

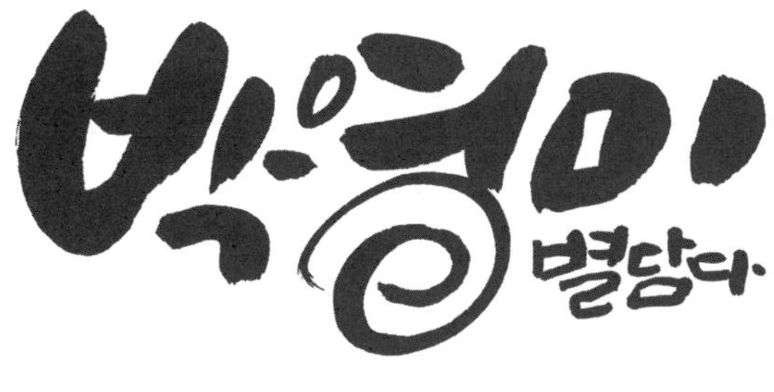
별담다

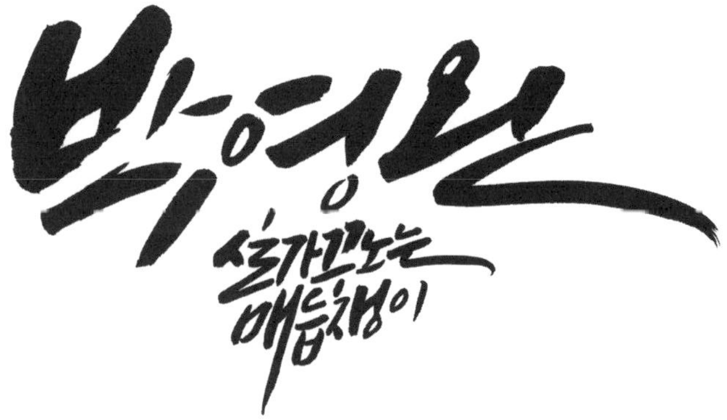
박영은
매듭쟁이

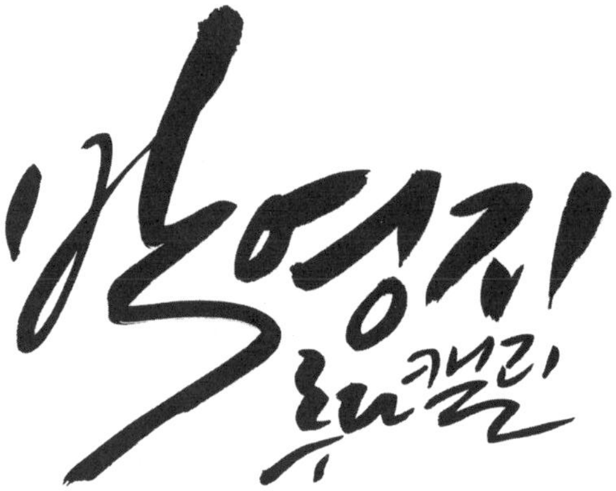
박영지
흑다캘리

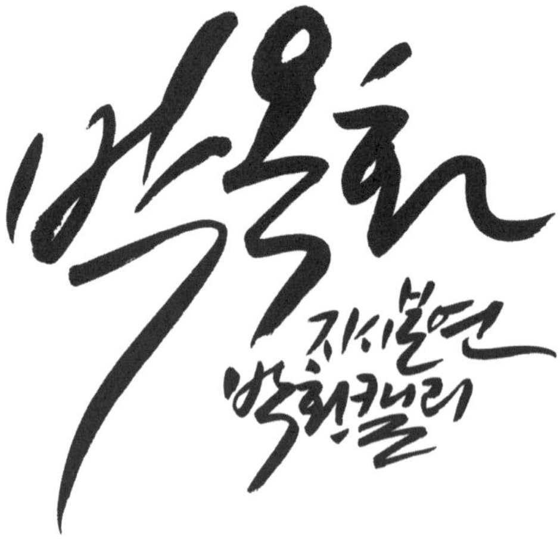
박옥희
지시불연
박희캘리

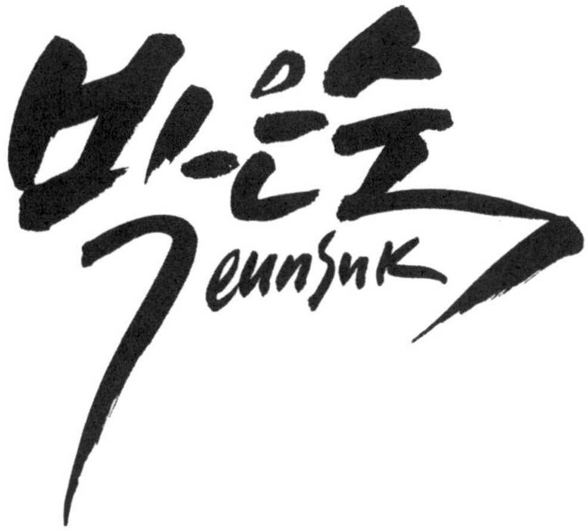
박은숙
eunsuk

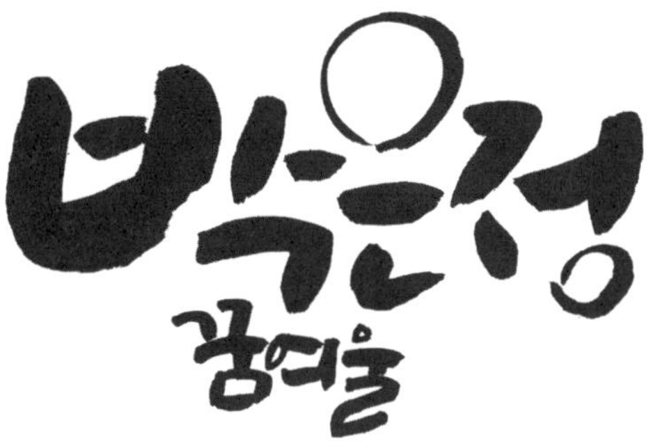
박은정
꿈여울

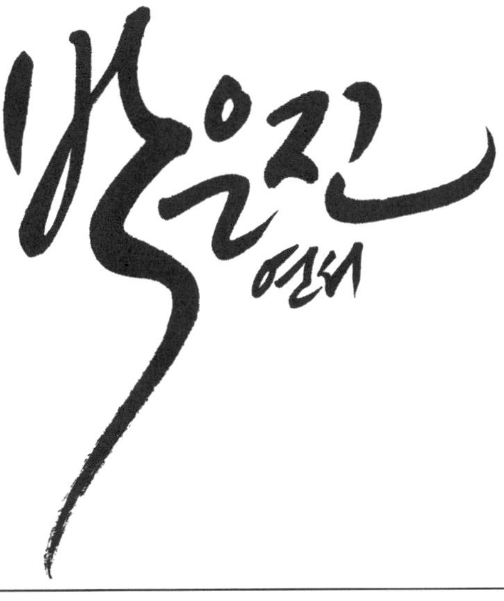
박은진

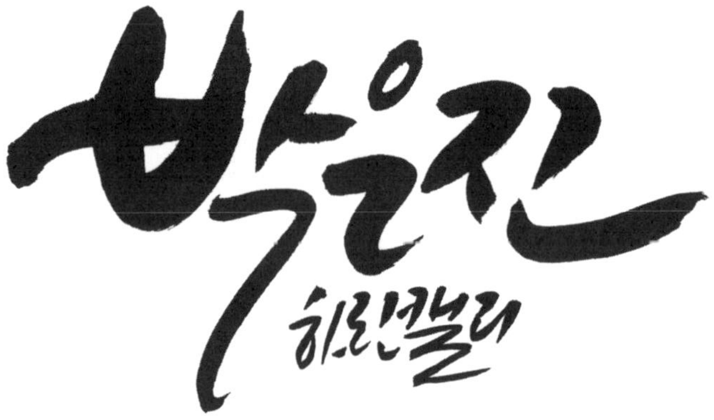
박은진

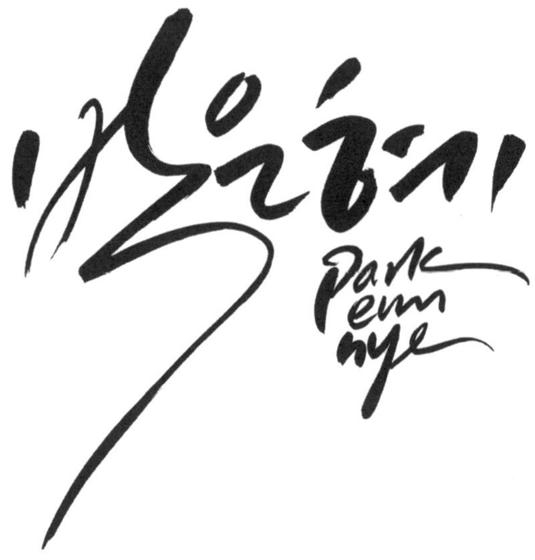
박은혜
Park eun hye

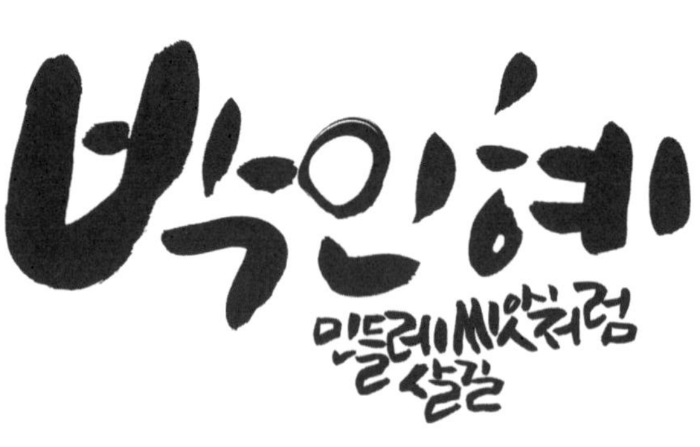
박인혜
민들레씨앗처럼 살길

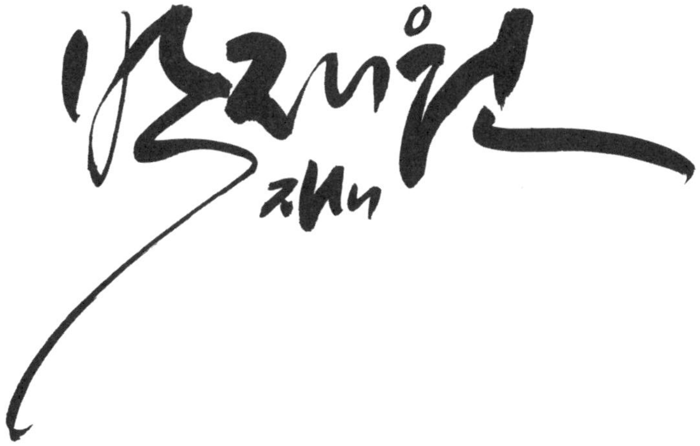

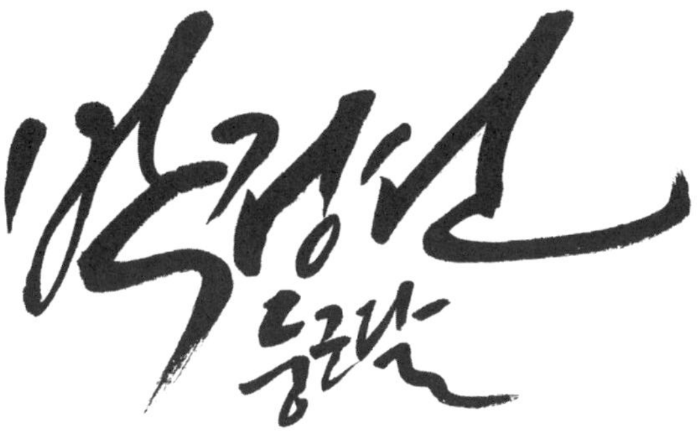
박정선
둥근달

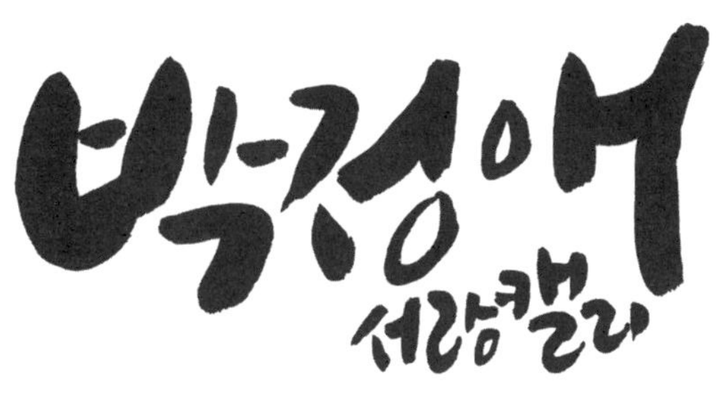
박정애
서랑캘리

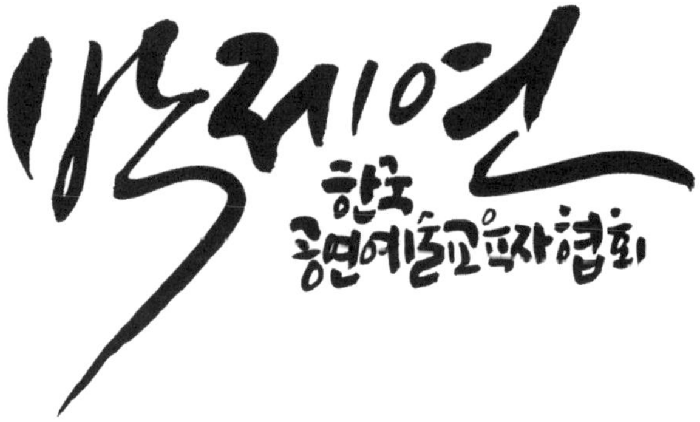
한국
공연예술교육자협회

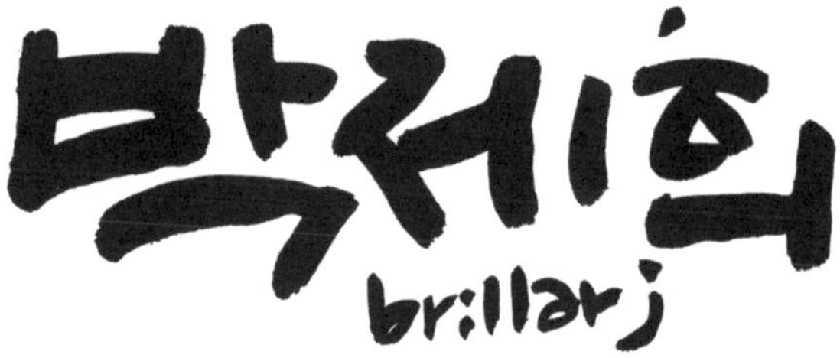

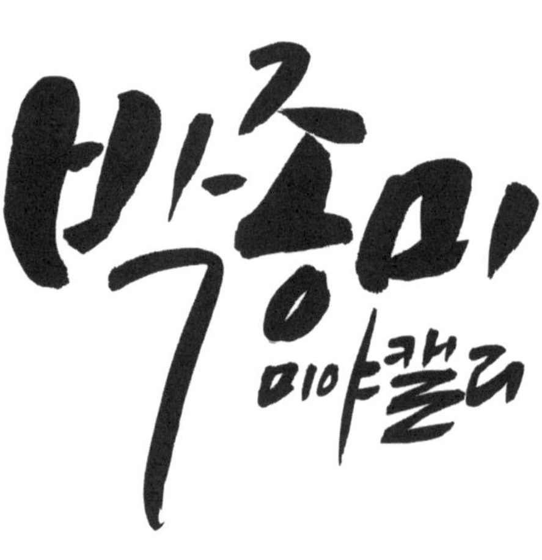
박종미

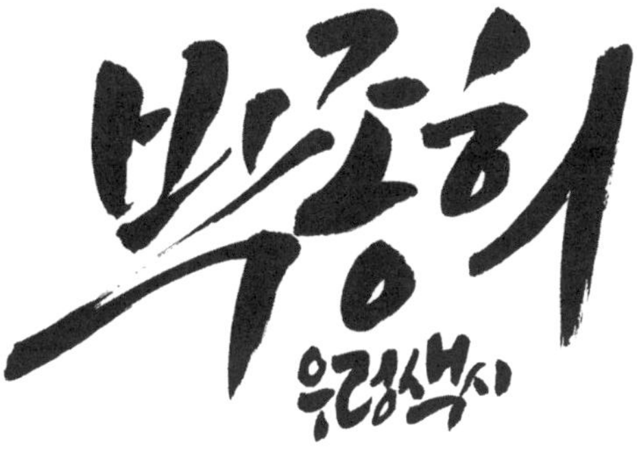
박종희
우리색시

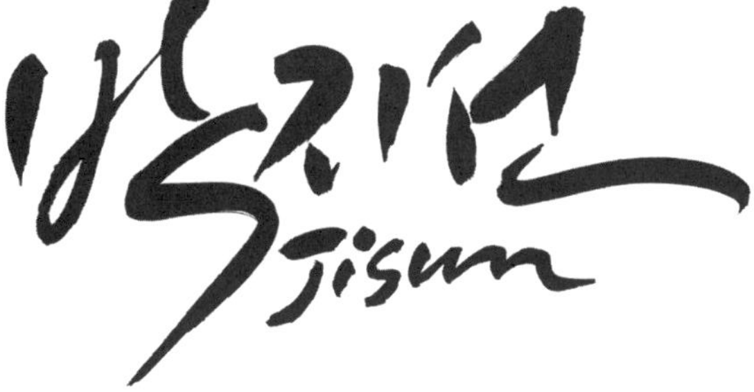
박지선
Jisun

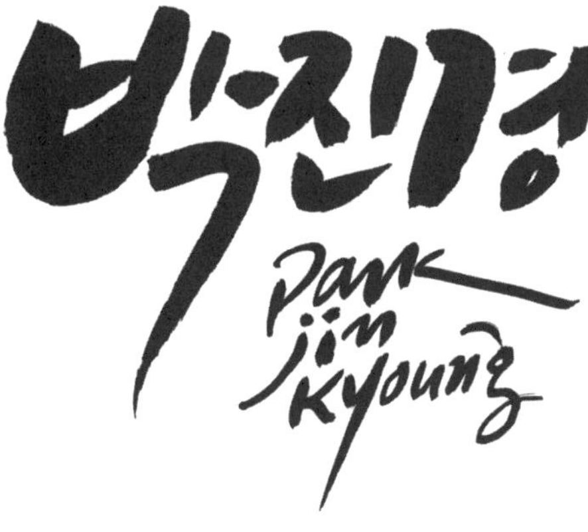
박진경
Park
jin
Kyoung

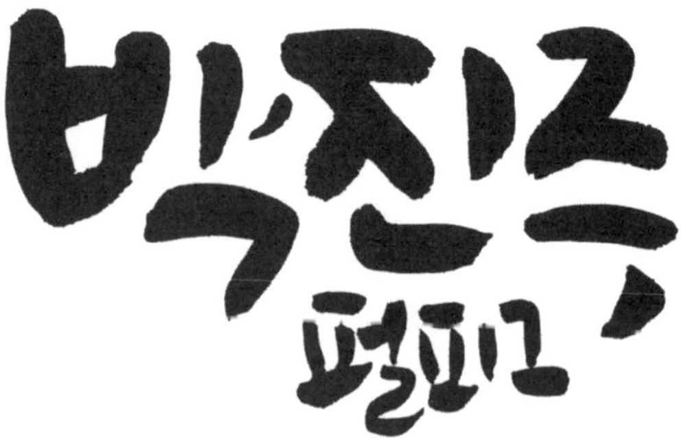
박진주
펄피그

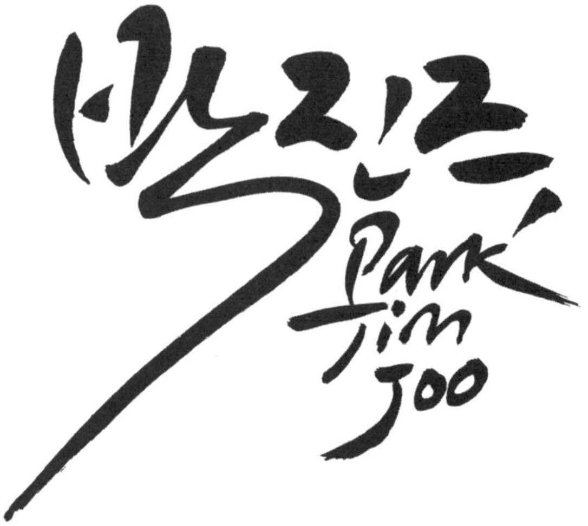
박진주
Park
Jin
Joo

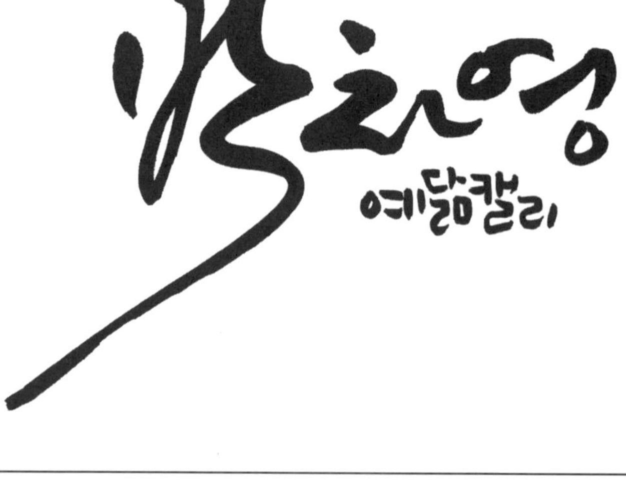
예담캘리

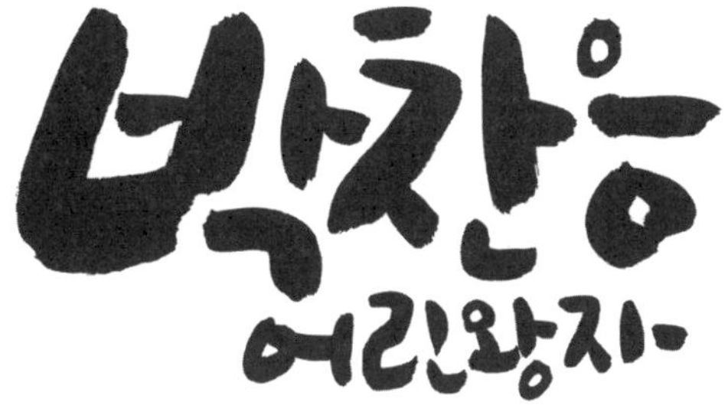
박찬웅
어린왕자

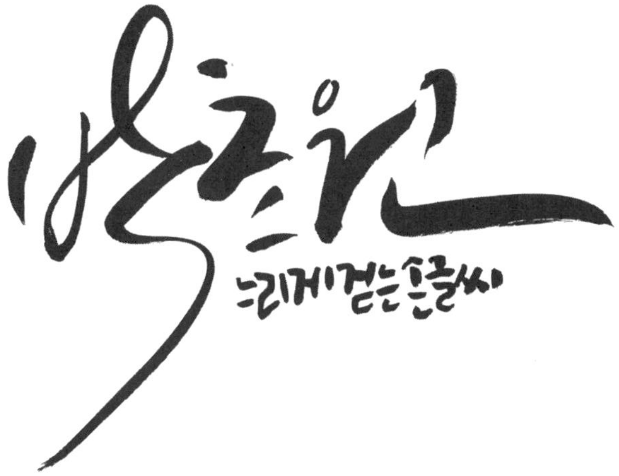
느리게 걷는 손글씨

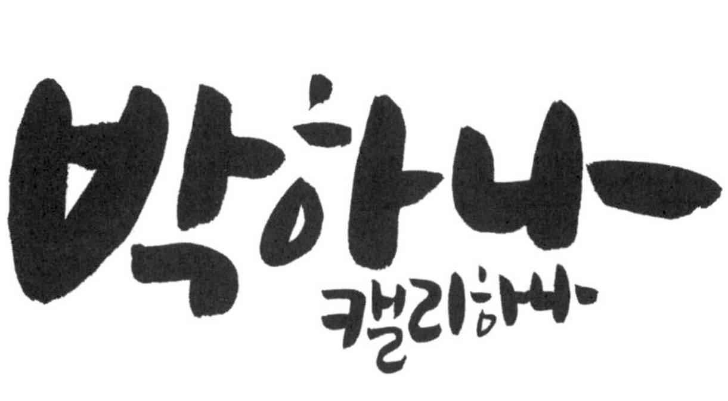
박하나

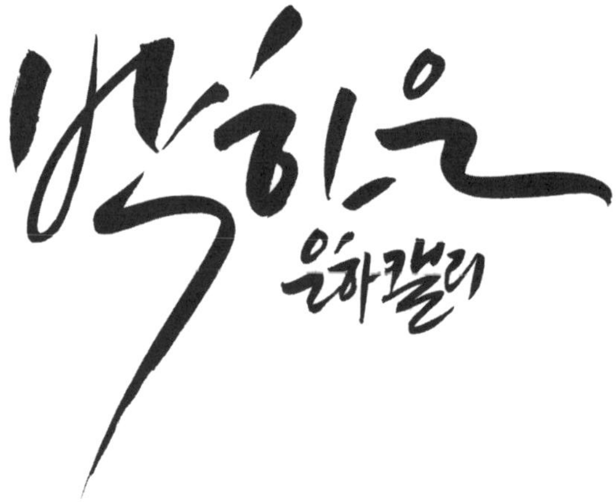
박하은
은하캘리

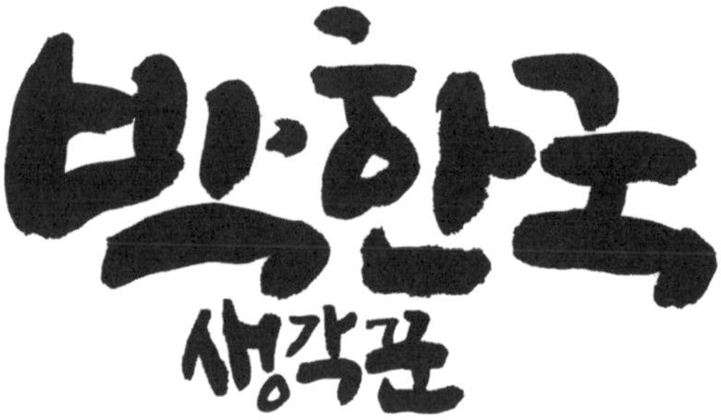
박한주
생각꾼

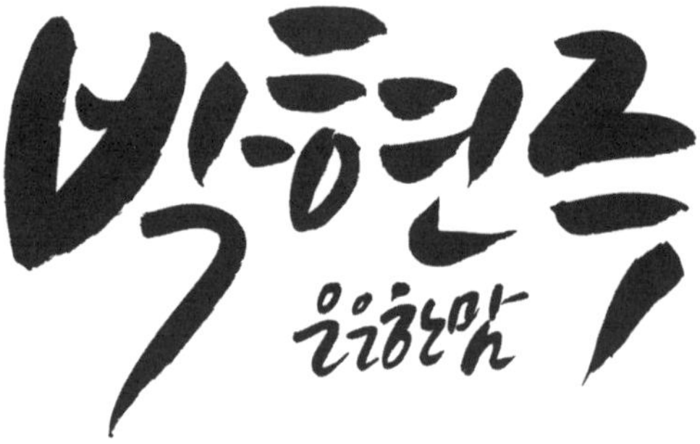
박현주
은은한맛

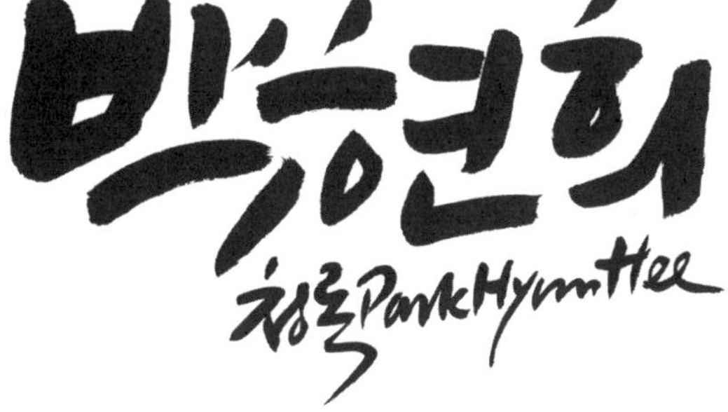
박현희
청록ParkHyunHee

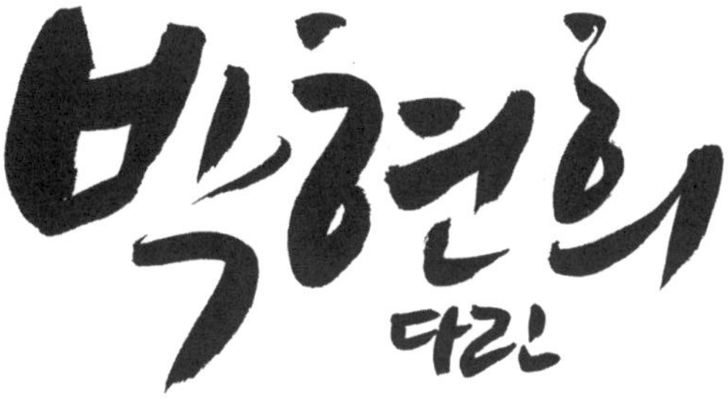
박현희
다린

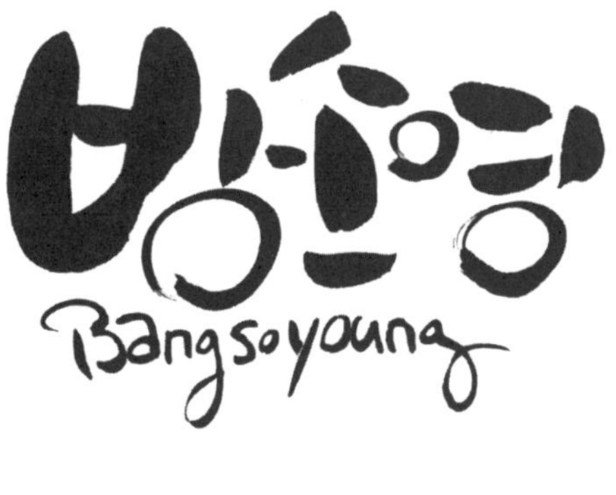
방소영
Bangsoyoung

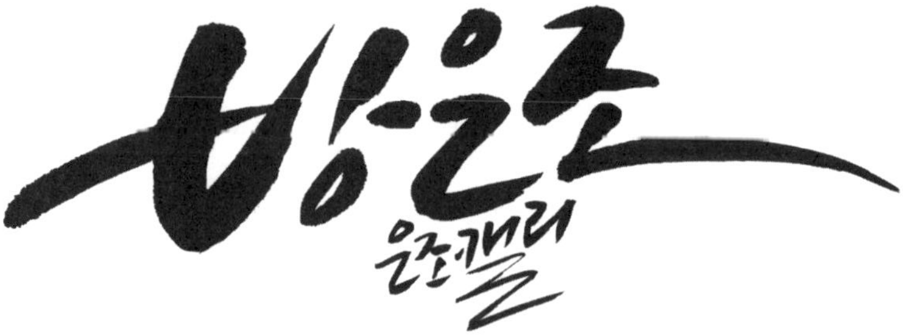
방윤주

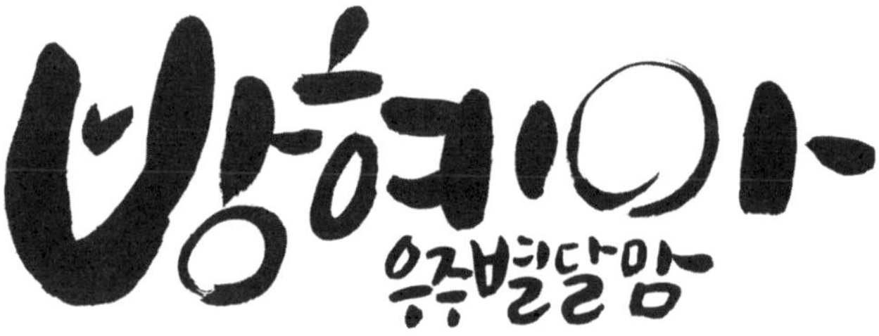
우주별달맘

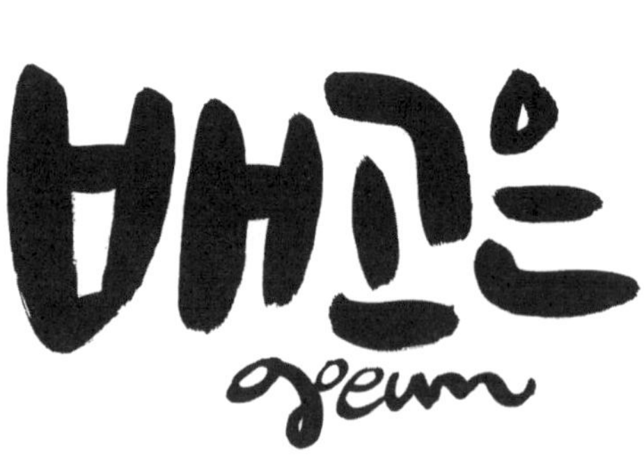
배고은
geum

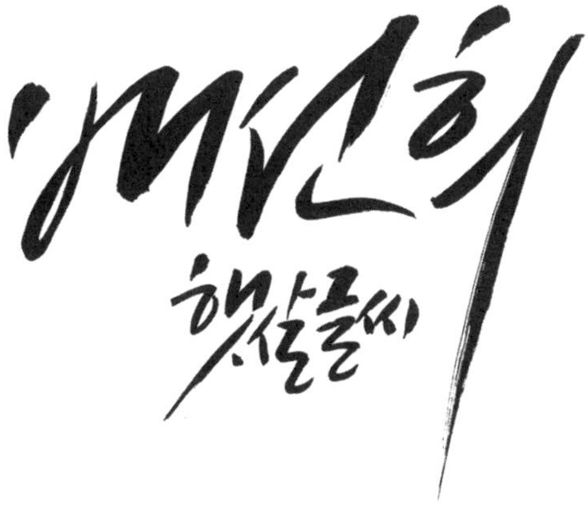

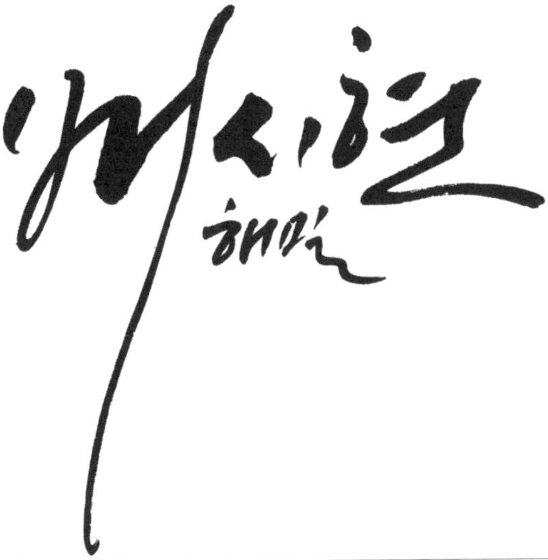

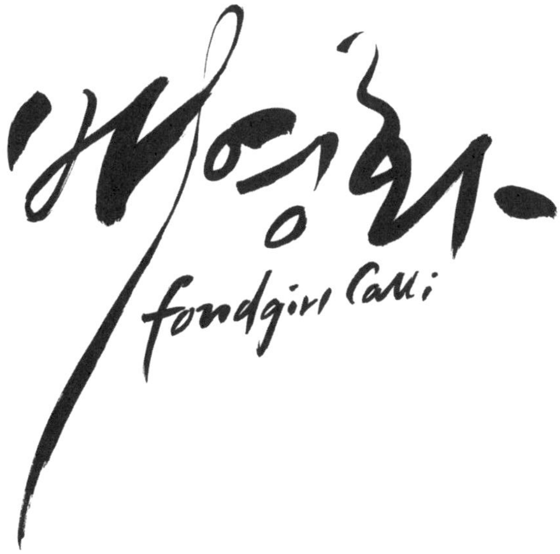
fondgirl Calli

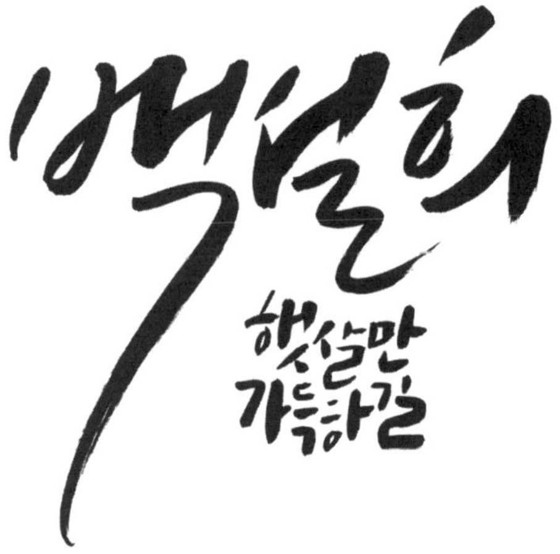
백설희
햇살만 가득하길

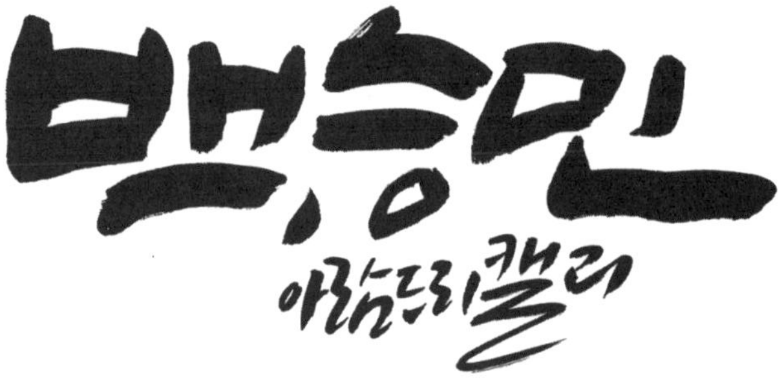
백승민
아름드리캘리

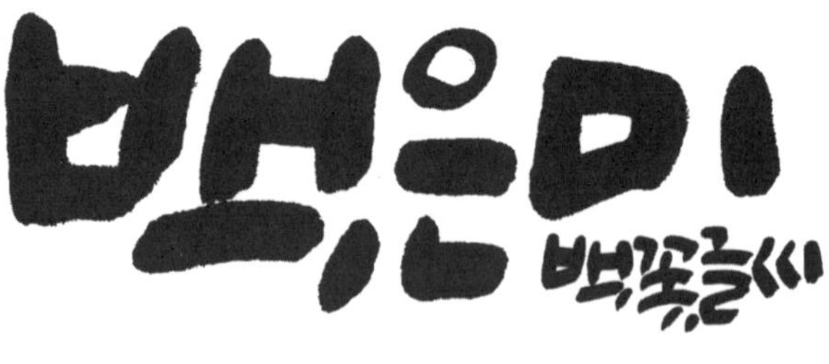
백은미
벚꽃글씨

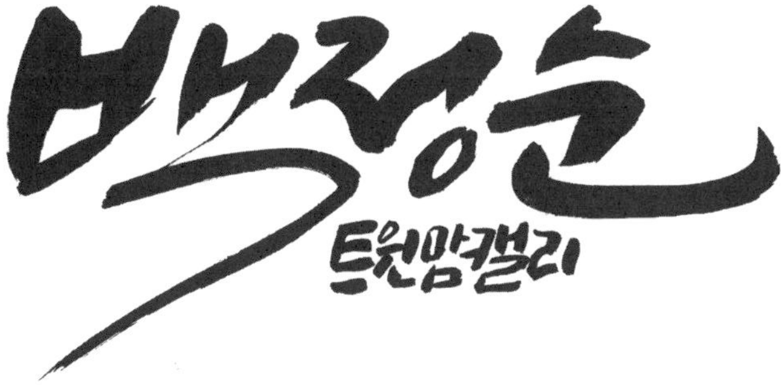
백정순
트윈맘갤러리

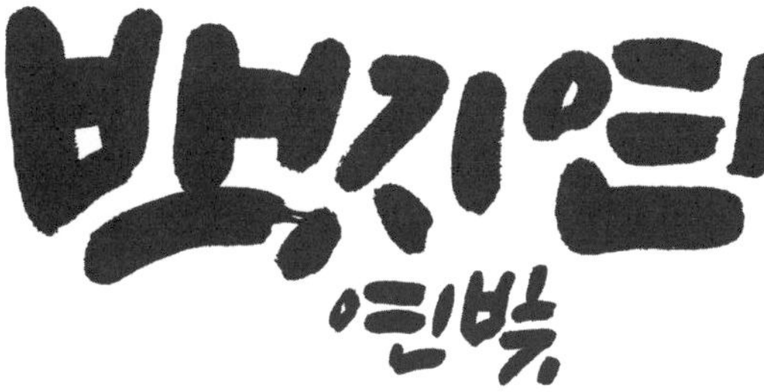
백지연
연빛

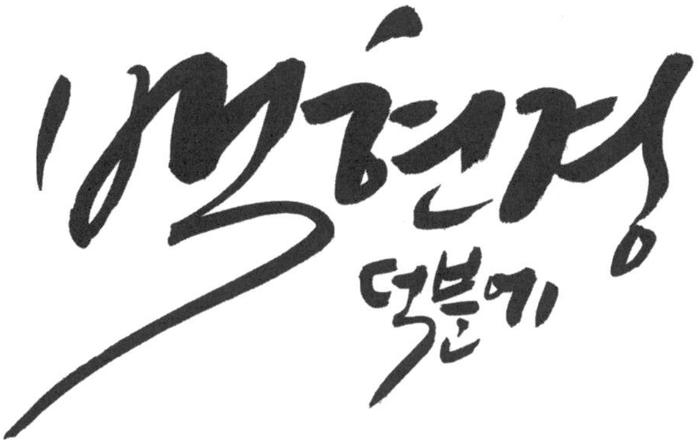
백현정
덕분에

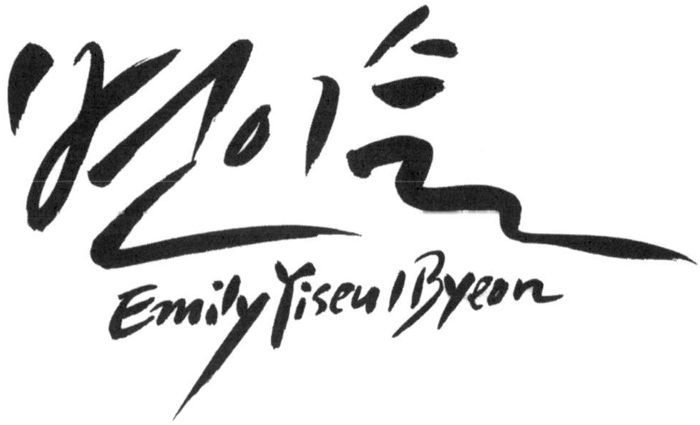
변이슬
Emily Yiseul Byeon

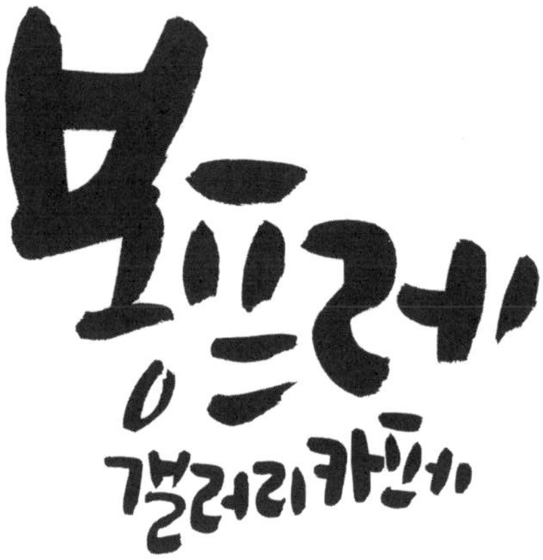
봉프레
갤러리카페

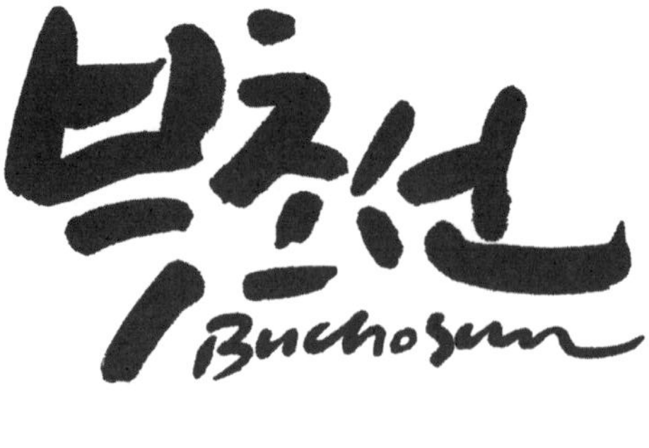
부초선
Buchosun

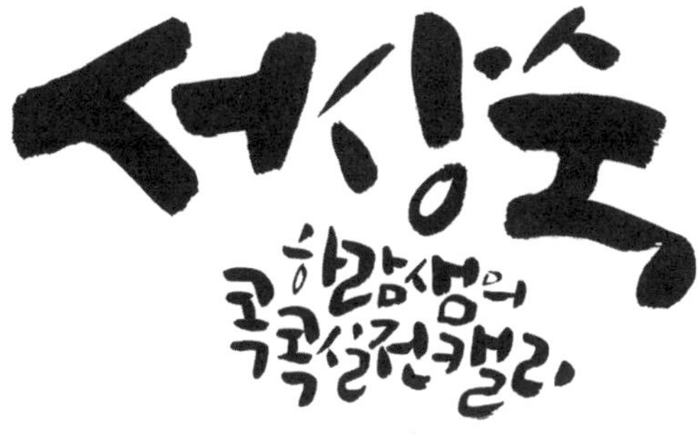
서성숙
하람샘의
콕콕실전캘리

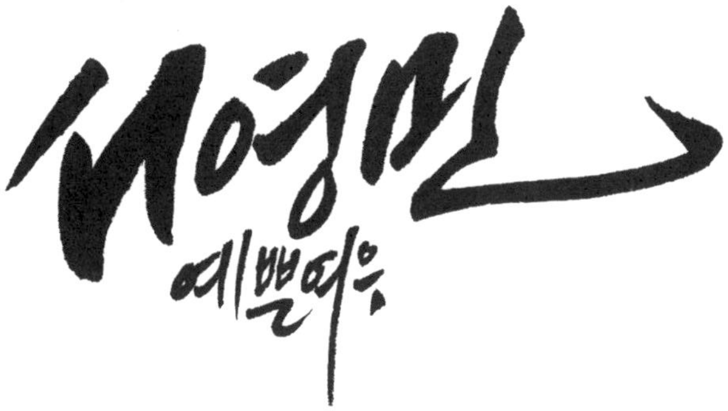
서영민
예쁜띠움

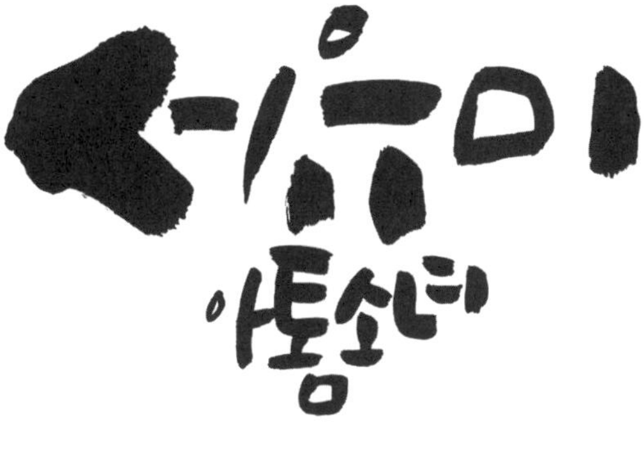
서유미
아톰소녀

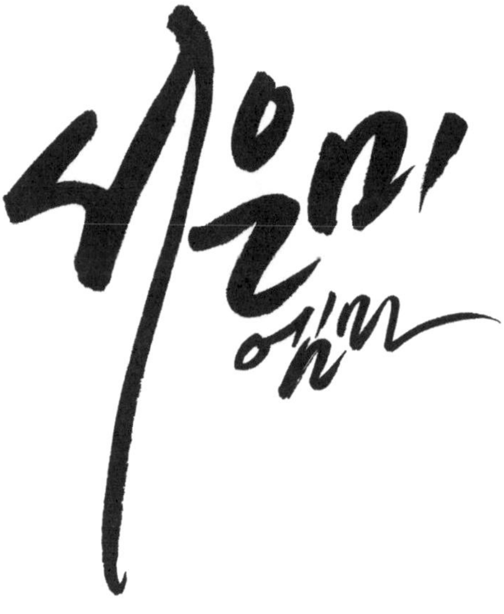

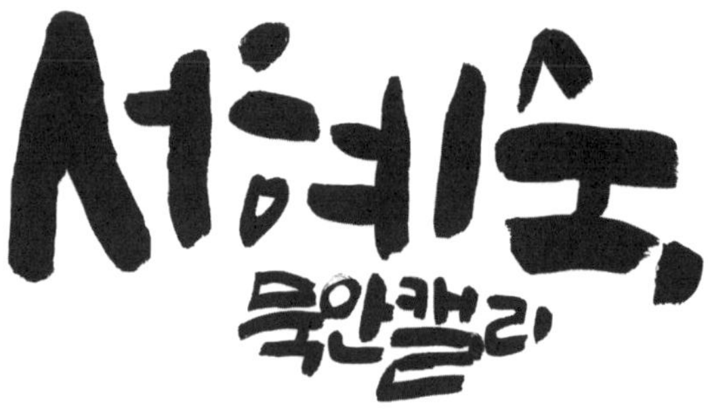
묵안캘리

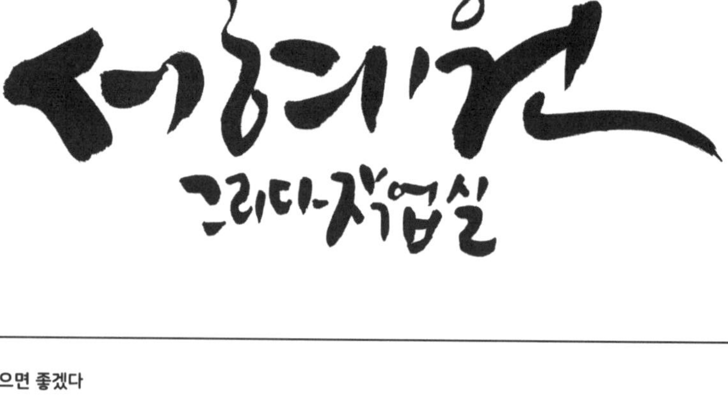
그리다작업실

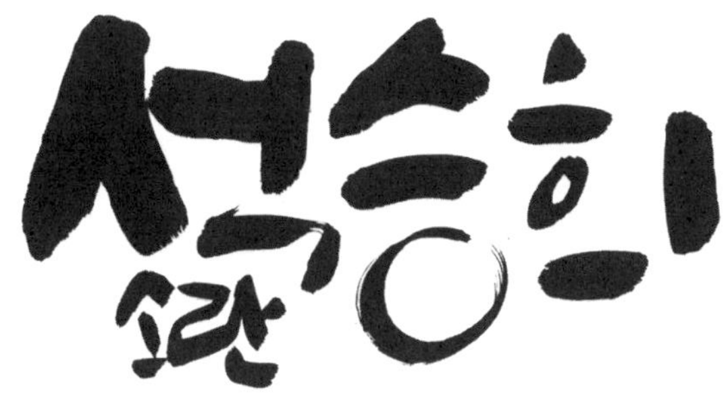

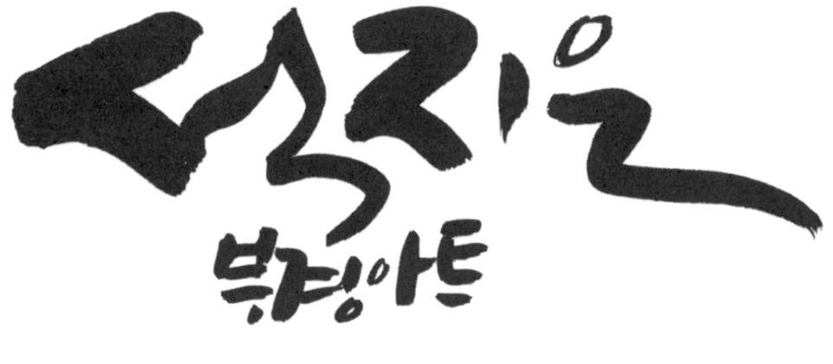

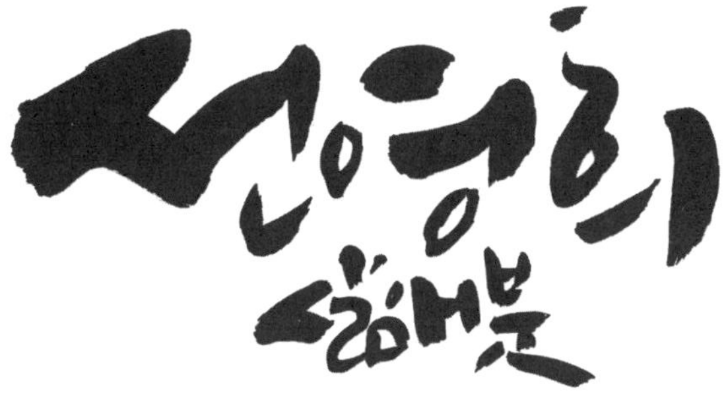

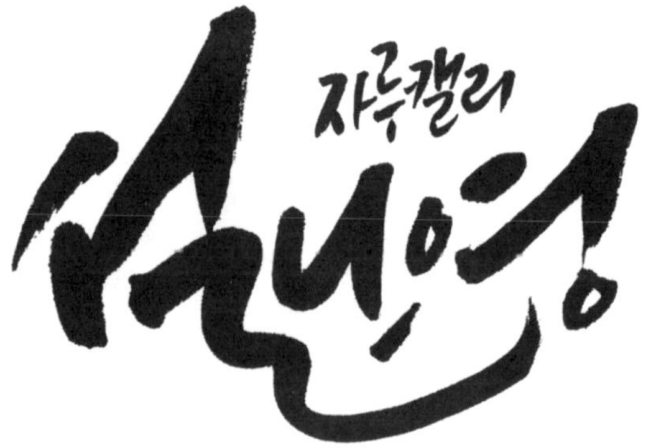

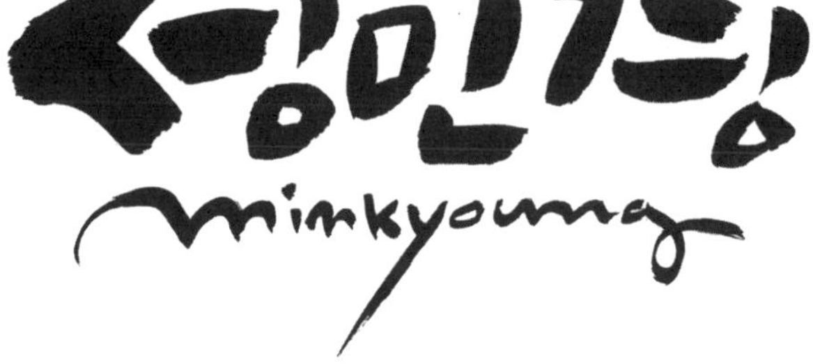
성민경
minkyoung

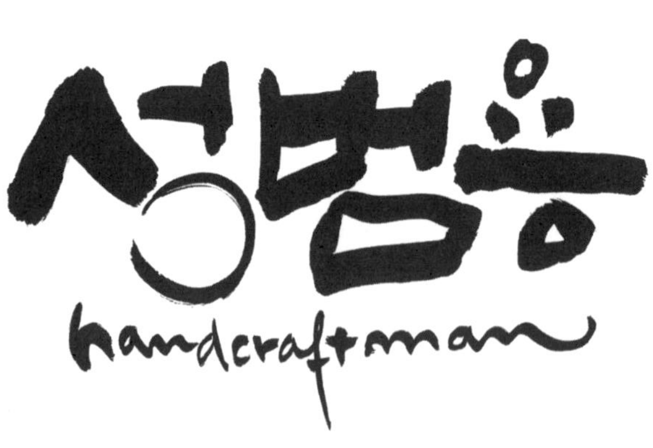
성범용
handcraftman

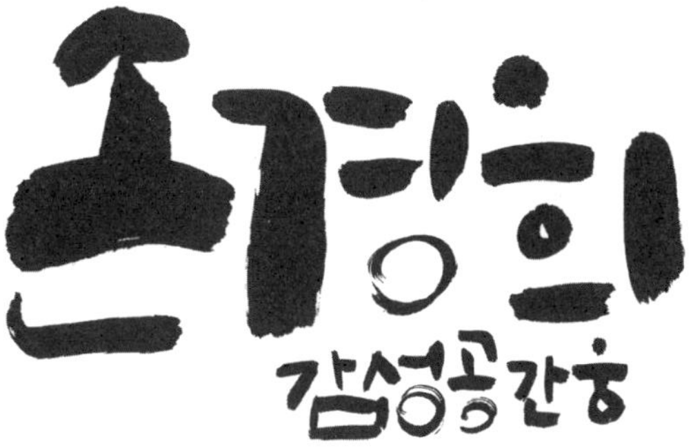
조경희
감성공간흥

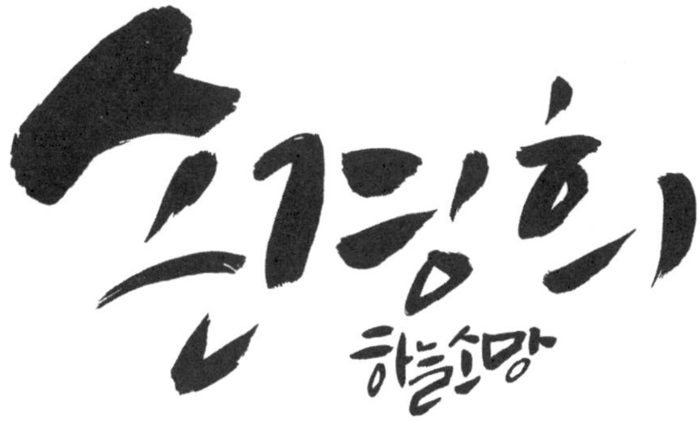
손경희
하늘소망

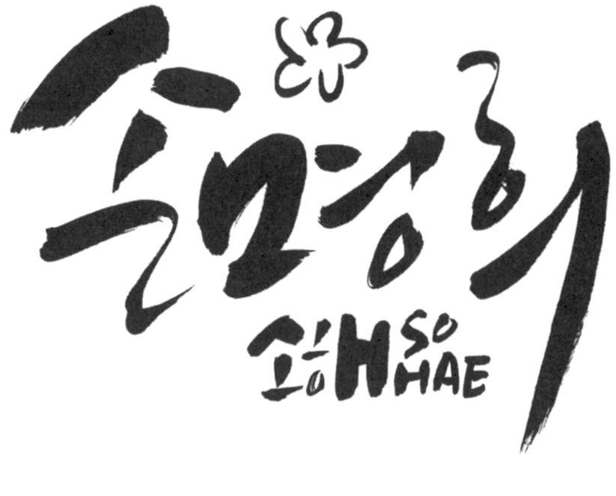
손명희
소해
SOHAE

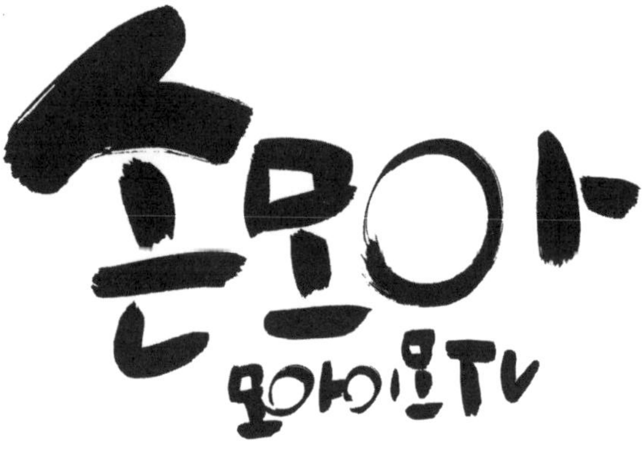
손모아
모아이모TV

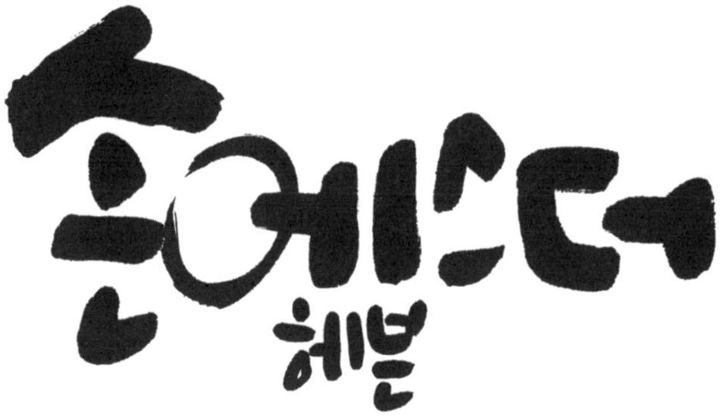
손에스더
헤븐

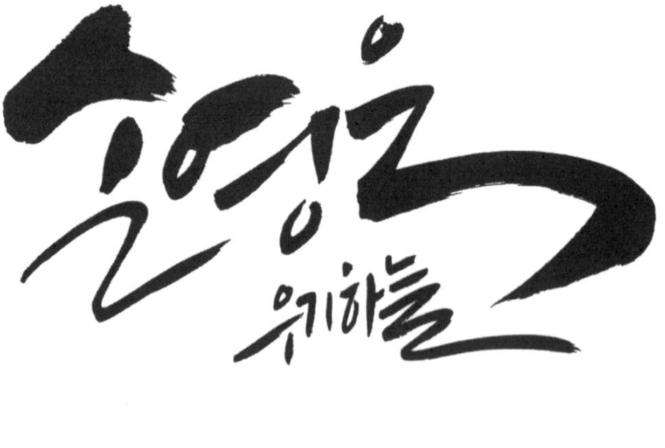
손영은
우기하늘

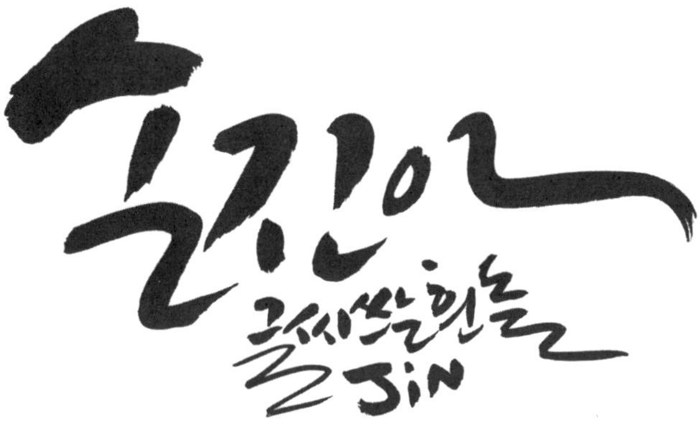
JIN

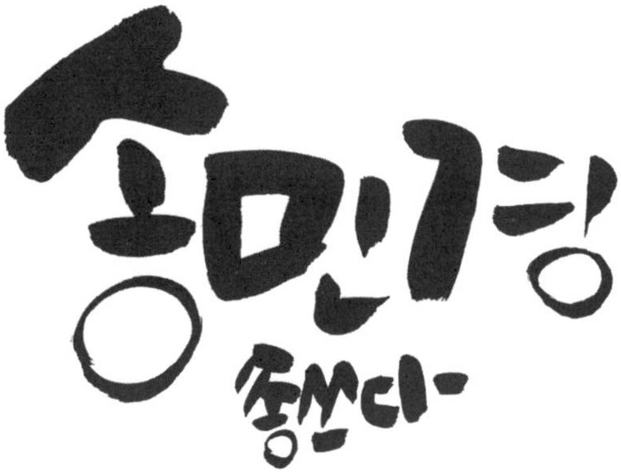
송민경

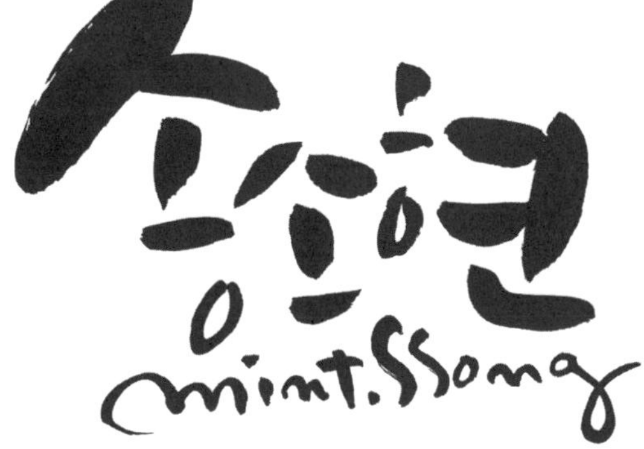
mint.Ssong

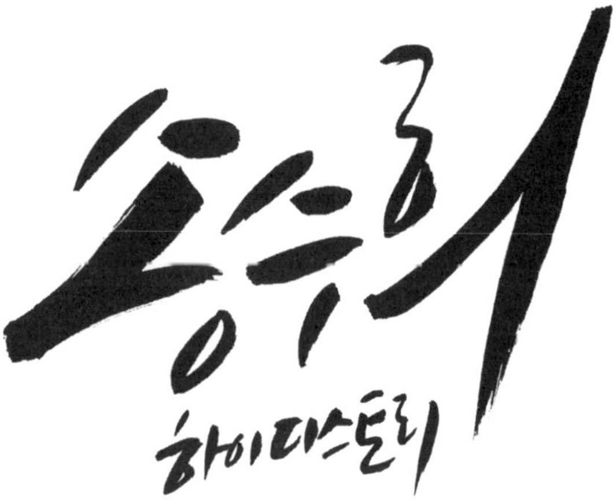
송수희
하이디스토리

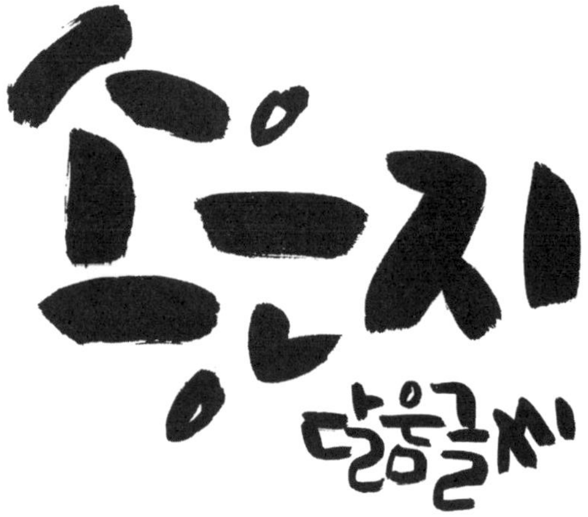
송은지
담음글씨

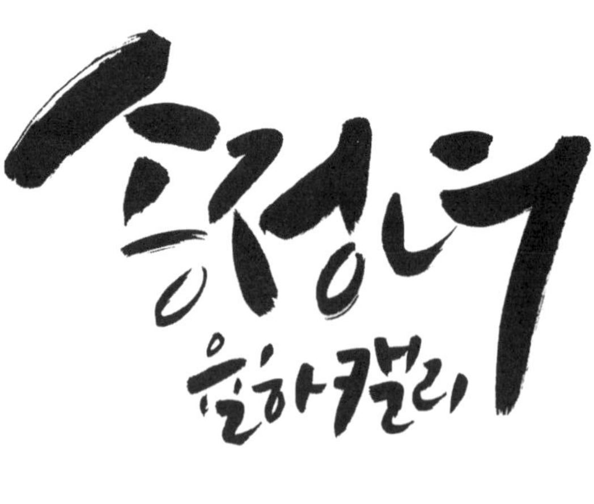

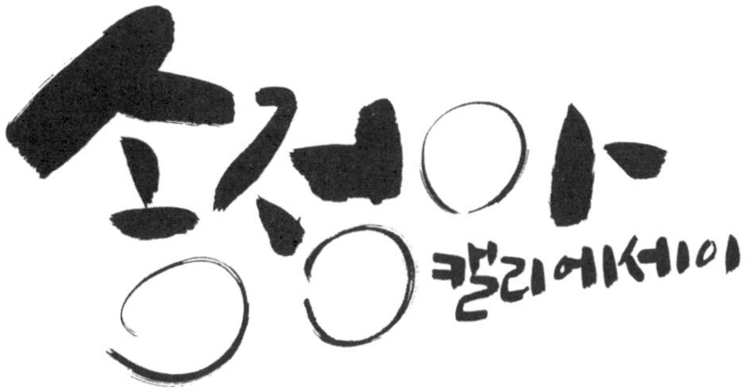
송정아
캘리에세이

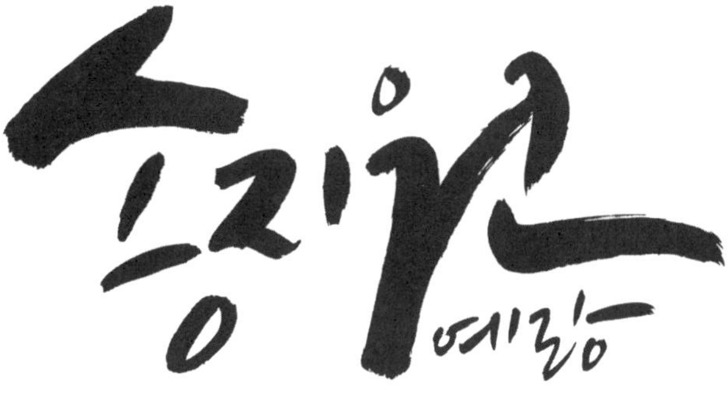
송지원
예랑

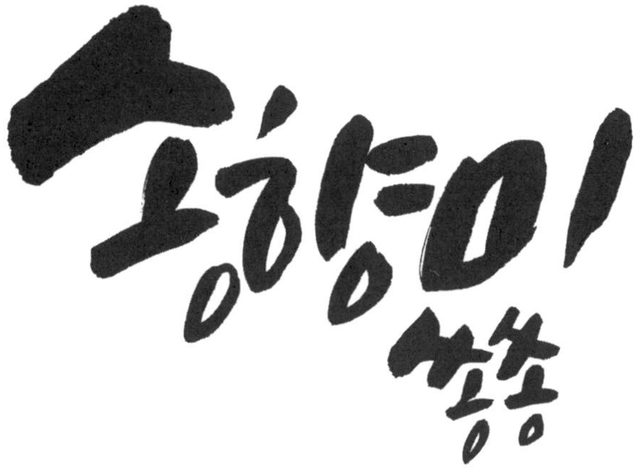
송향미
쏭쏭

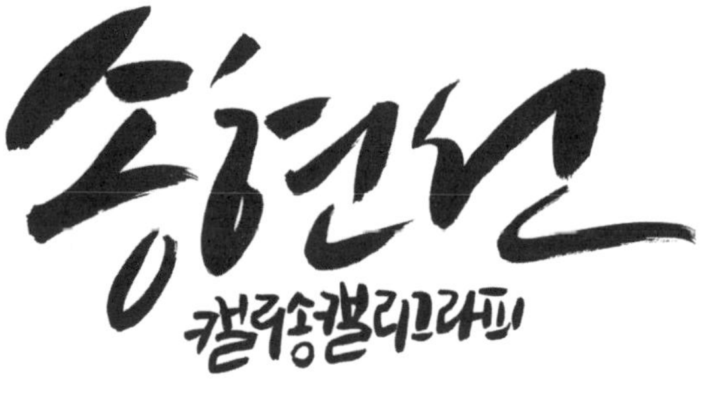
캘리송캘리그라피

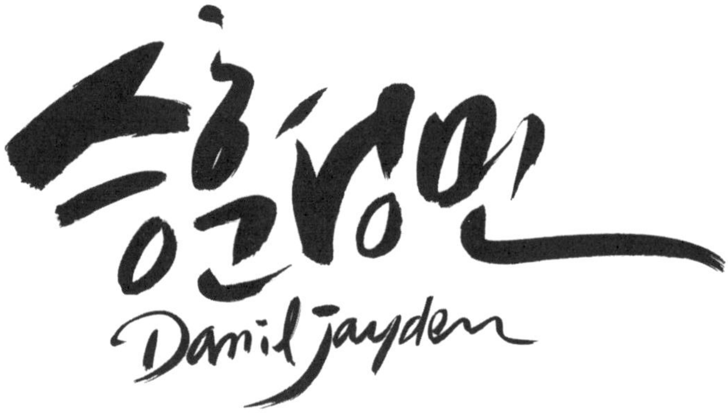
Danil jayden

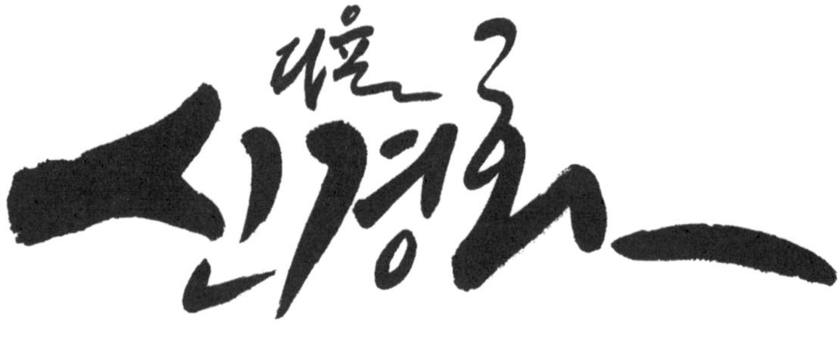
신경화

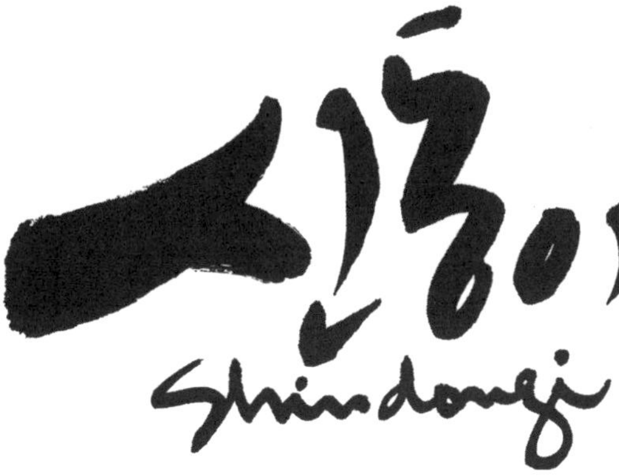
Shindongi

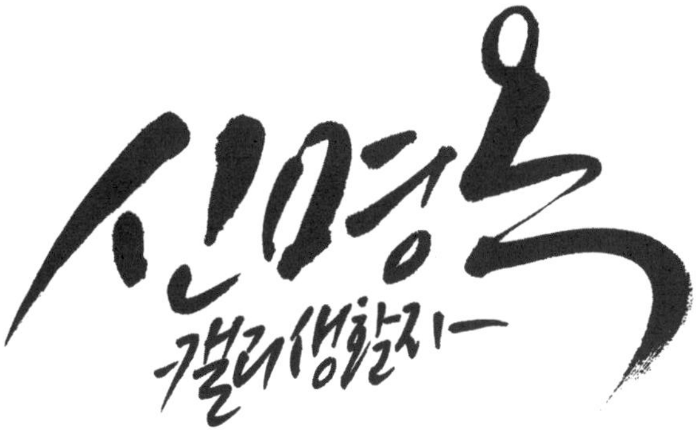

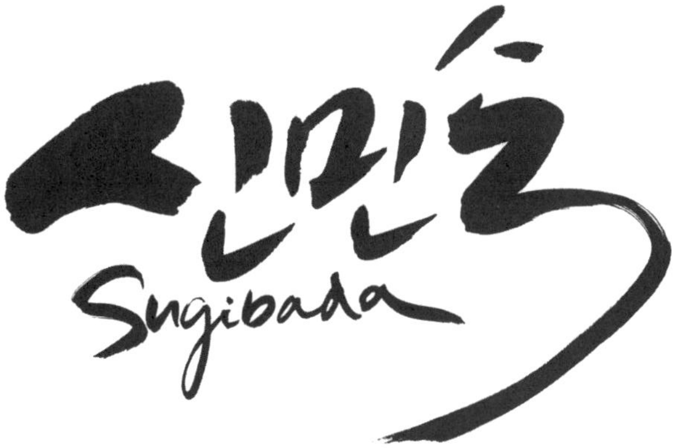
Sugibada

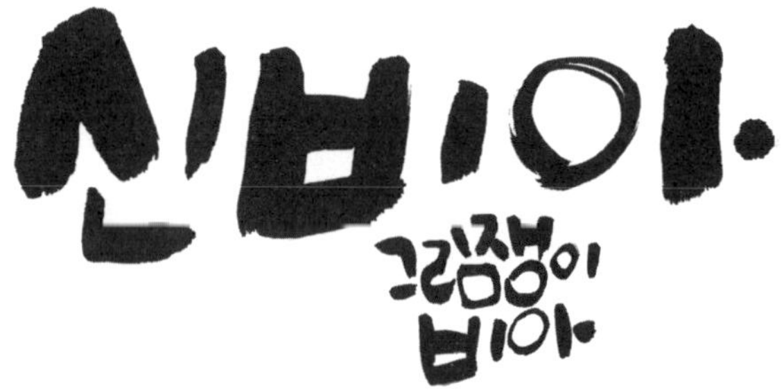
신비아
그림쟁이
비아

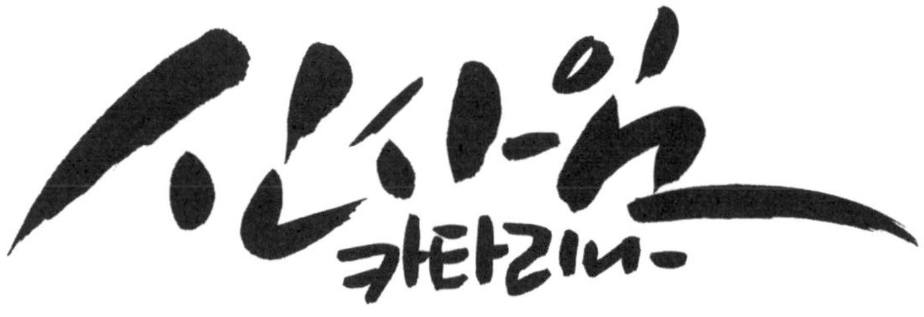
카타리나

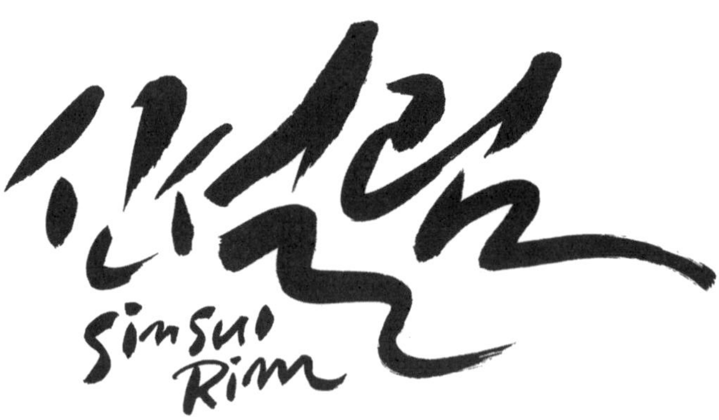

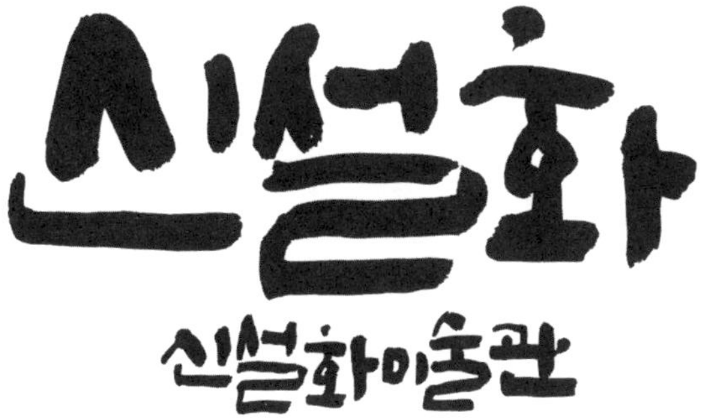
신설화
신설화미술관

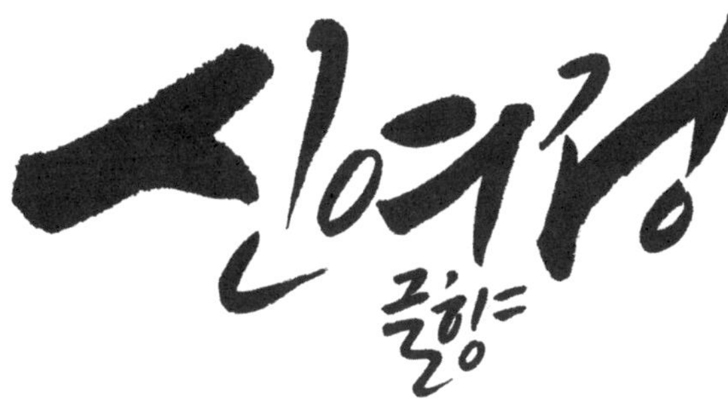
신여정

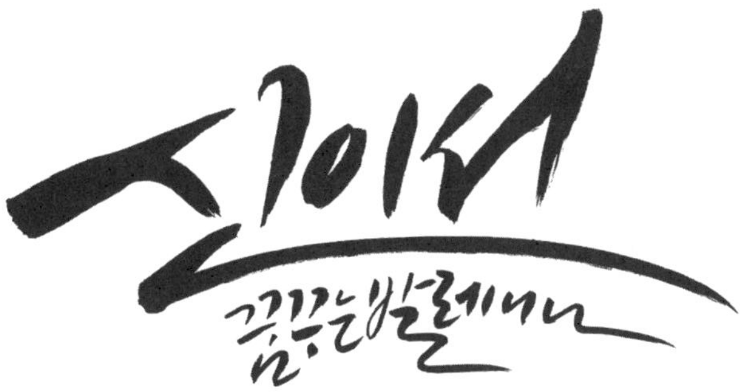
신이서
꿈꾸는발레리나

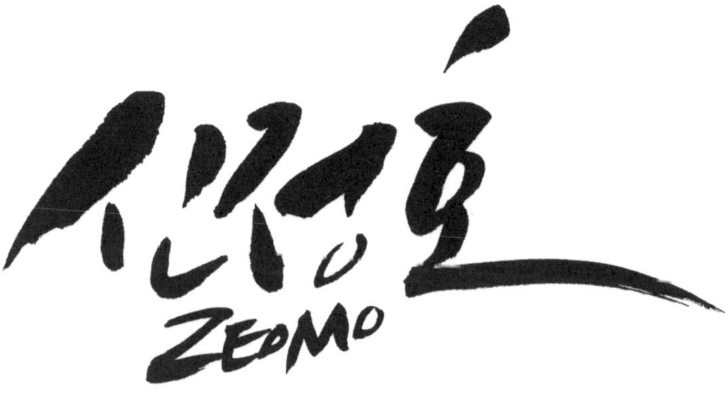
신영호
ZEOMO

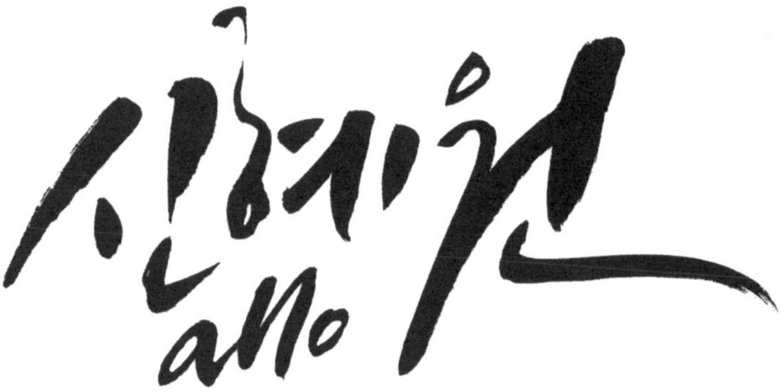
신혜원

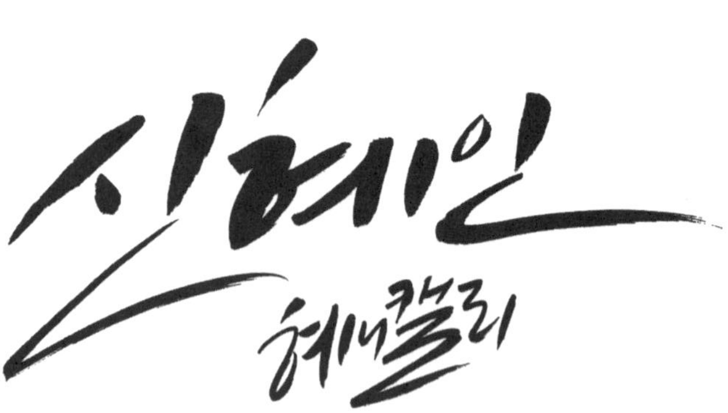
신혜인
혜나캘리

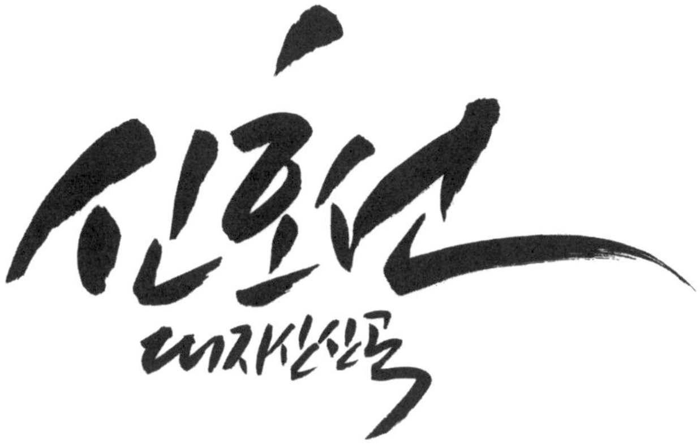

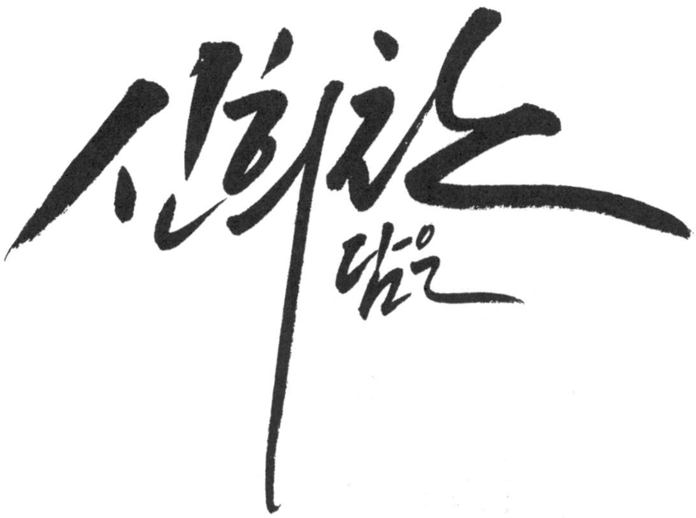

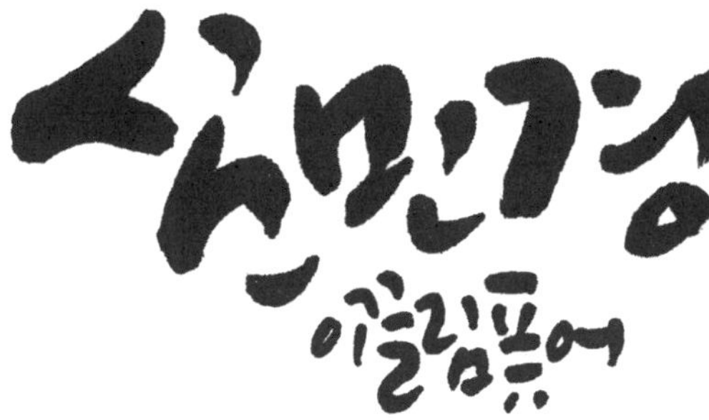

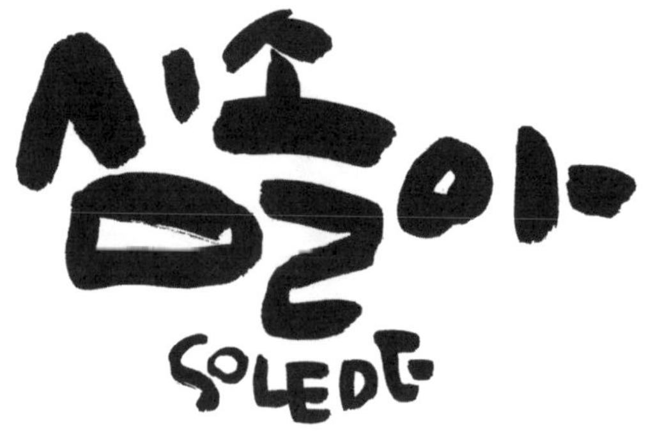
심솔이

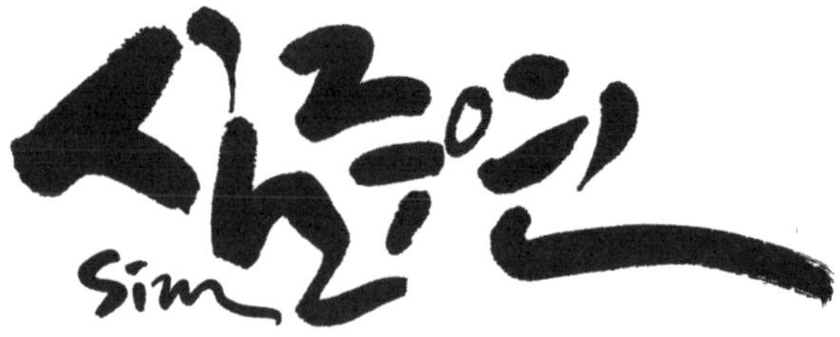
Sim

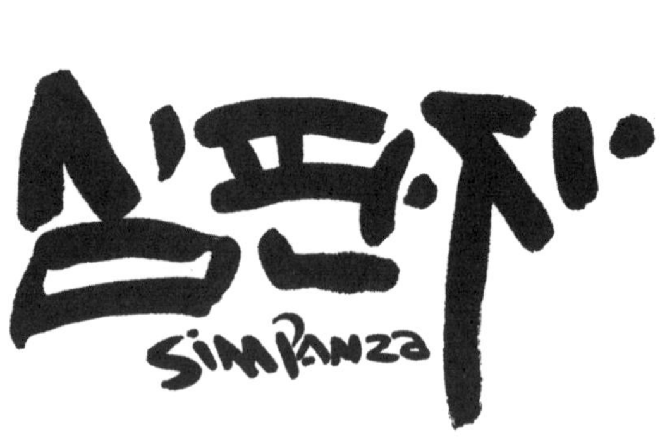
심펀지
SIMPANZA

아리솔 ~ 임화순

내가
그의 이름을
불러주기 전에는
그는 다만
하나의 몸짓에
지나지 않았다.

김춘수의 꽃 中에서

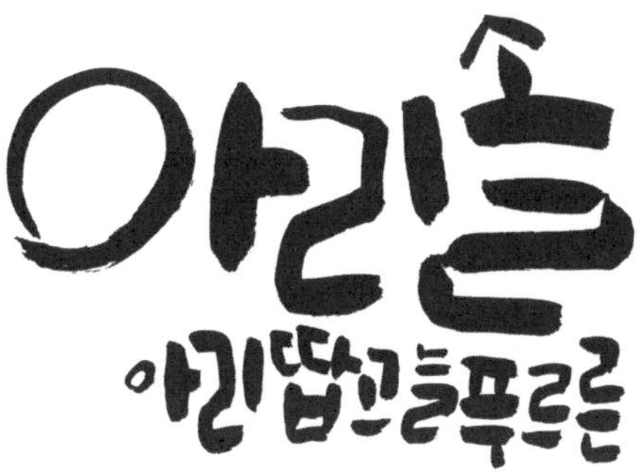
아리솔
아리땁고늘푸르른

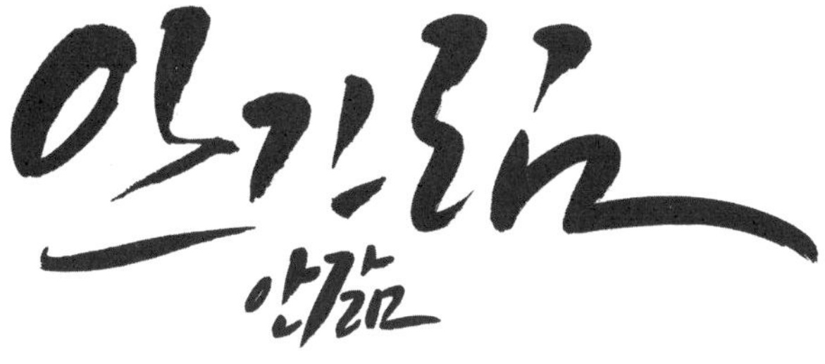

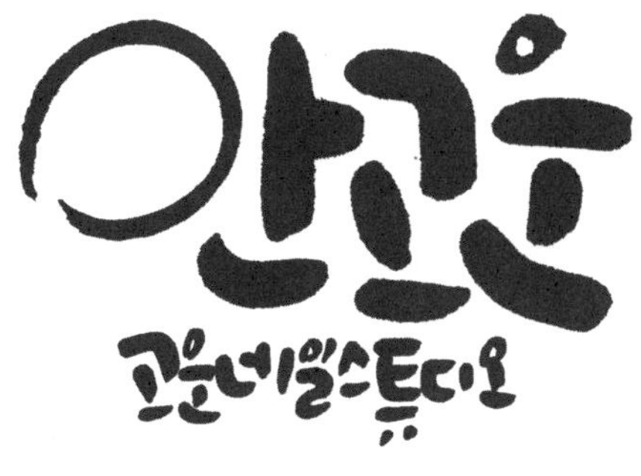
안고운
고운네일스튜디오

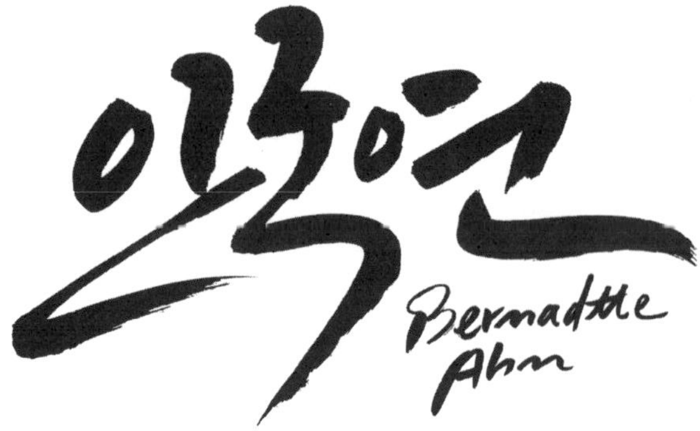
Bernadette
Ahn

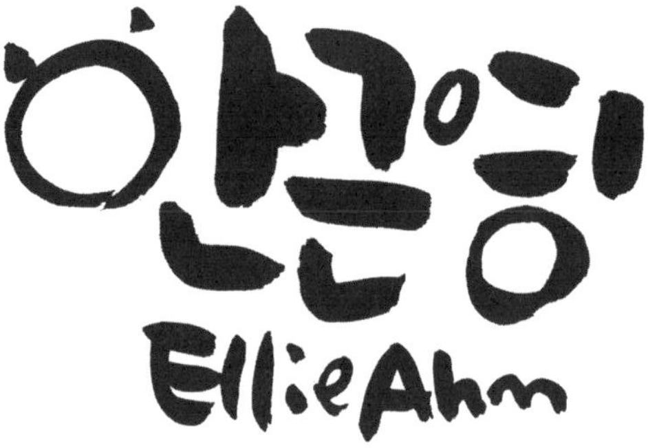
Ellie Ahn

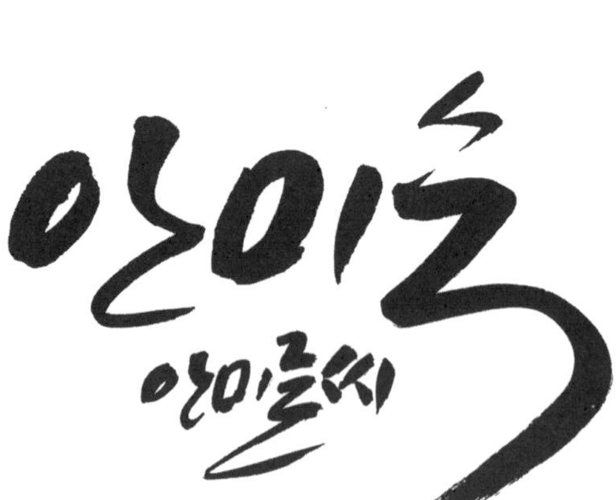

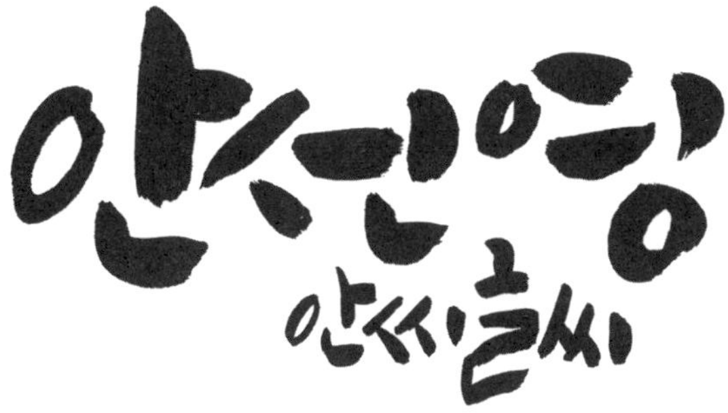

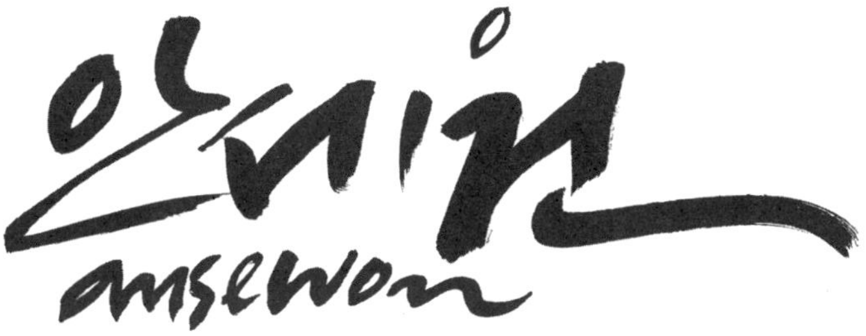
ansewon

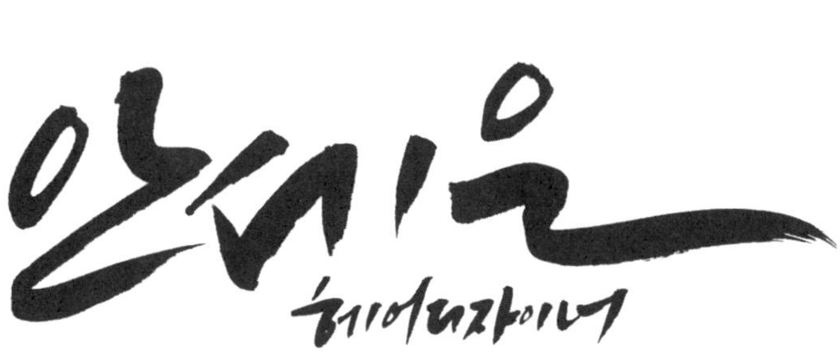
헤어디자이너

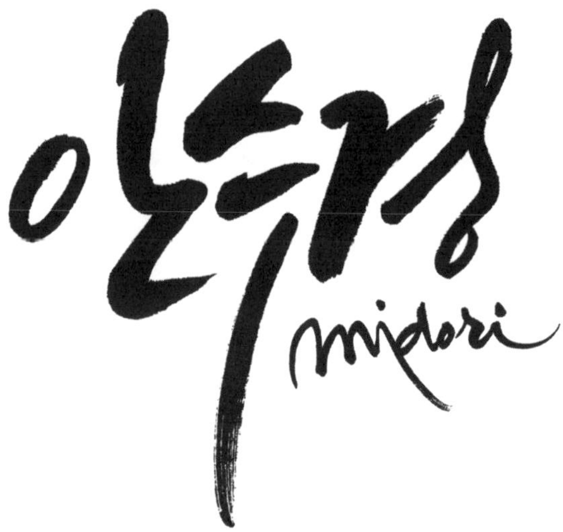
안수정
midori

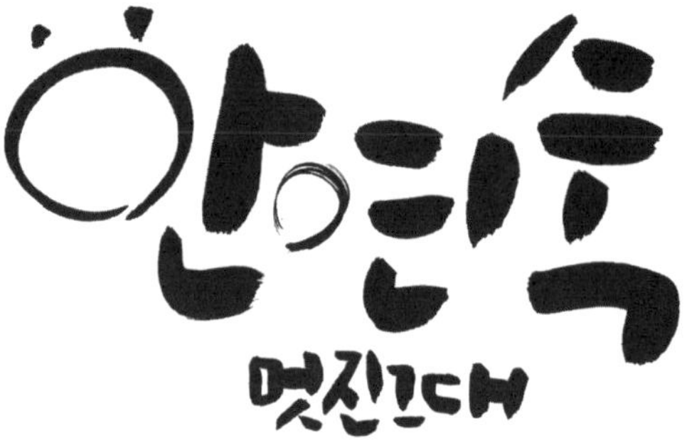
안은숙
멋진그대

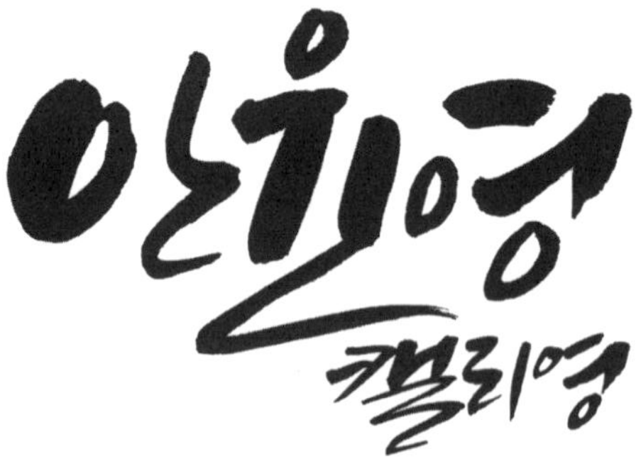
캘리영

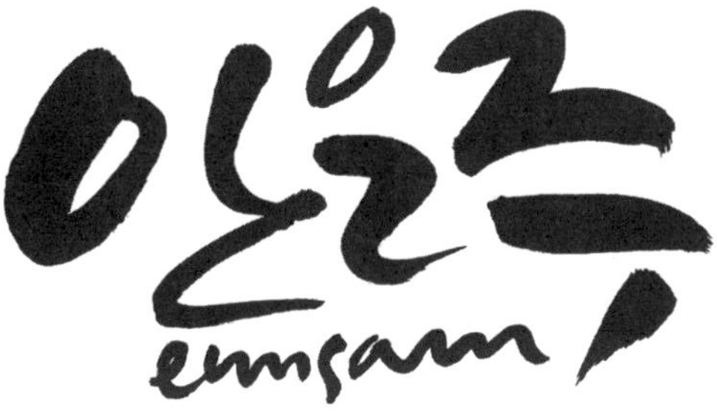

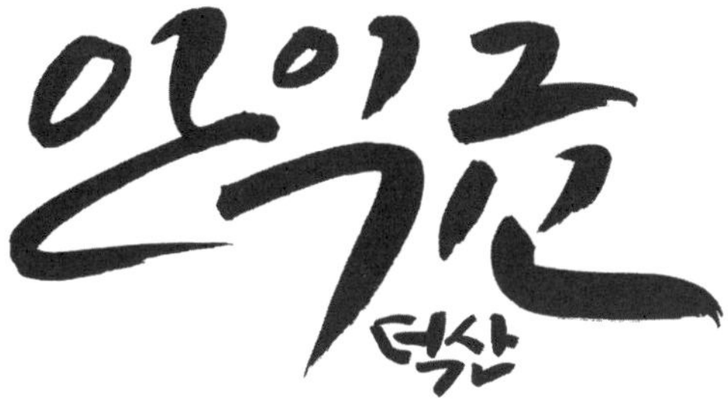
덕산

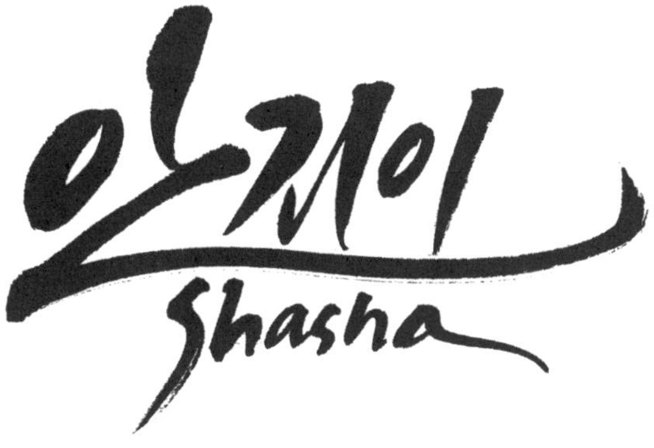
Shasha

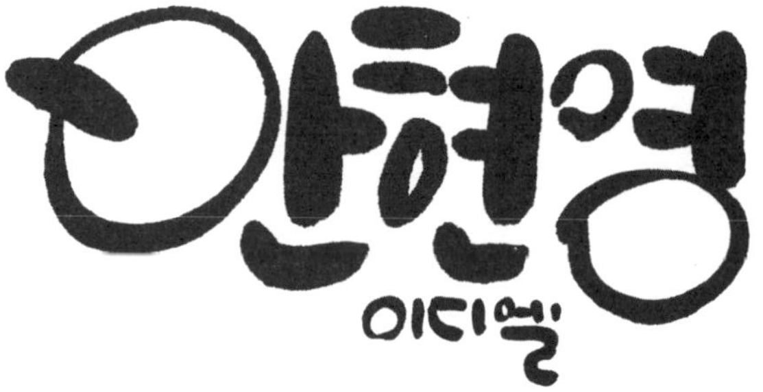
안현영

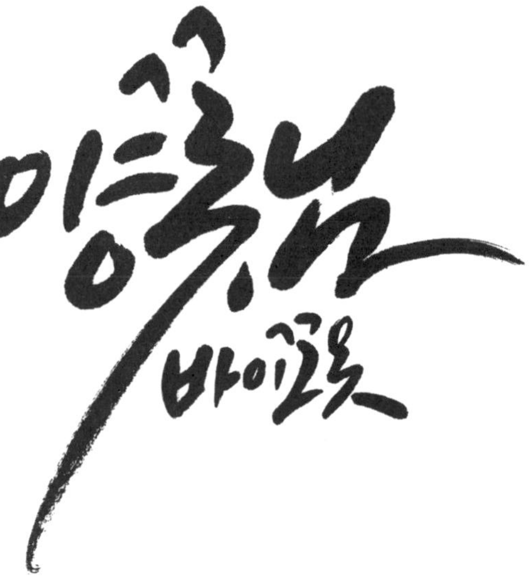

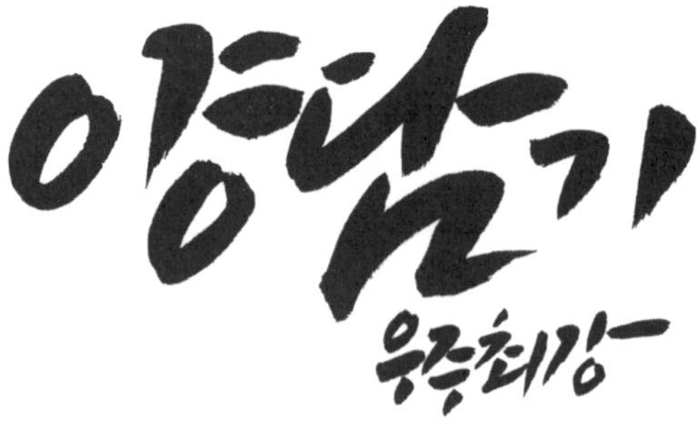
우주최강

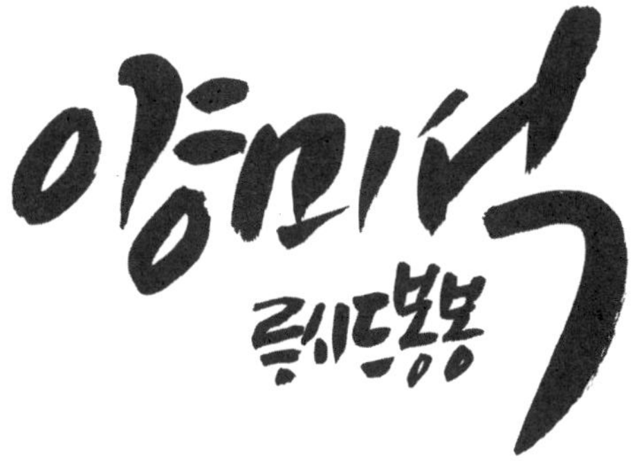
양미석

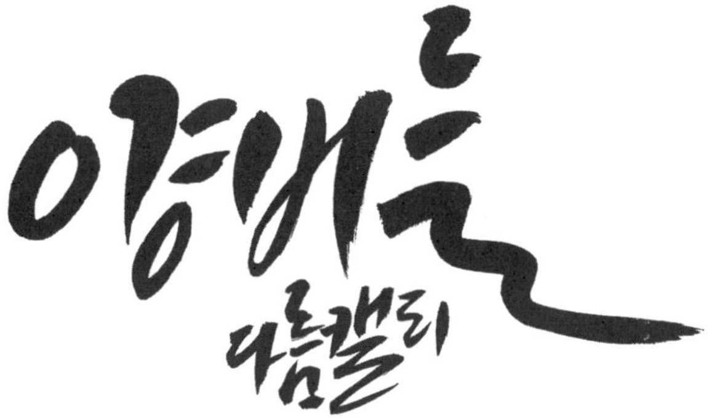
다름캘리

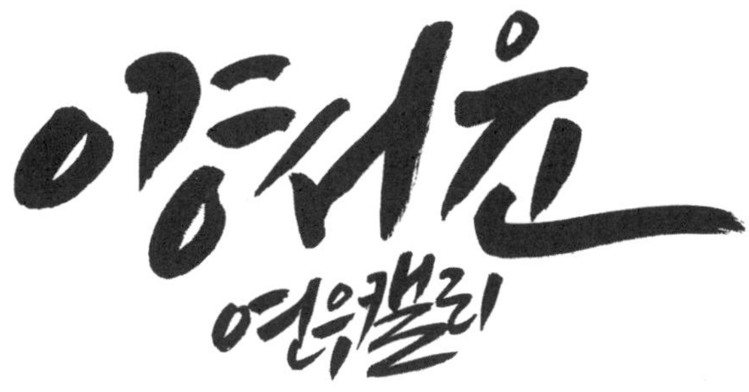
연우캘리

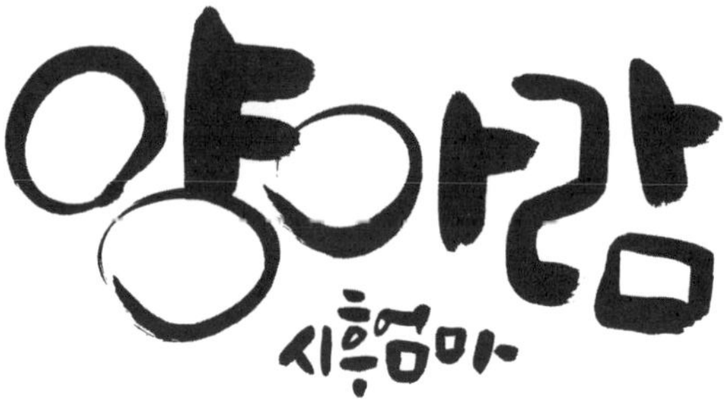
양가람
시후엄마

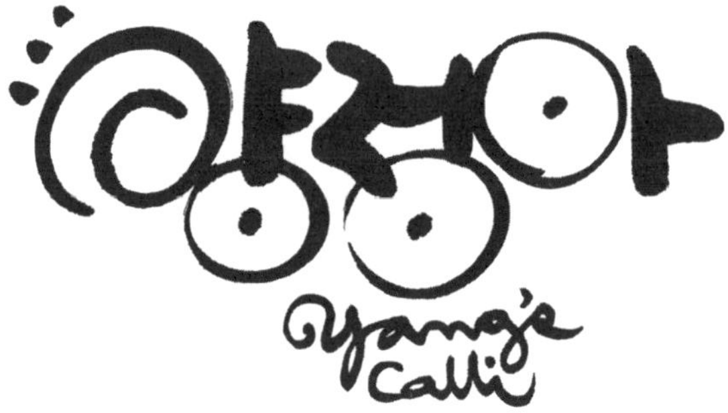
Yang's
Calli

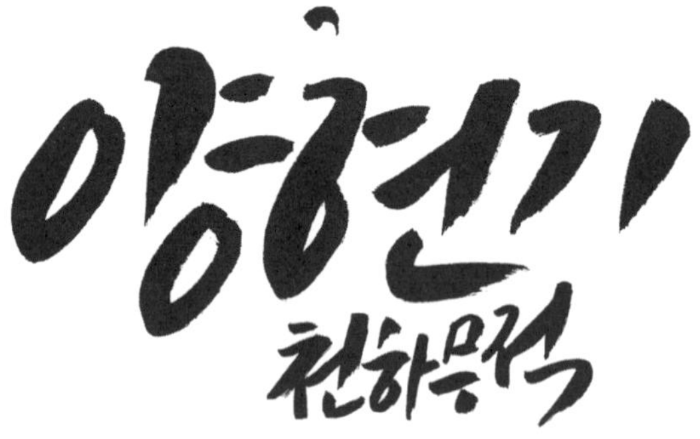
천하무적

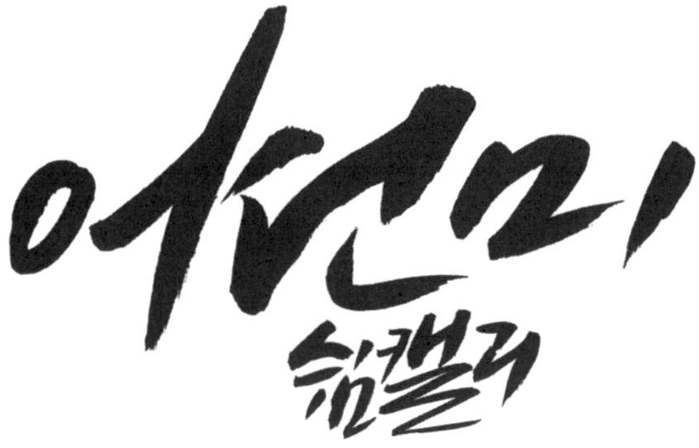
어선미
쉼캘리

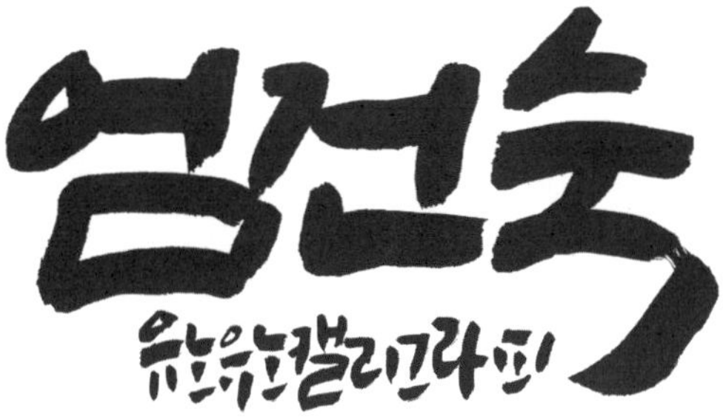
엄건숙

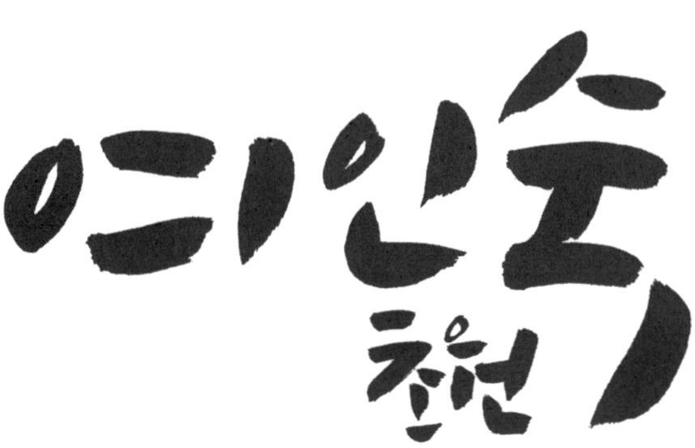
이인숙
초헌

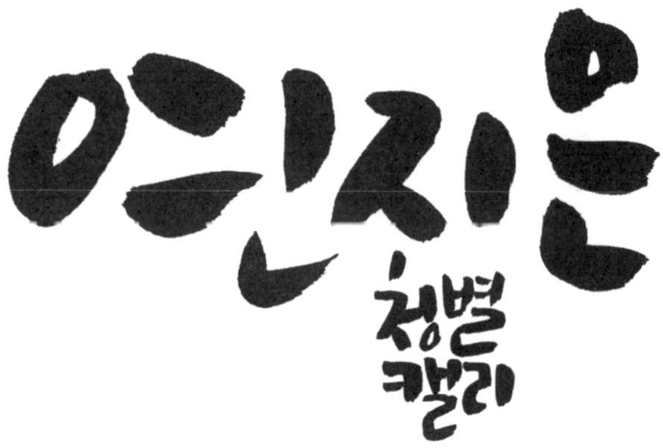
연지은
청별캘리

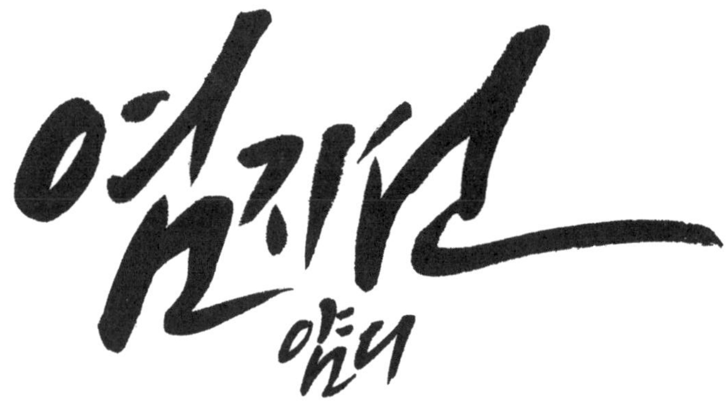
염지선
얌디

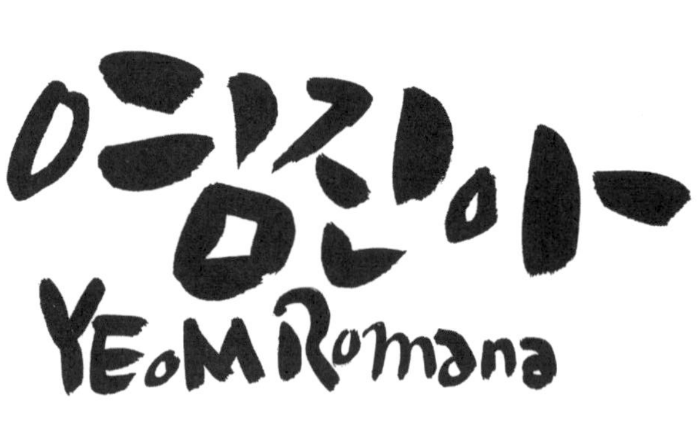
염진아
YEoM Romana

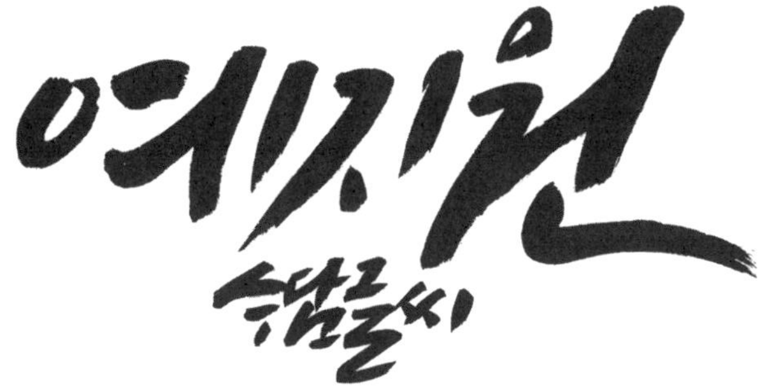
예지원

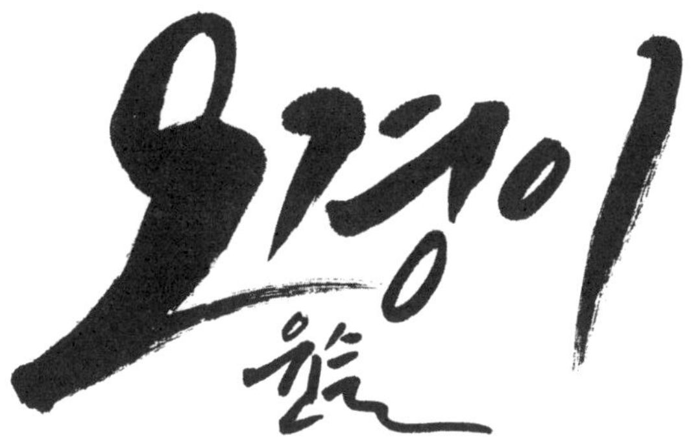

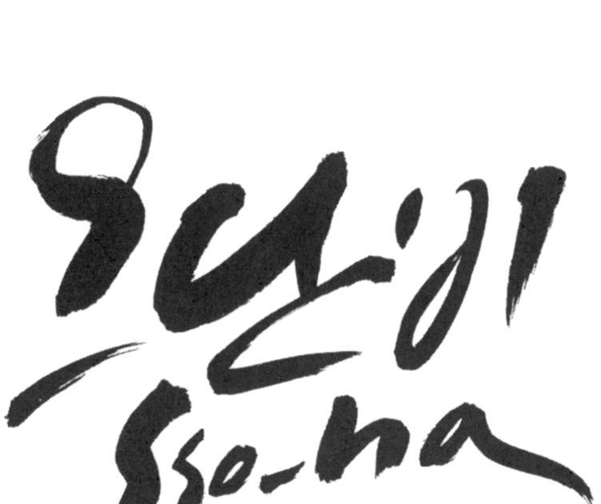
sso-na

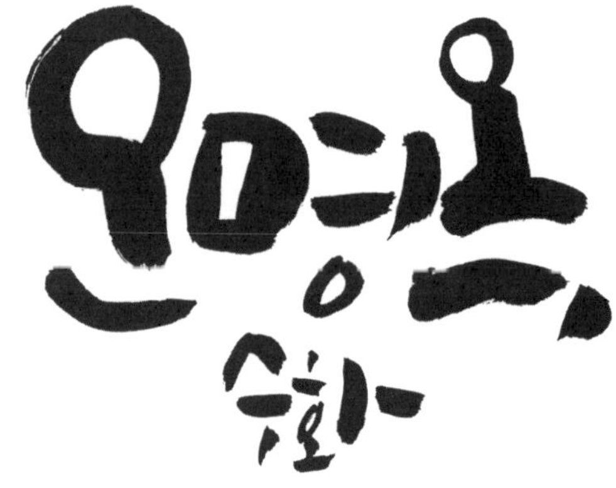

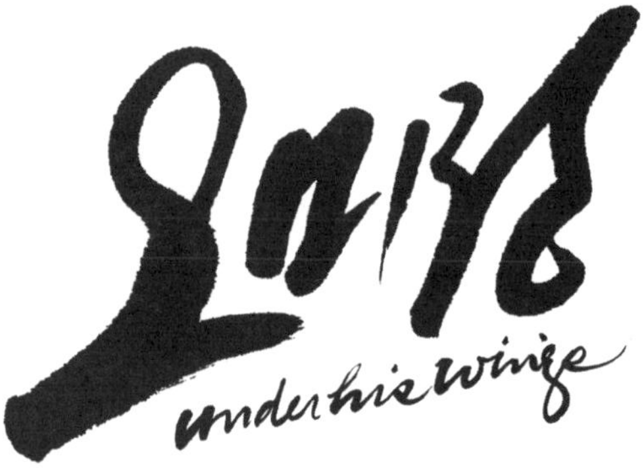
under his wings

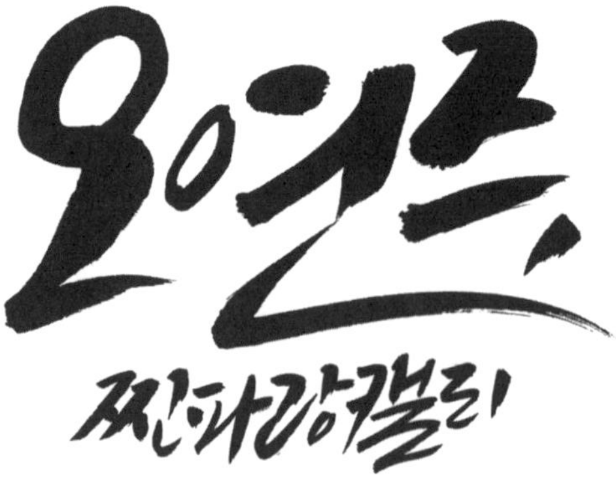

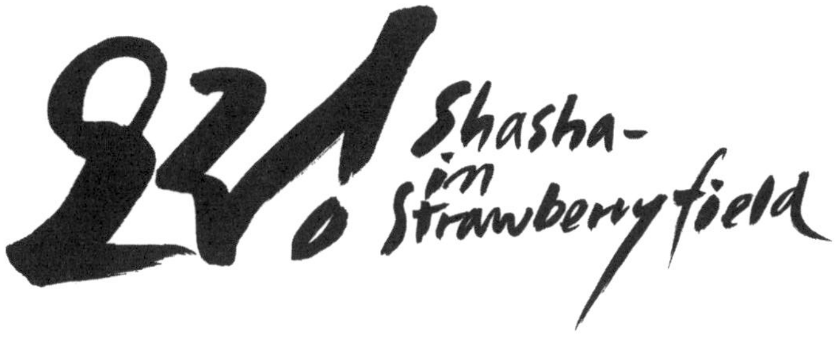
요정
Shasha-
in
Strawberry field

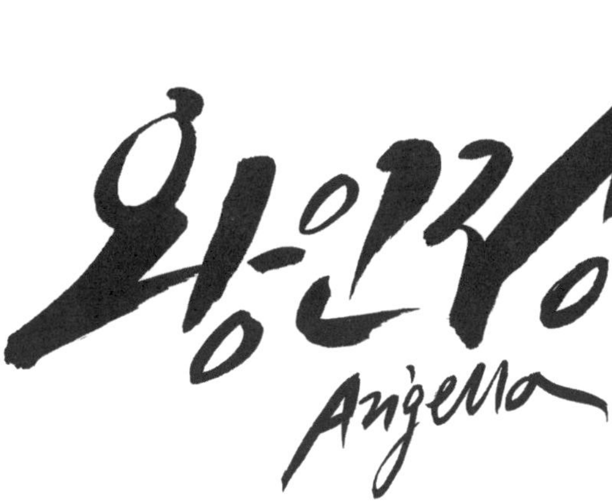
왕인정
Angella

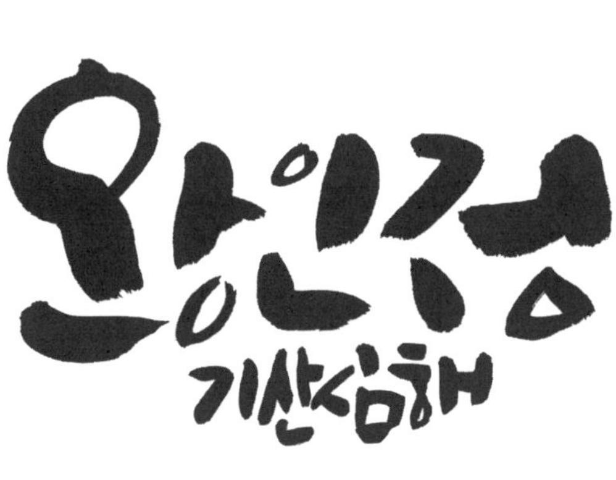
왕인정
기산심해

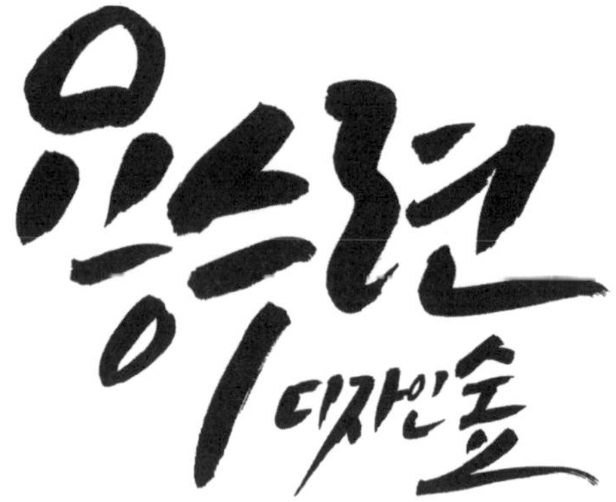
용수련
디자인숍

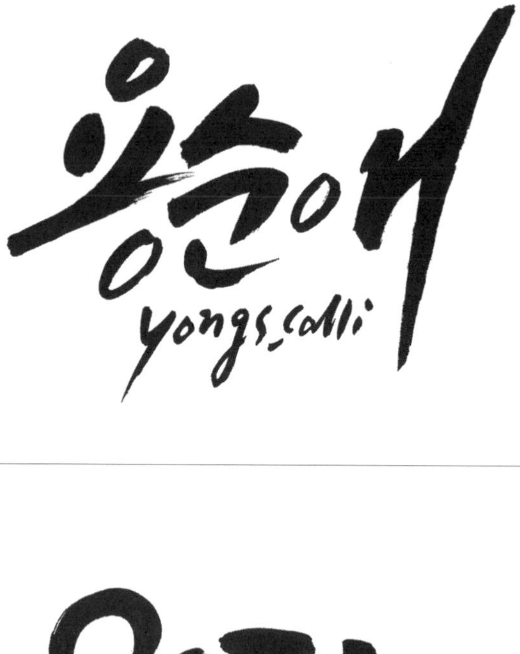
용순애
yongs_calli

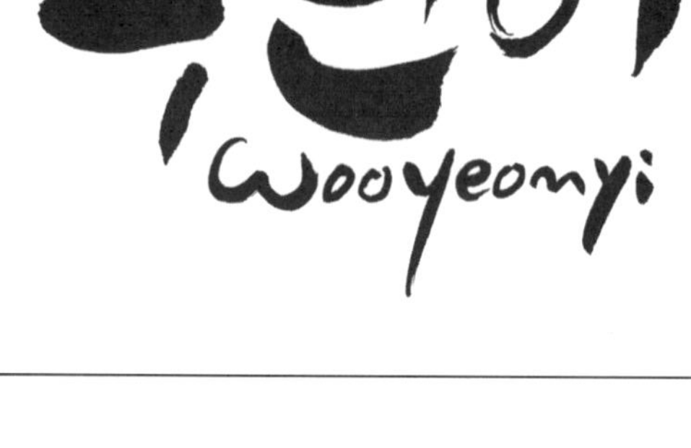
우연이
Wooyeonyi

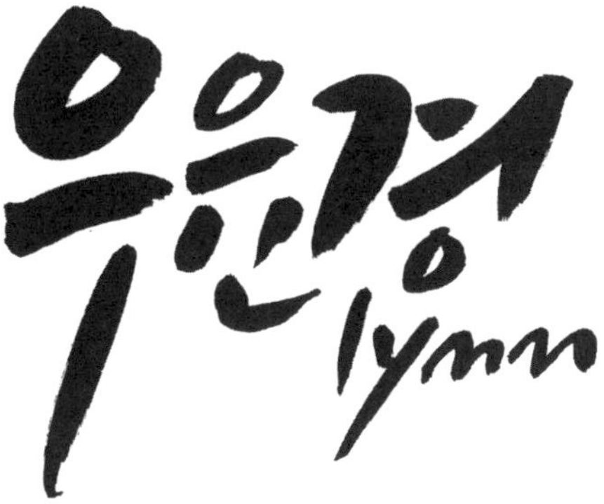
lynn

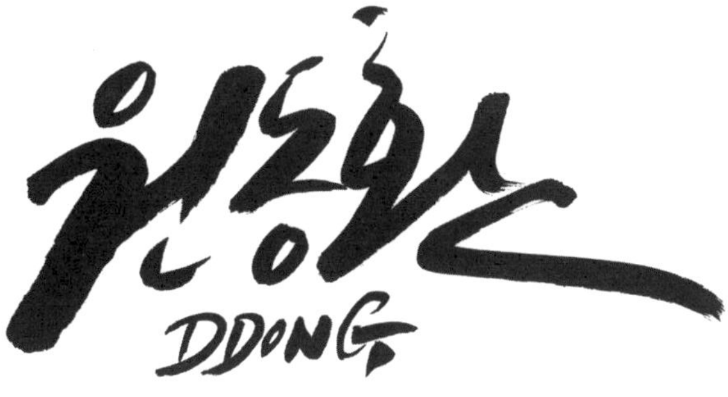
DDONG

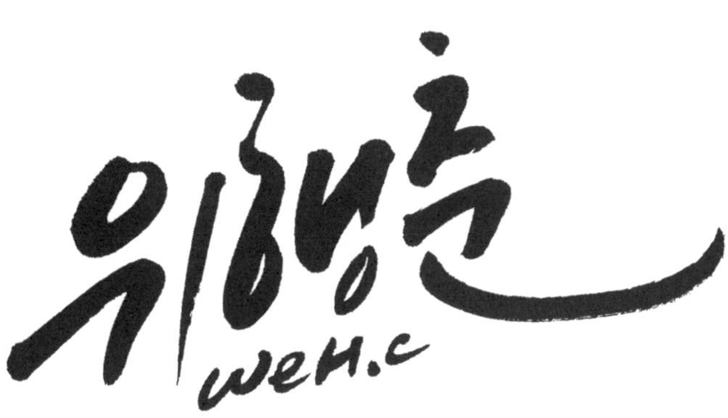
weH.c

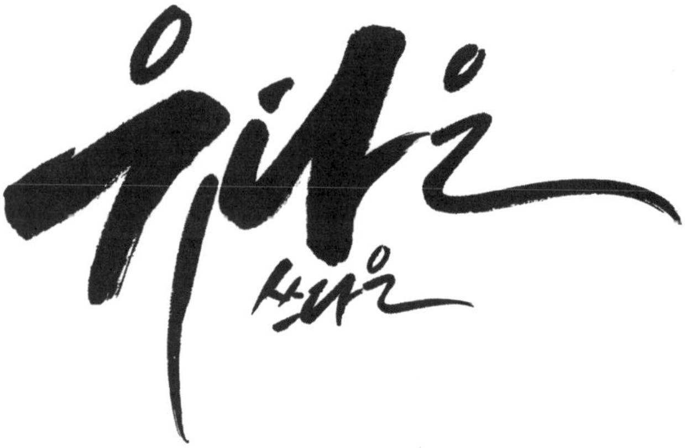

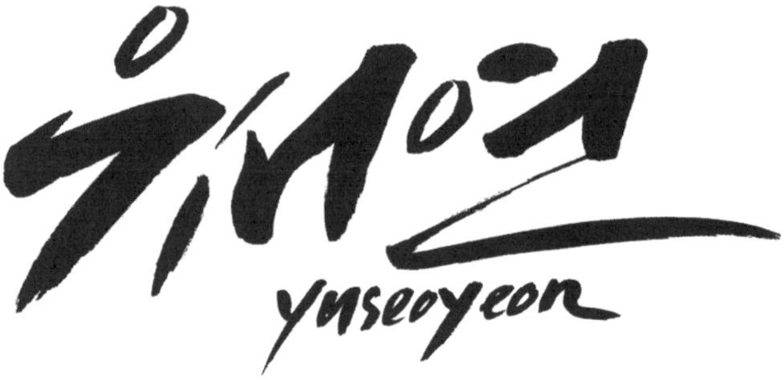
yuseoyeon

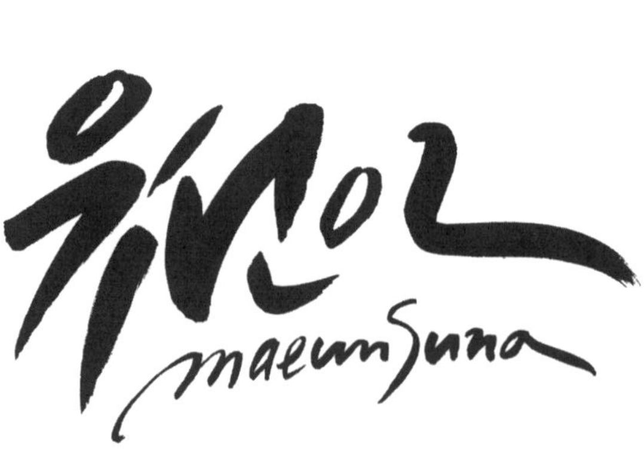
maeumSuna

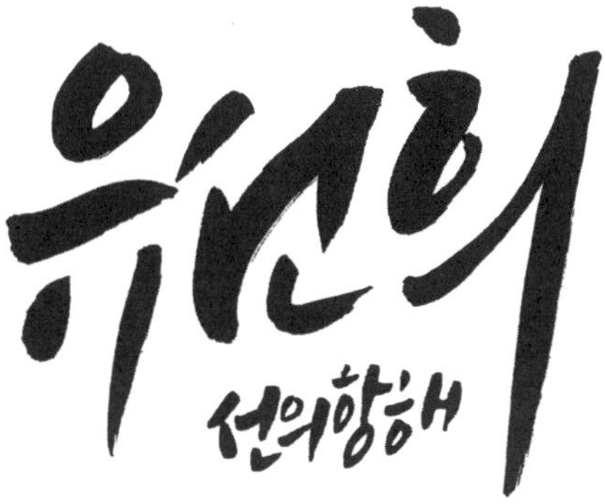
유선희
선의향해

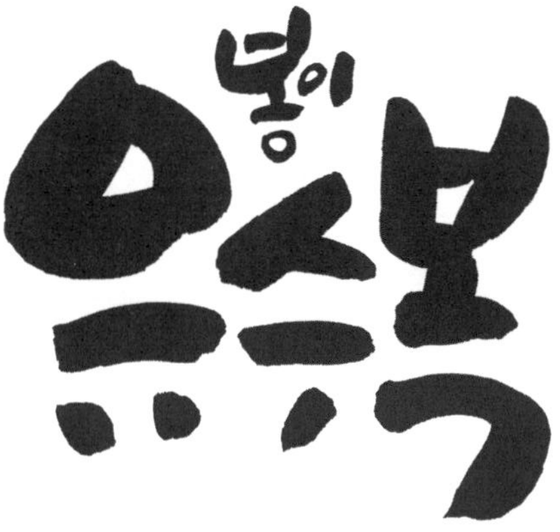

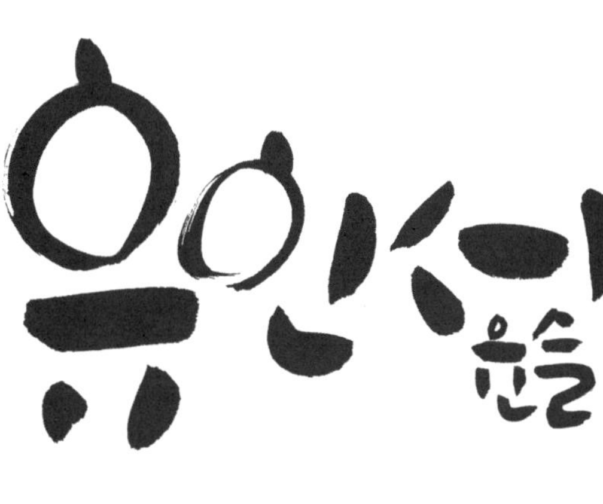
유인실
은슬

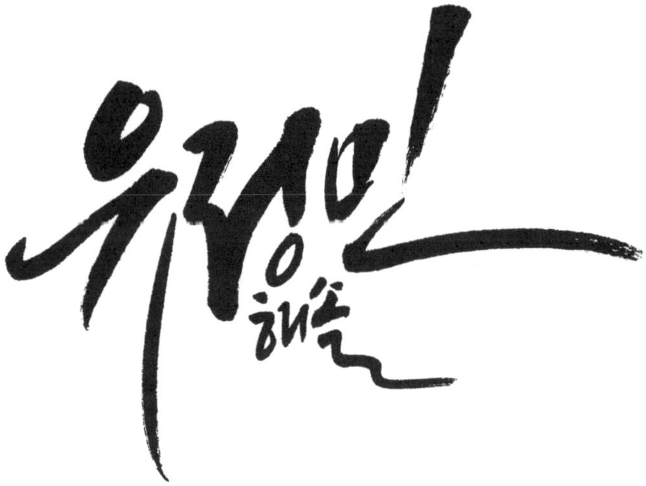

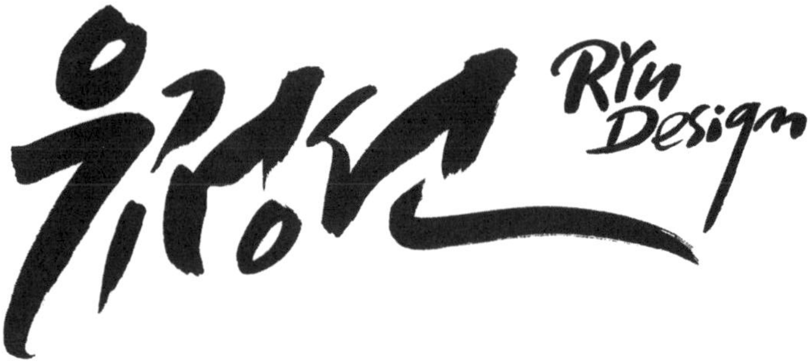
RYu
Design

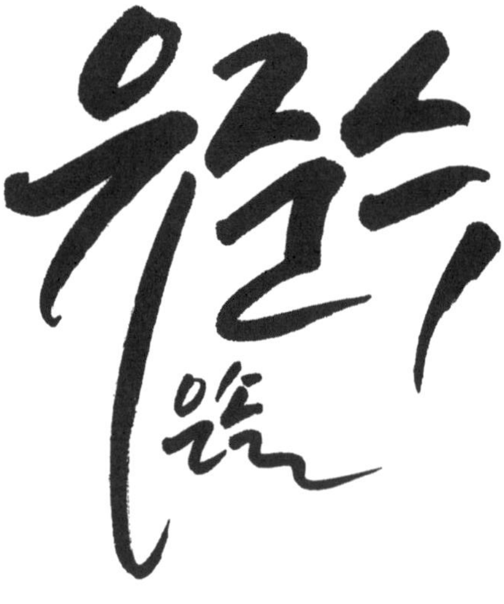

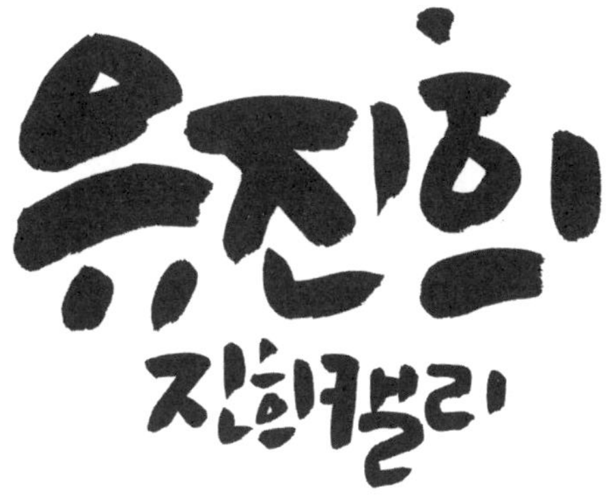
윤진희
진희캘리

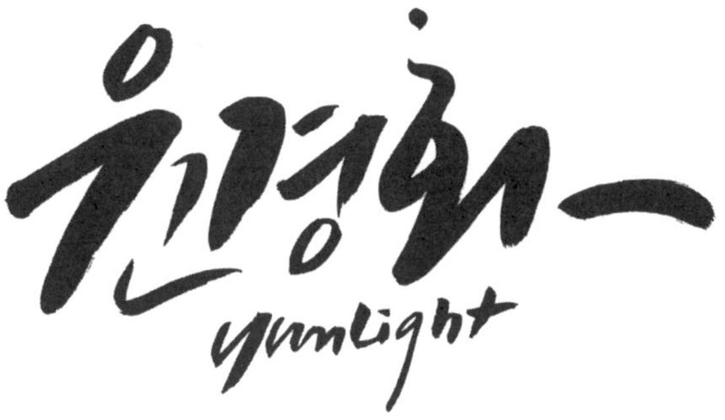
윤경화
yunlight

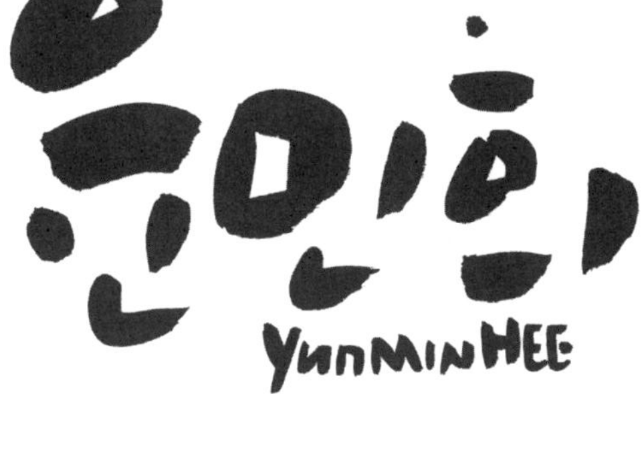
윤민희
YUNMINHEE

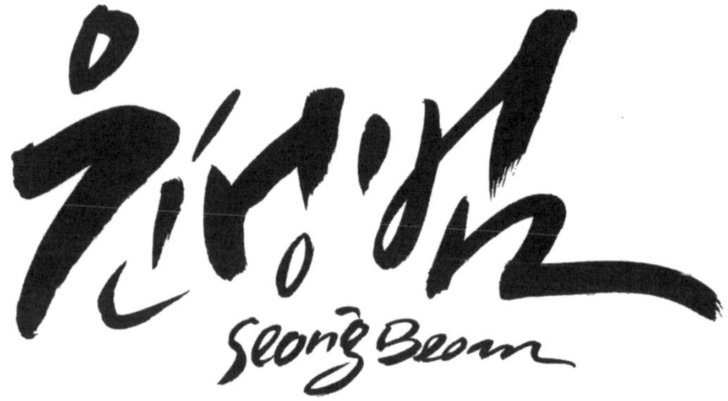
윤성범
Seong Beom

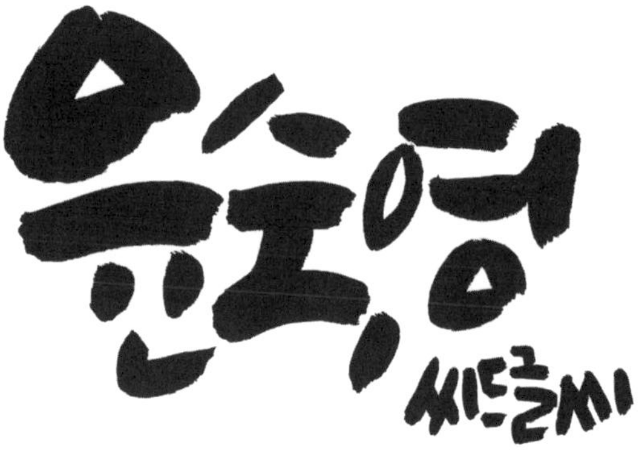
윤소영

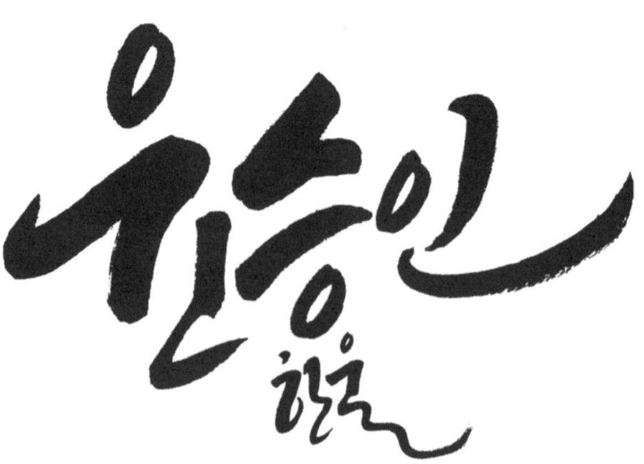
윤승인

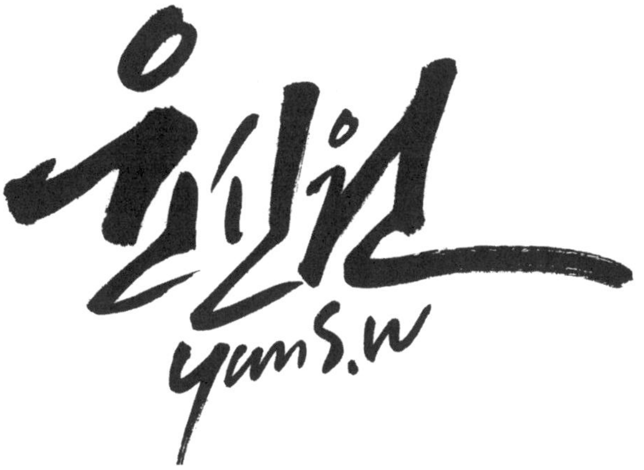

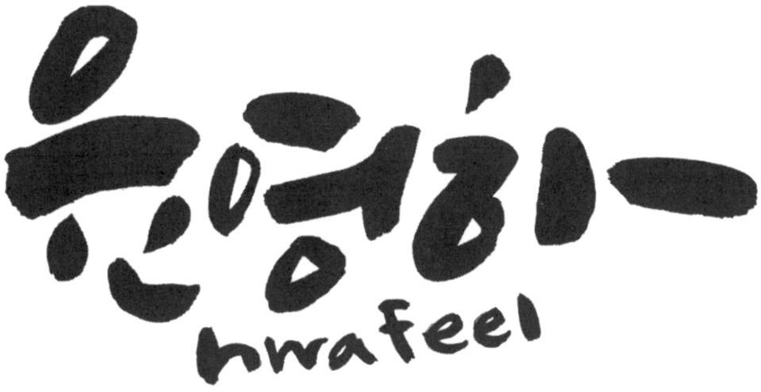
hwafeel

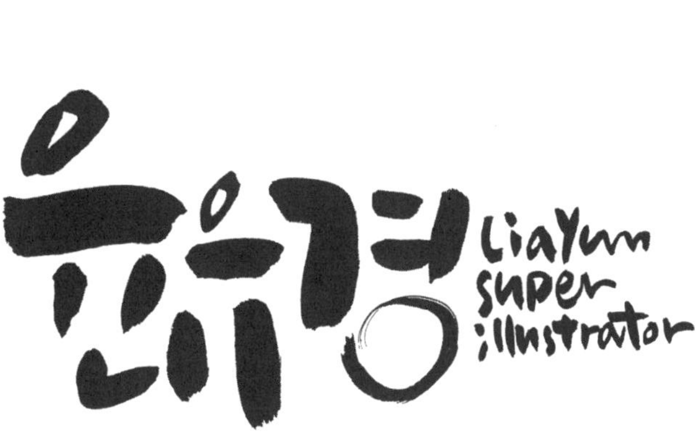
LiaYun
super
illustrator

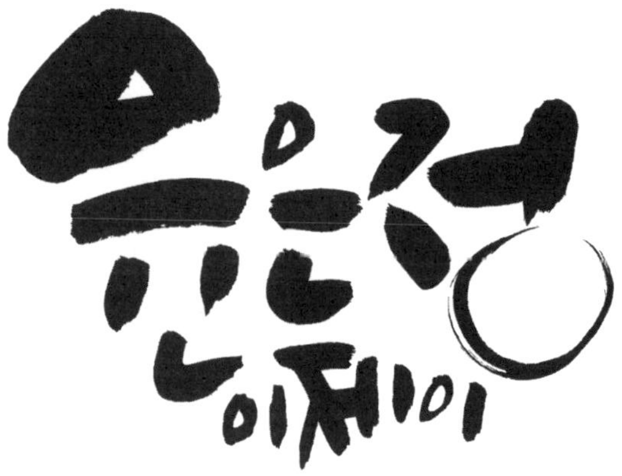
윤은정
이제이

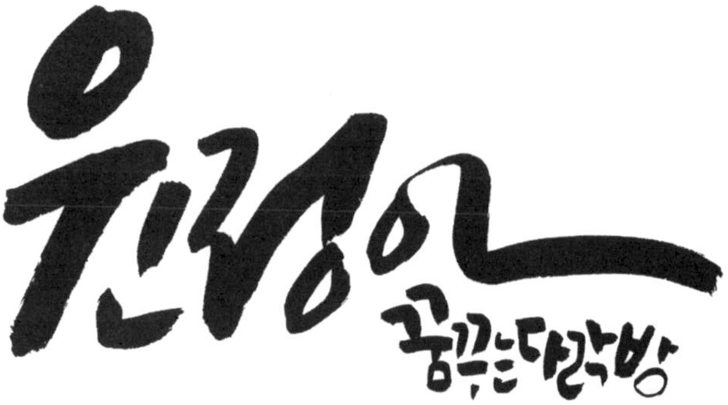
윤경아
꿈꾸는다락방

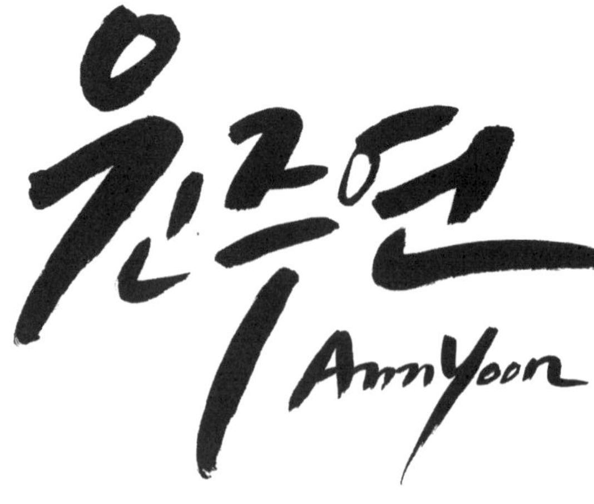
윤주연
AnnYoon

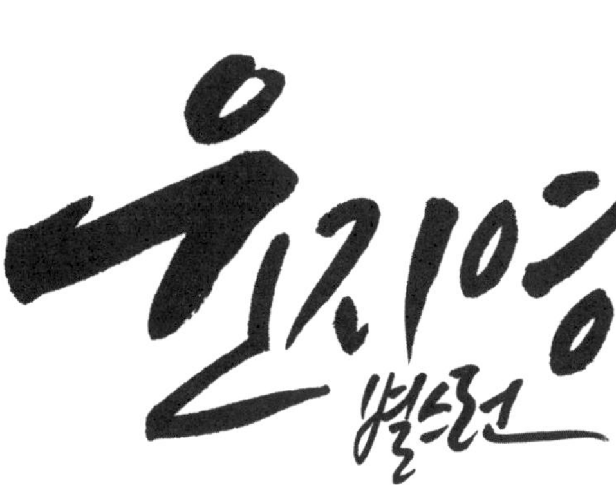
윤지영
별스런

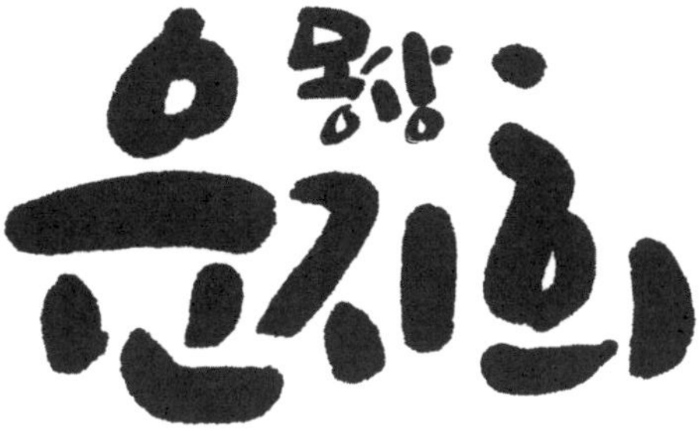
몽상
윤지희

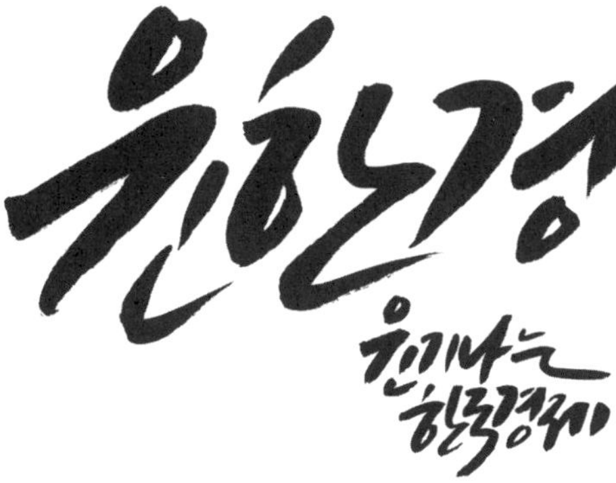
윤한경
윤기나는
한국경제

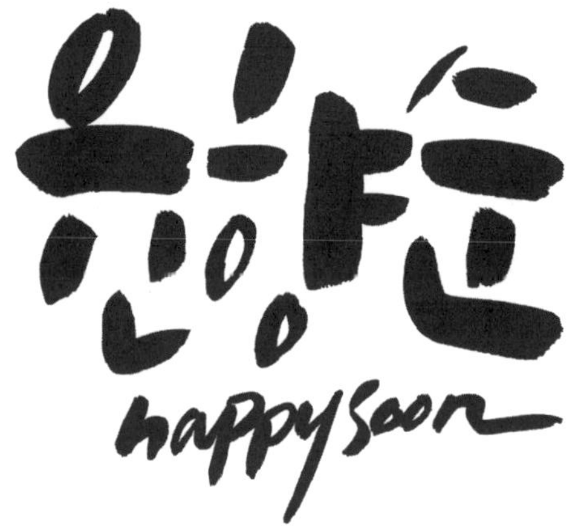
happysoon

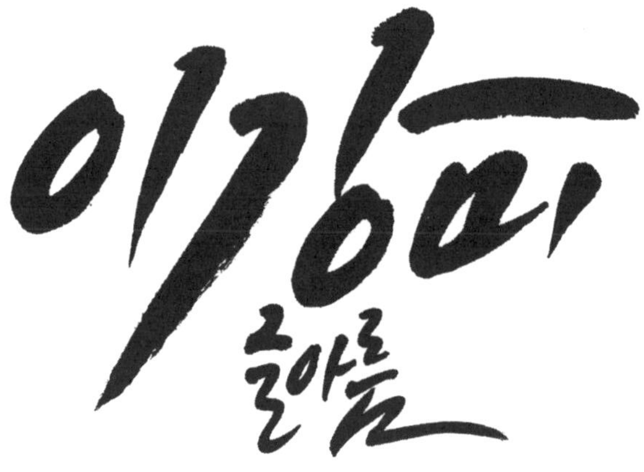
이강미

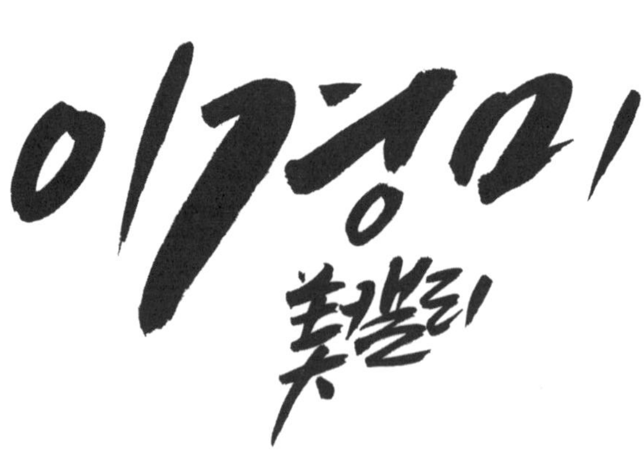
이경미

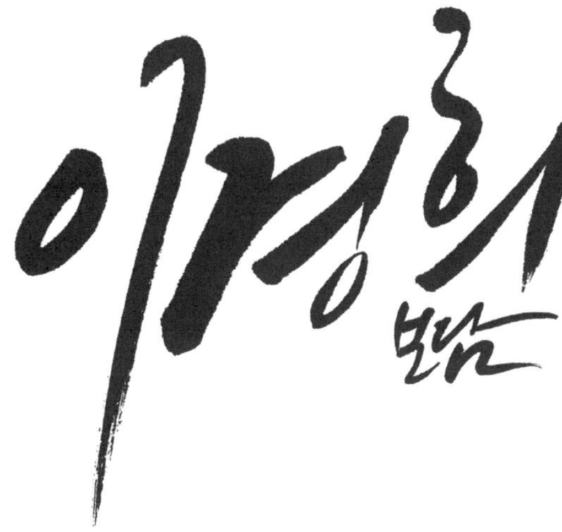
보담

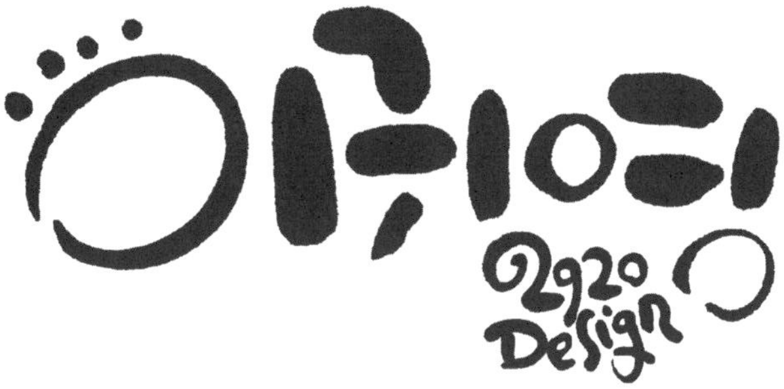
2920
Design

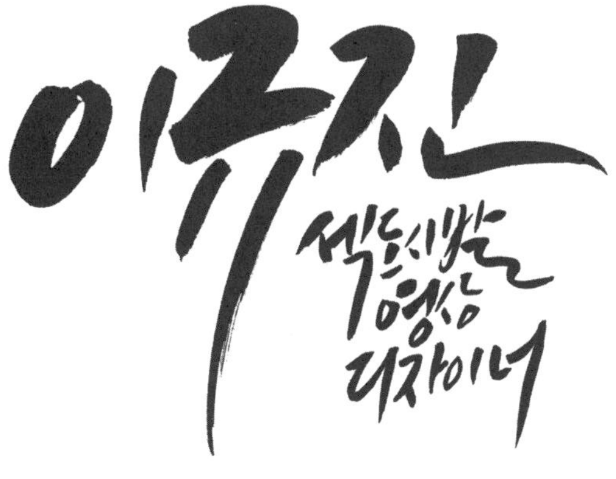
영상
디자이너

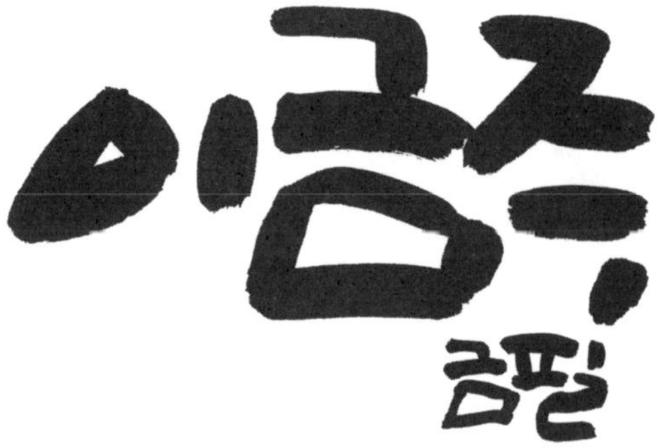
이금주
금필

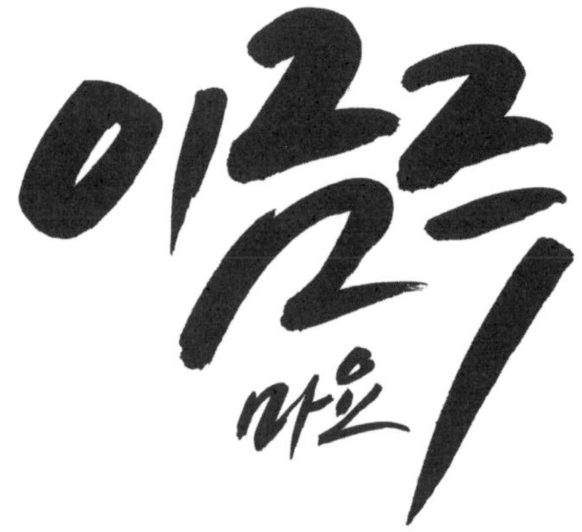
이금주
마음

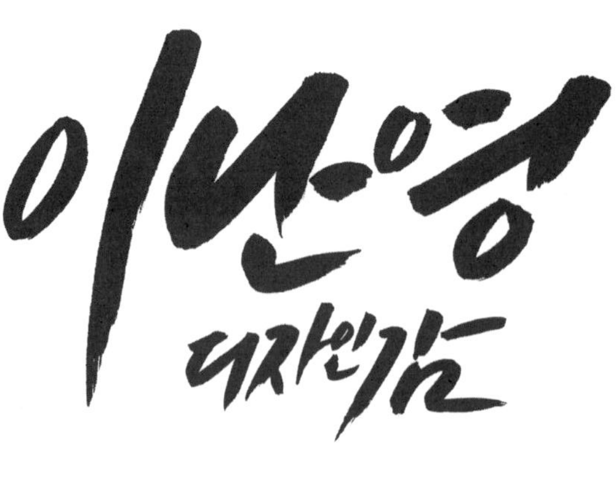
이선영
디자인감

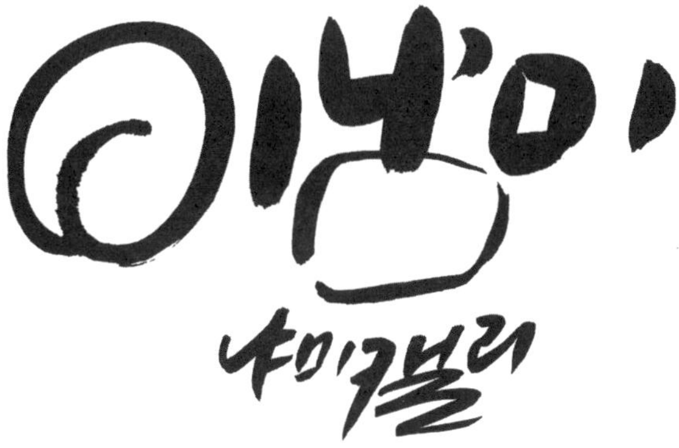

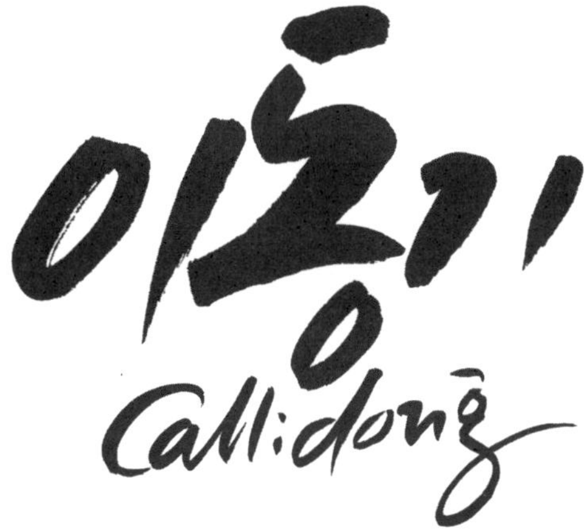
Callidong

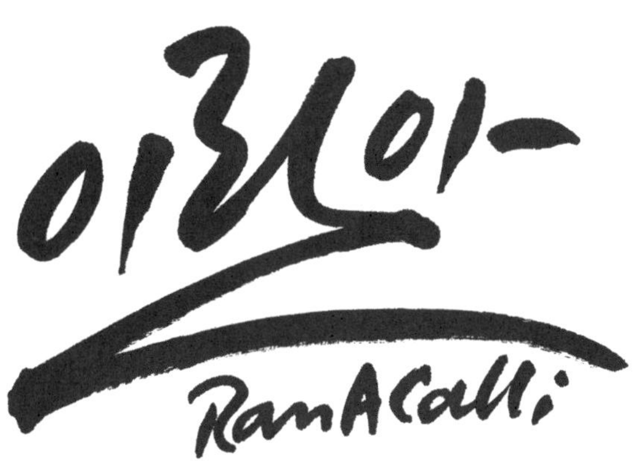
RanAcalli

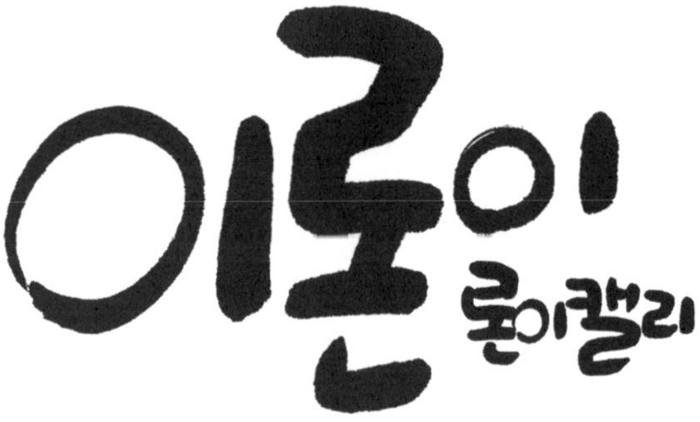
론이캘리

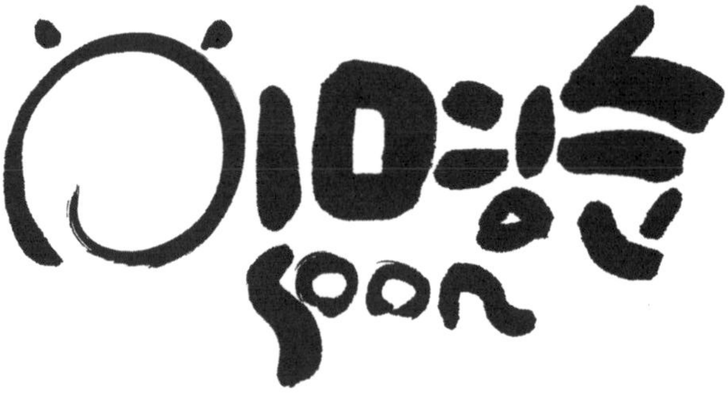
soon

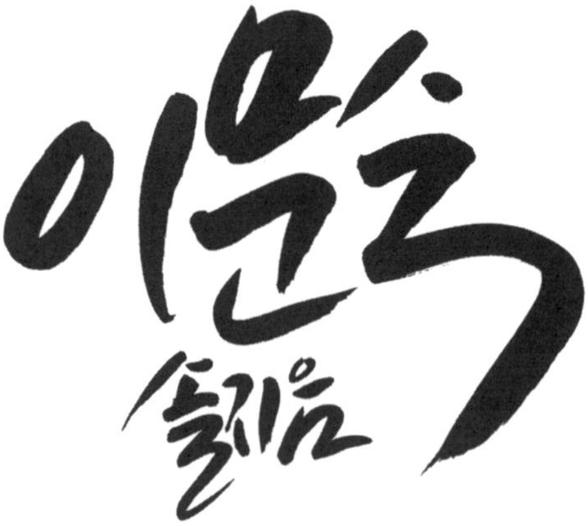

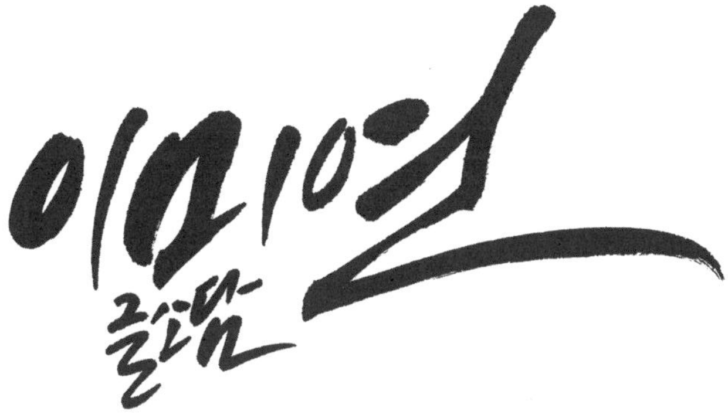
이미연

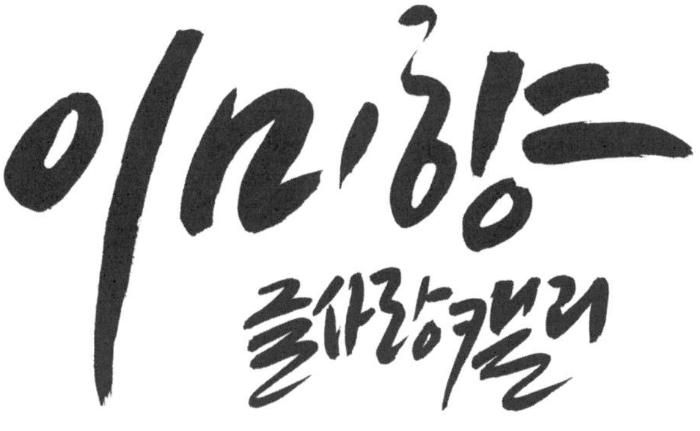
이리향
글사랑캘리

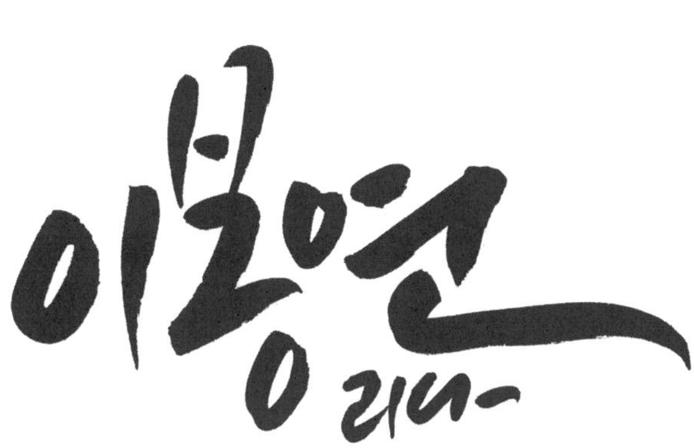
이봉연
리나

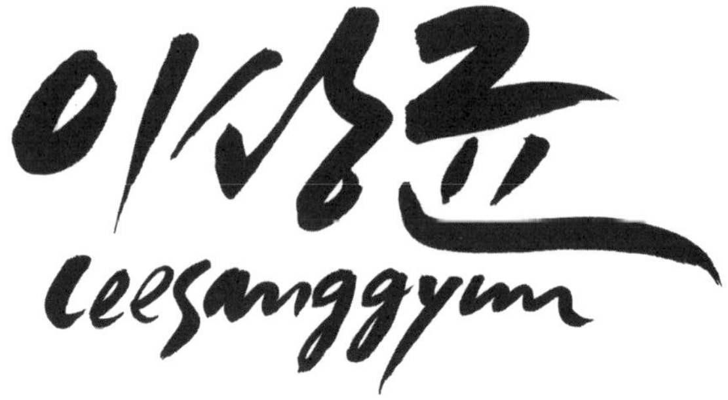
이상균
leesanggyun

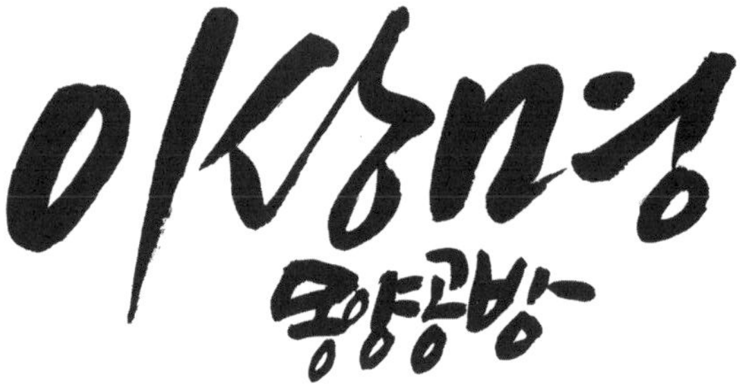
이상명

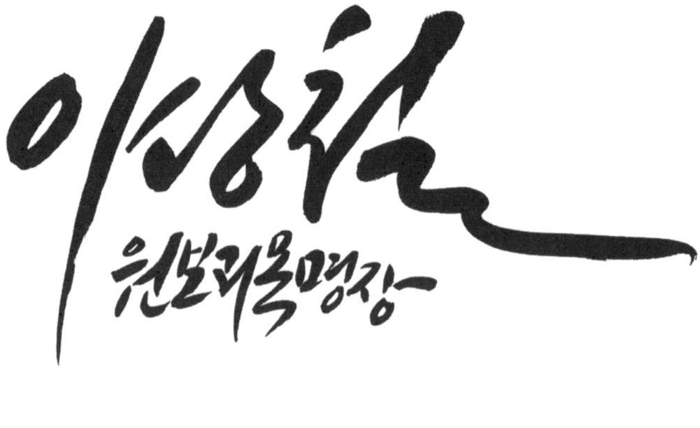

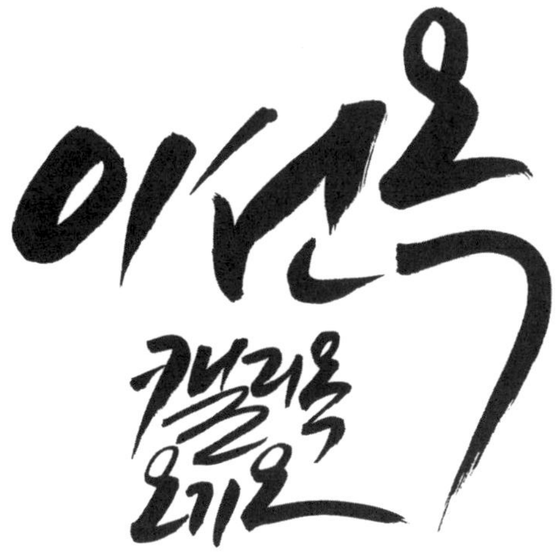
이선옥

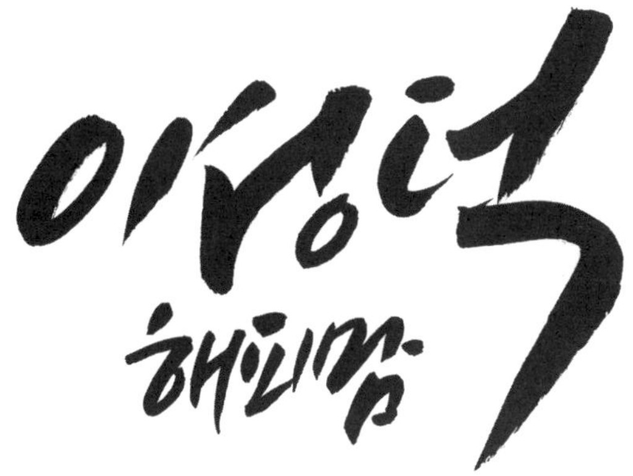
이성덕
해피맘

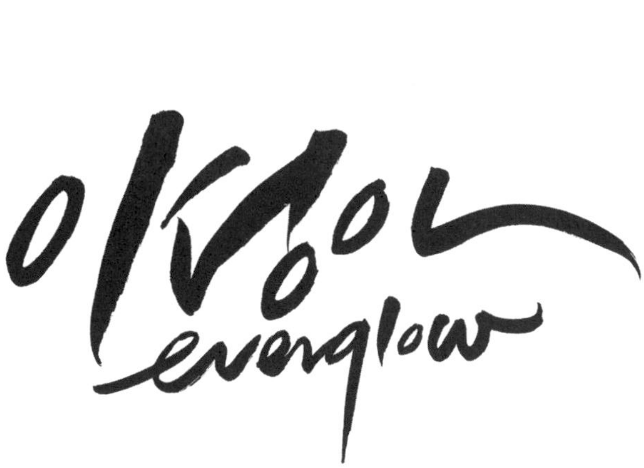
이성아
everglow

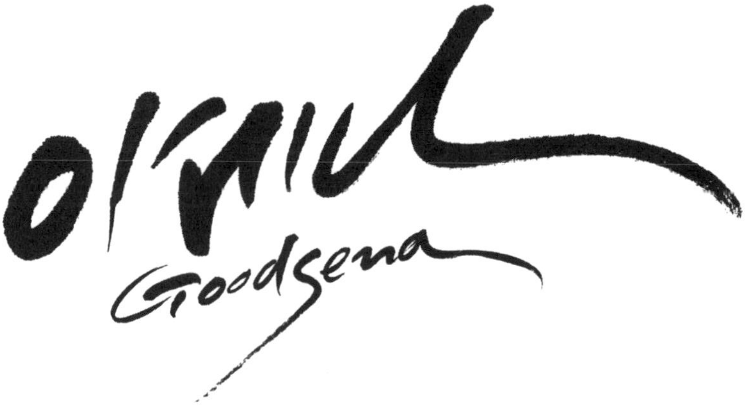
이세나
Goodsena

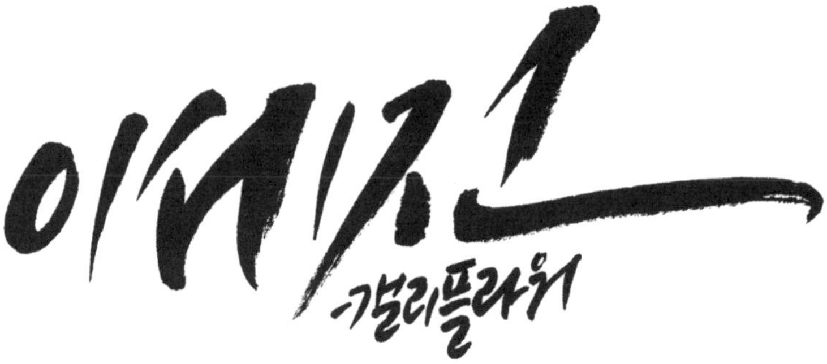
캘리플라워

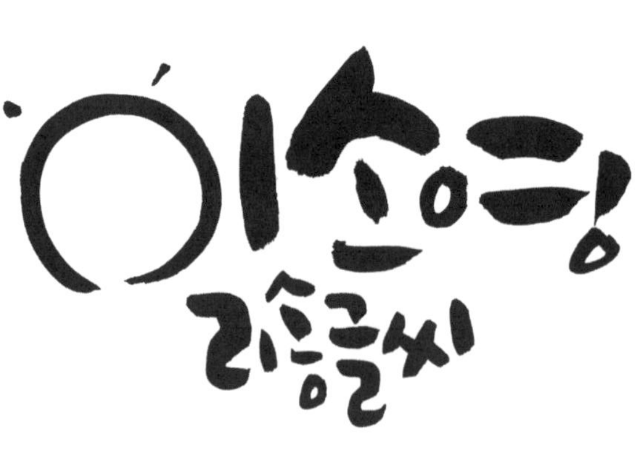
리송글씨

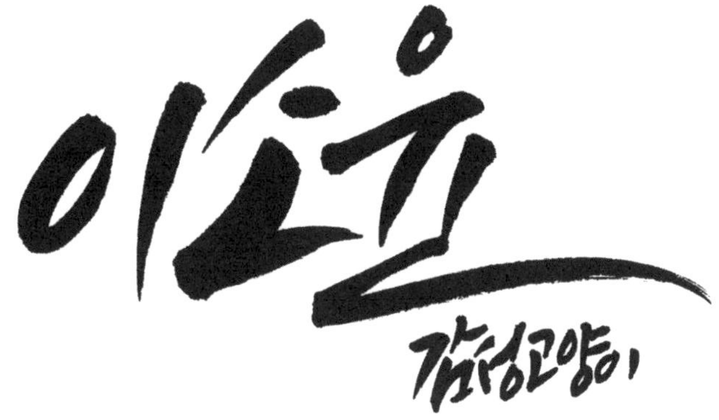
이소윤
감성고양이

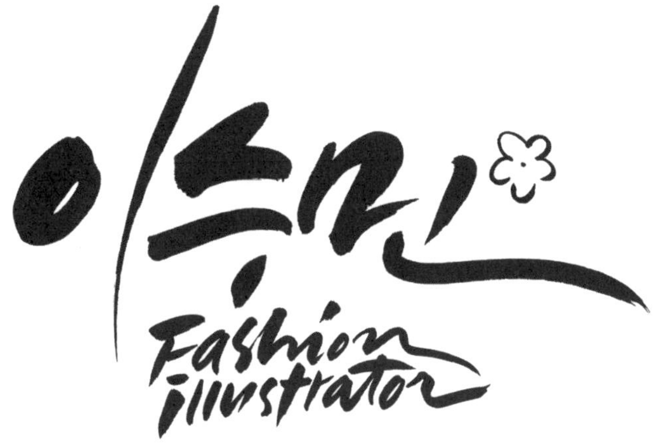
이수민
Fashion
illustrator

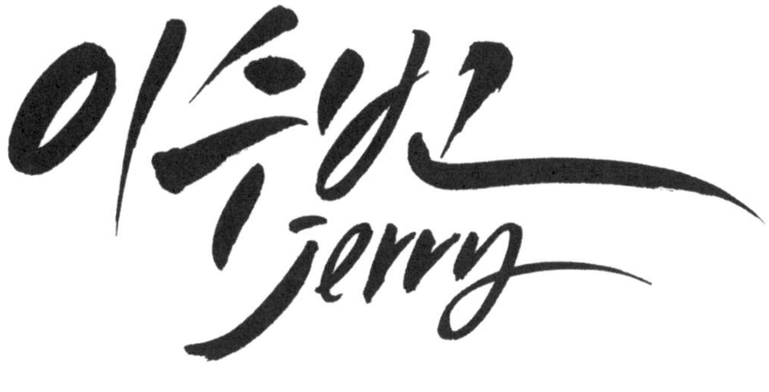
이수빈
Jerry

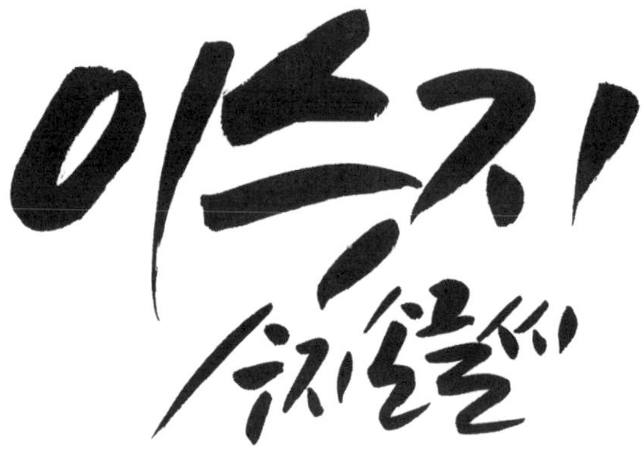
이수지

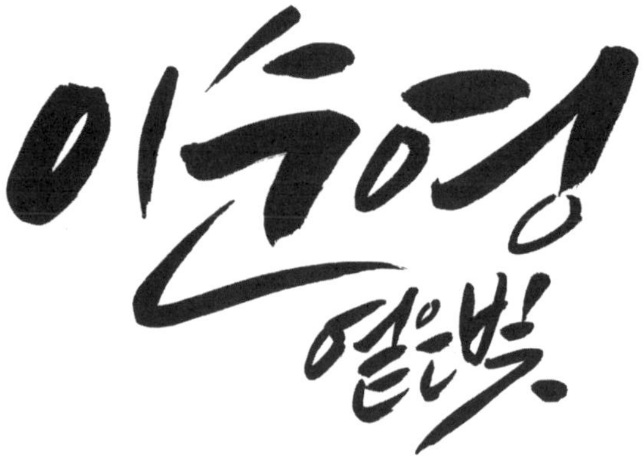
이은영

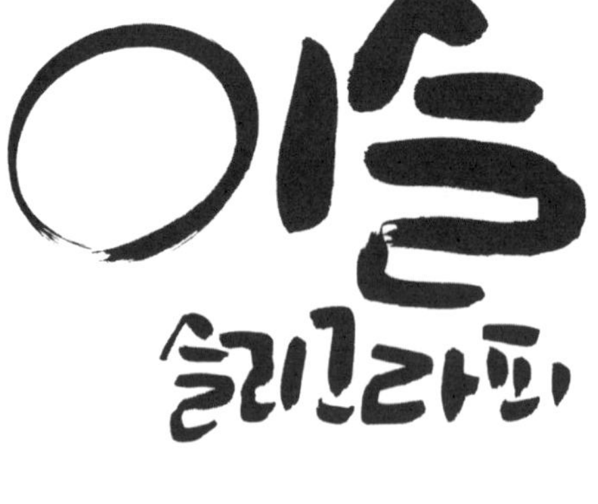
이슬
슬리그라피

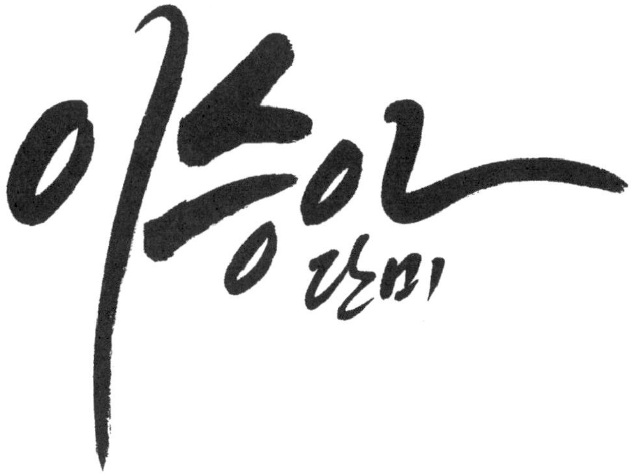

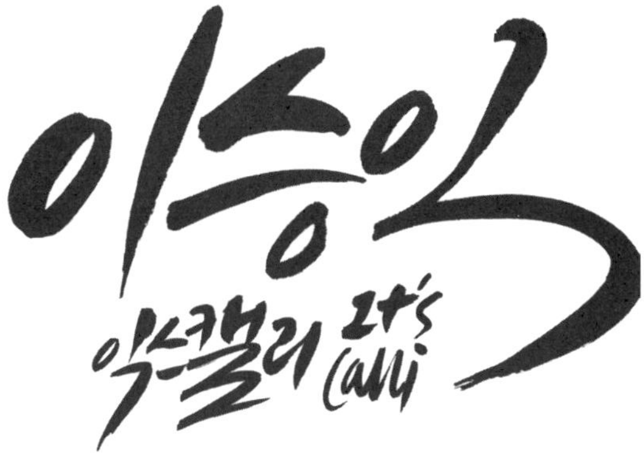
it's calli

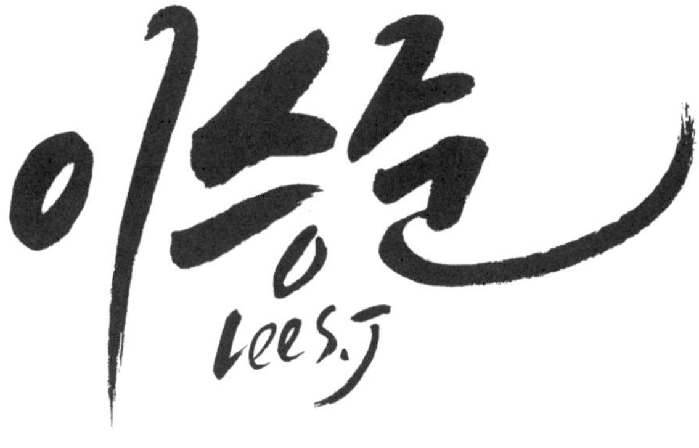
lee s.j

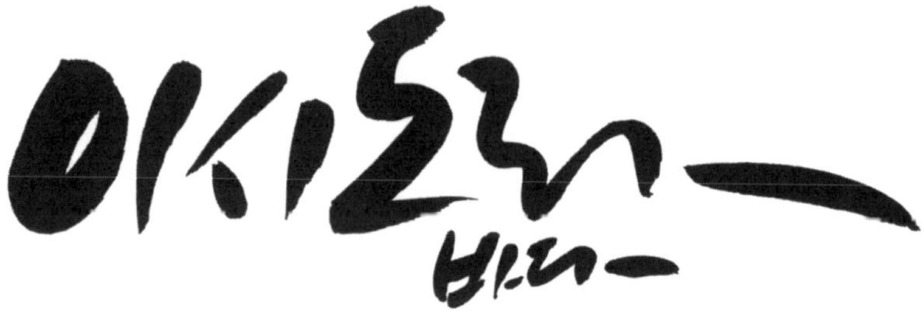
이시도란
바다

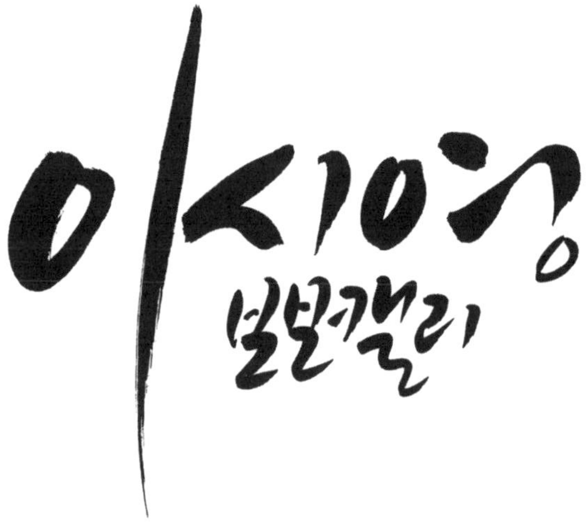
이시영

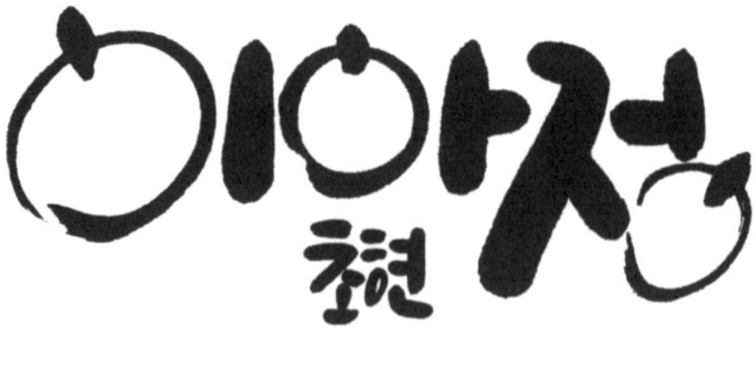
이아정
초현

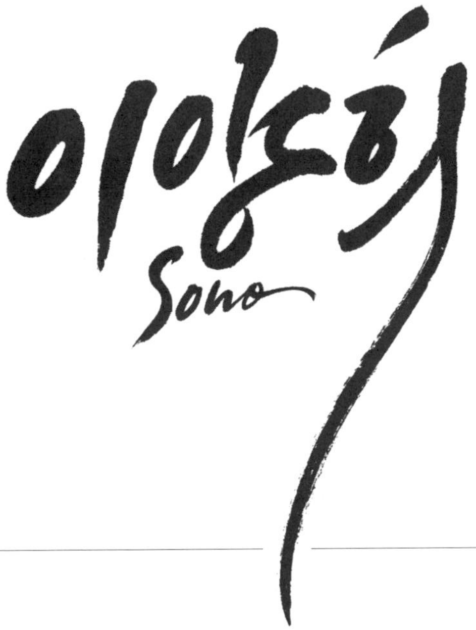
이양희
Sono

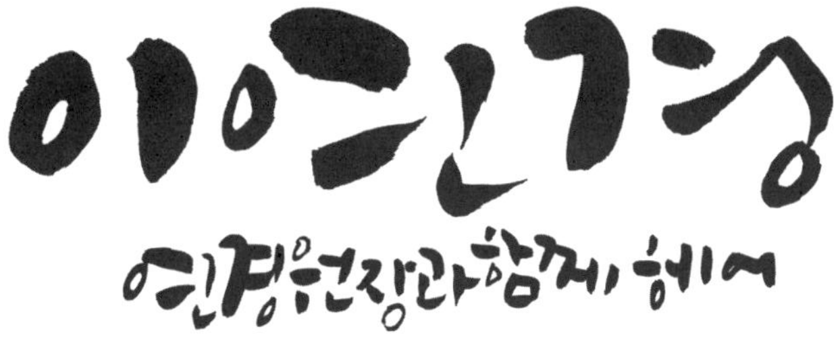
이은경

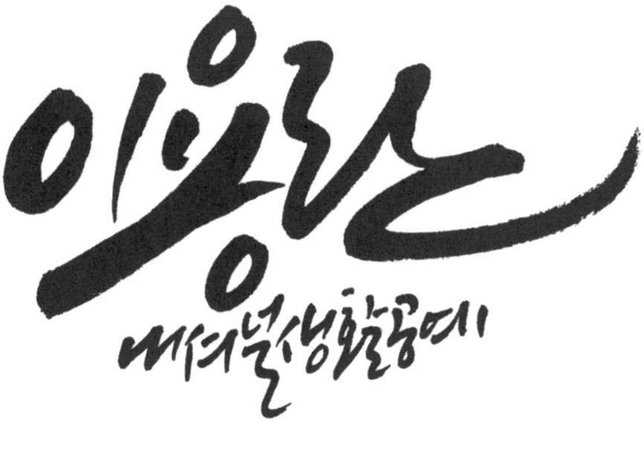

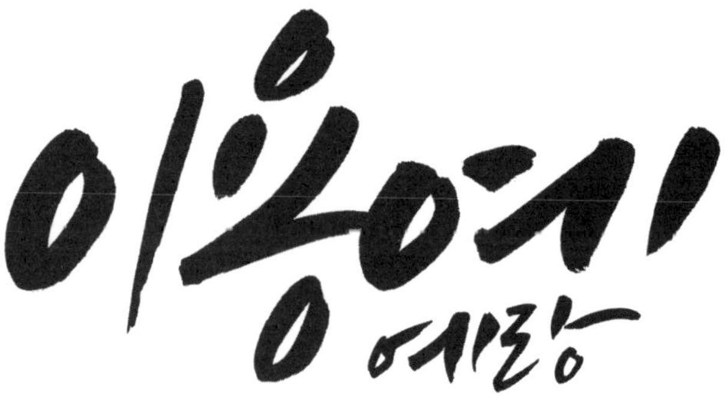

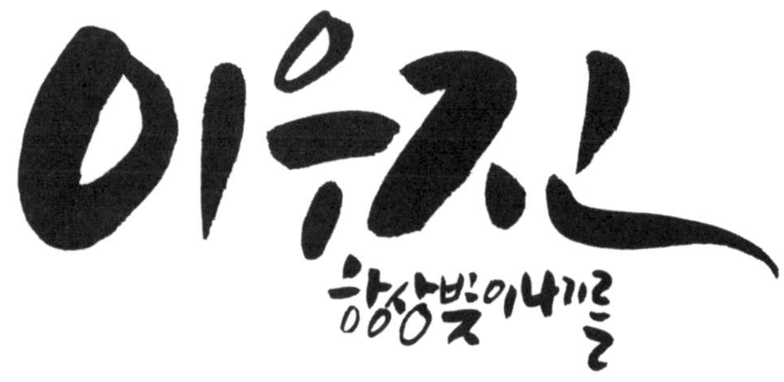
항상빛이나기를

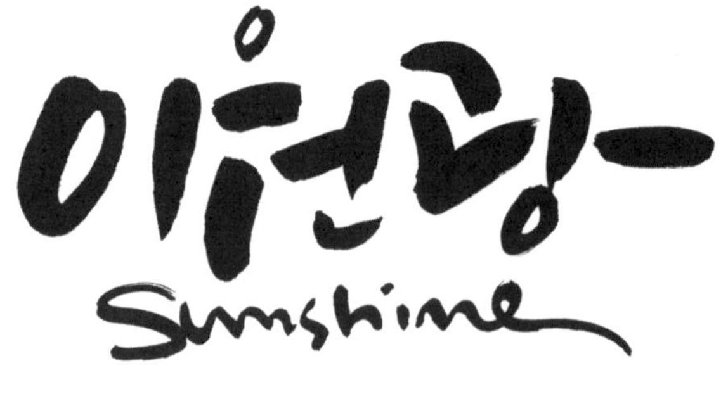
Sunshine

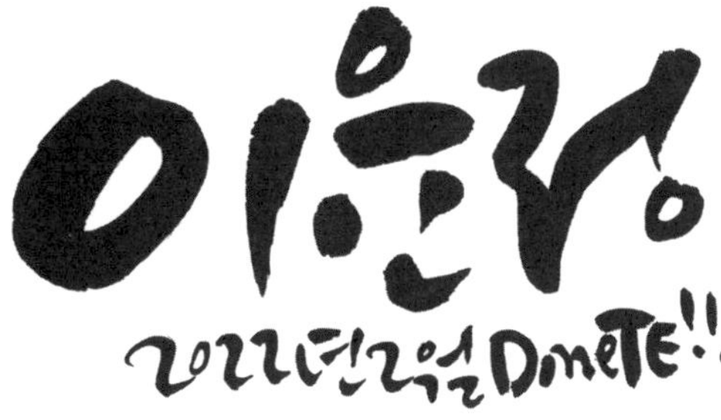

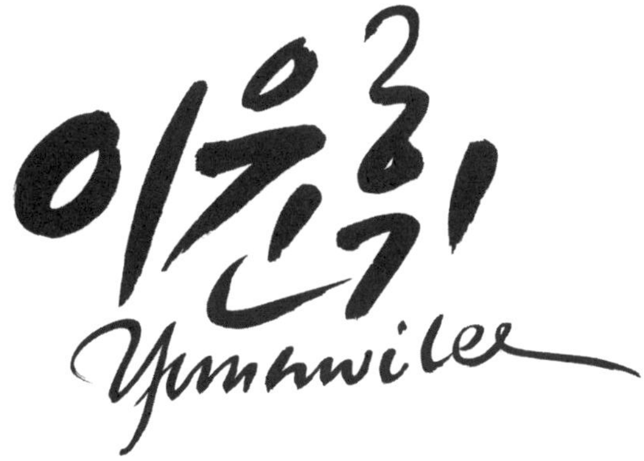

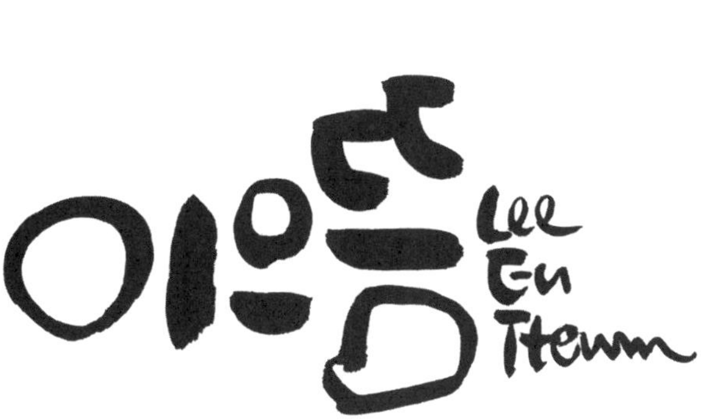

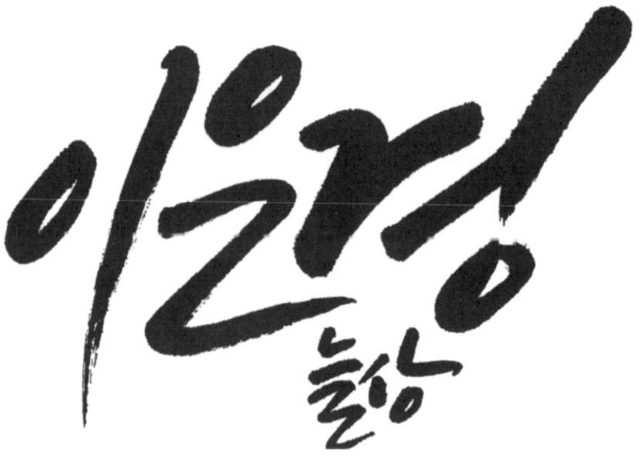

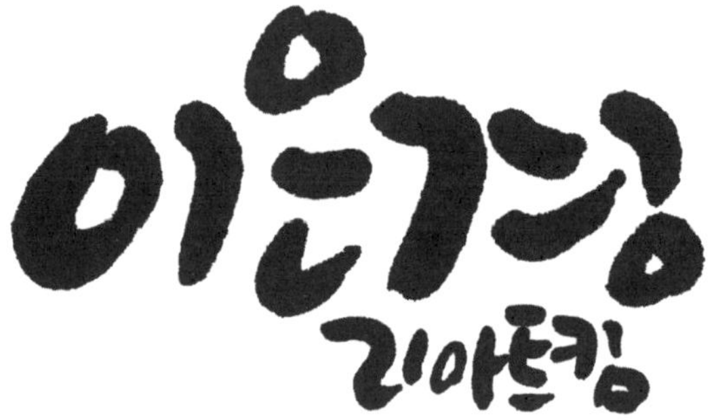
이은경
리아트킴

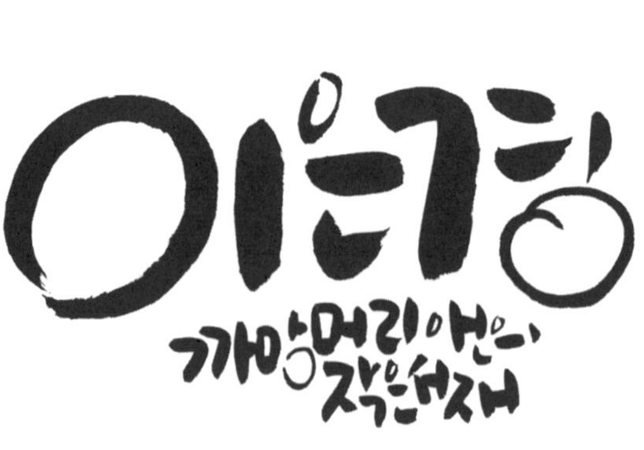
이은경
깨알머리앤의
작은서재

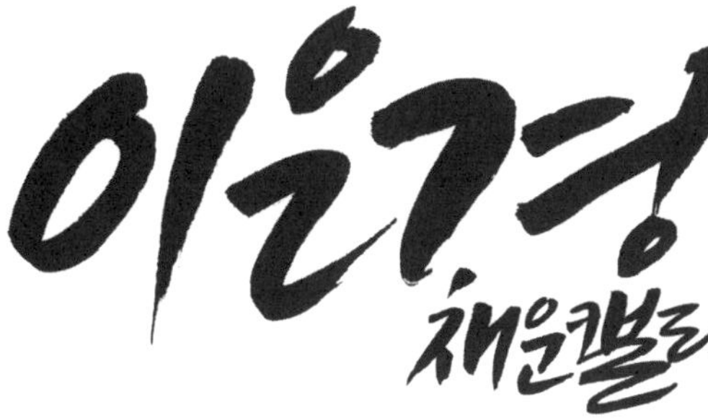
이은경
채운캘리

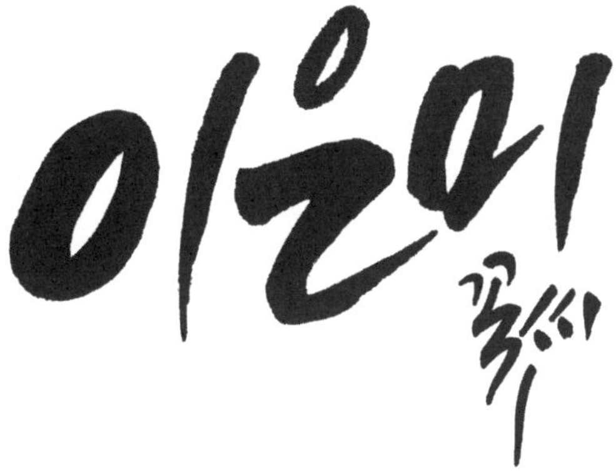
이은미
꽃씨

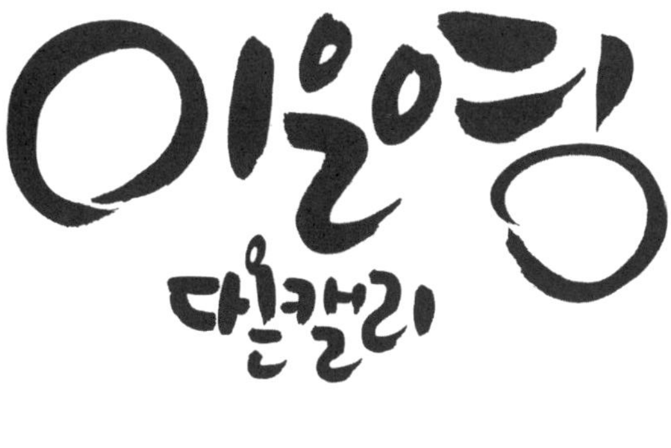
이은영
다온캘리

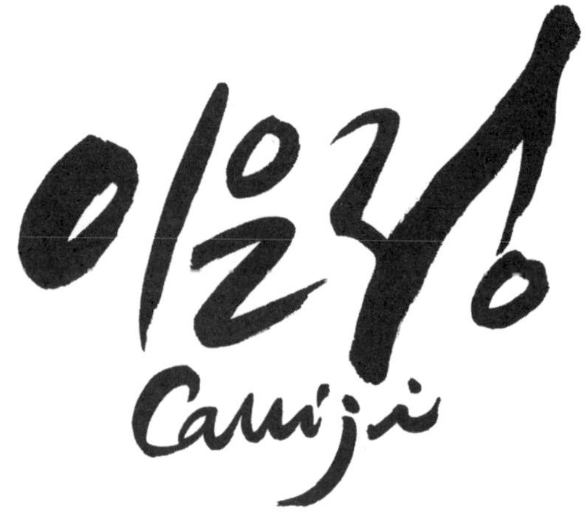

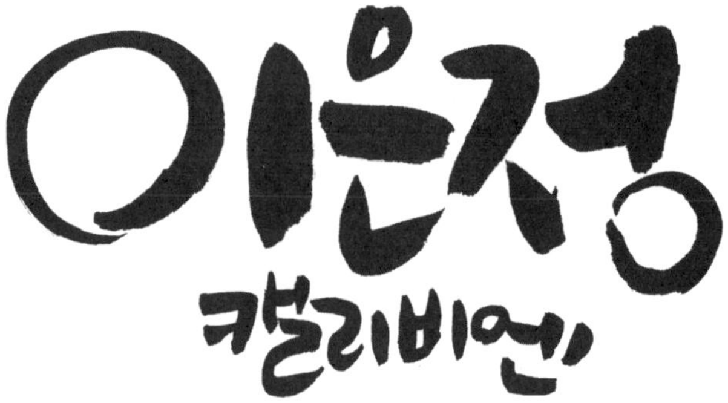
이은정

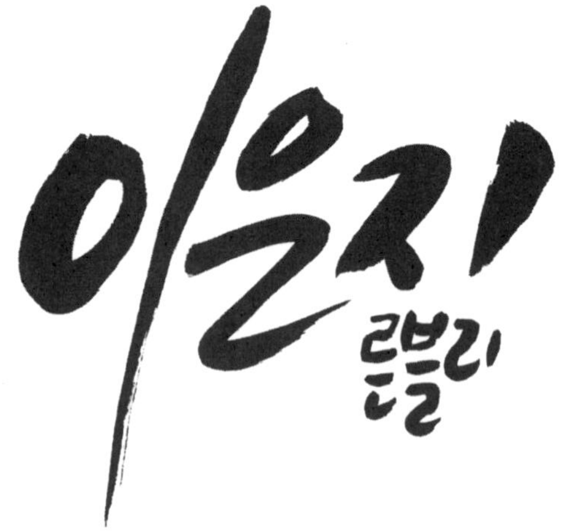

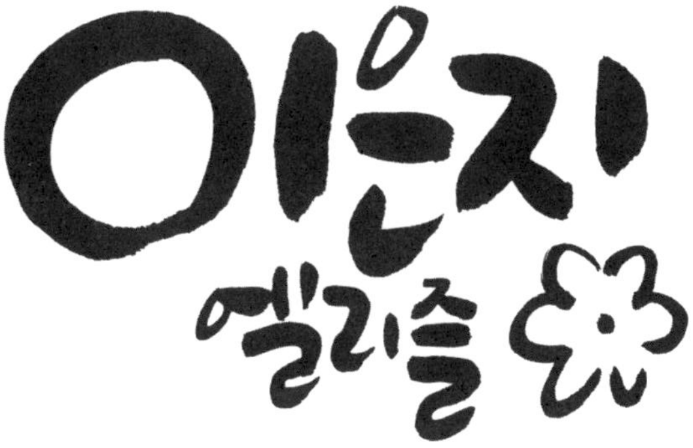
이은지
엘리즐

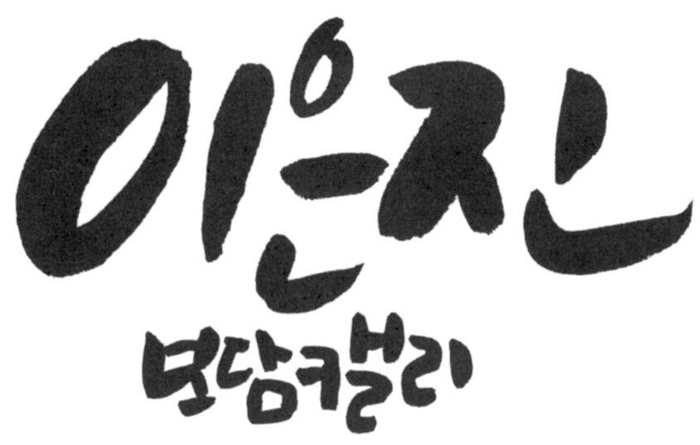
이은지
보담캘리

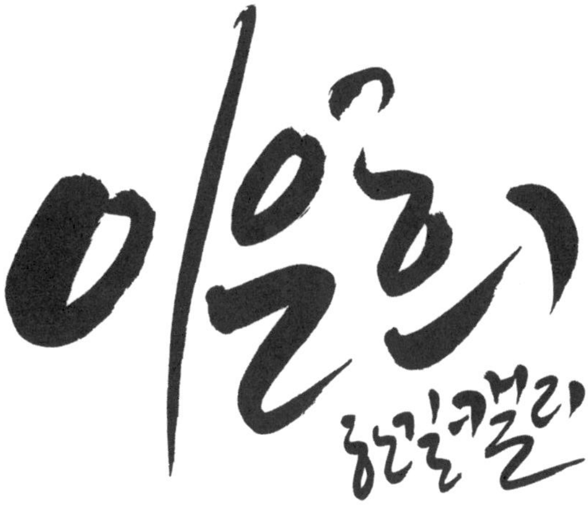
이은희
한길캘리

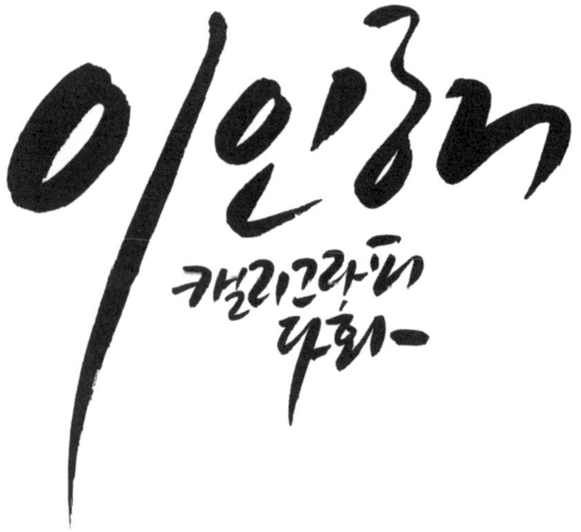

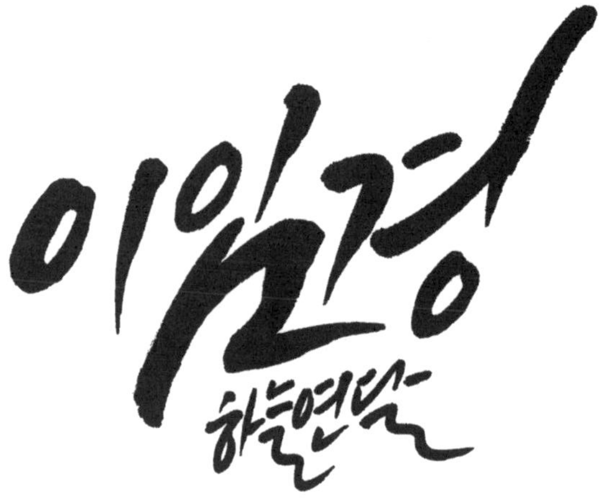

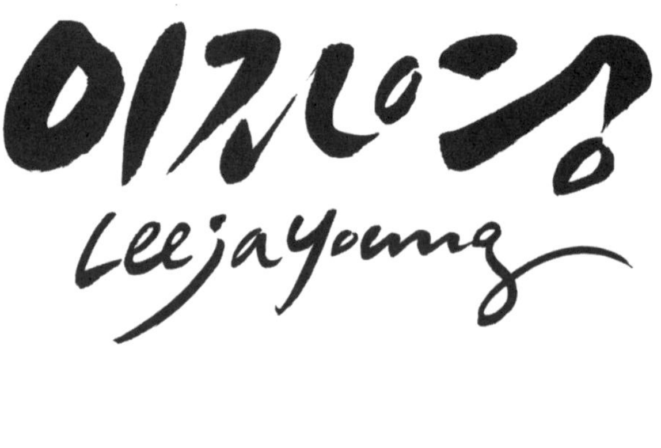
이자영
Leejayoung

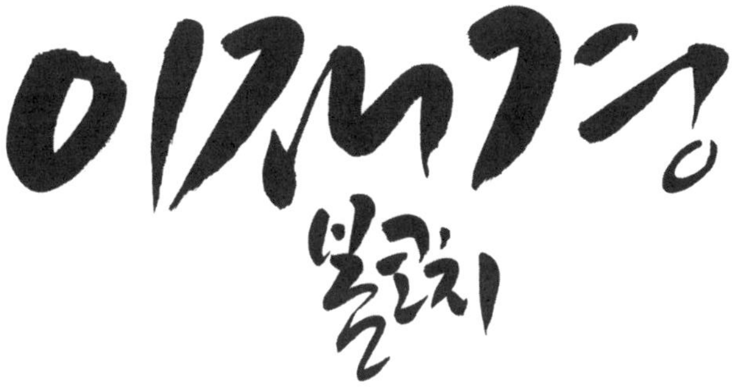

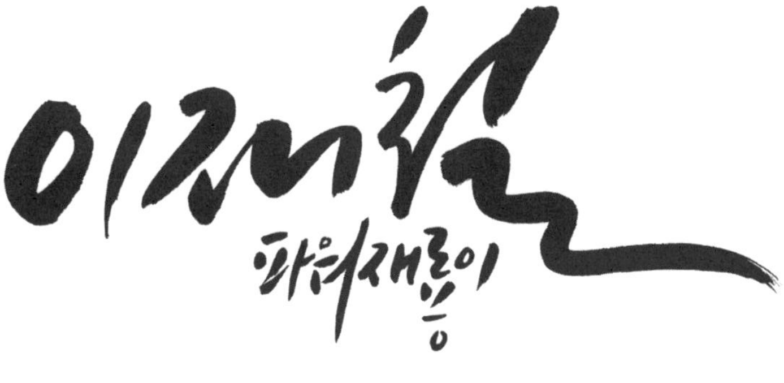

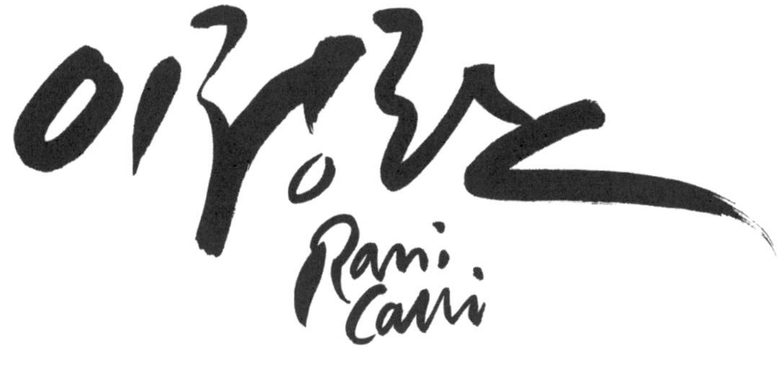
Rani
Calli

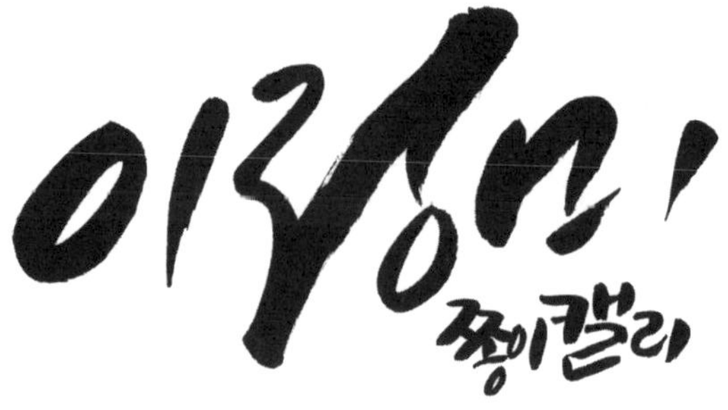
이정민
쫑이캘리

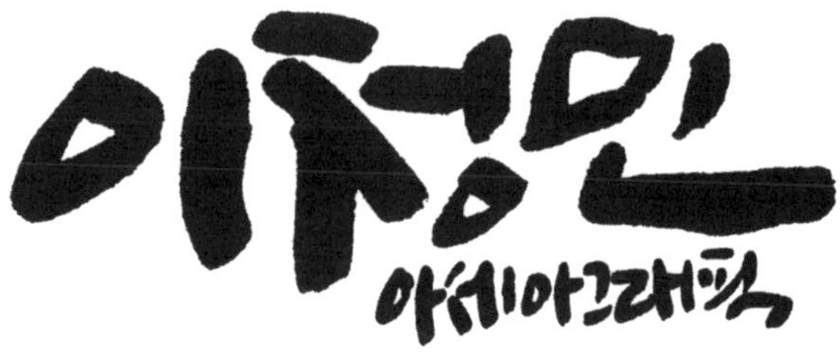
이정민
아세아그래픽

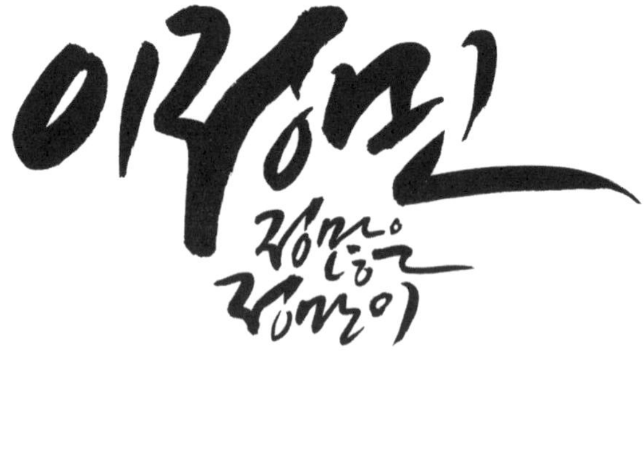
이정민
정많은

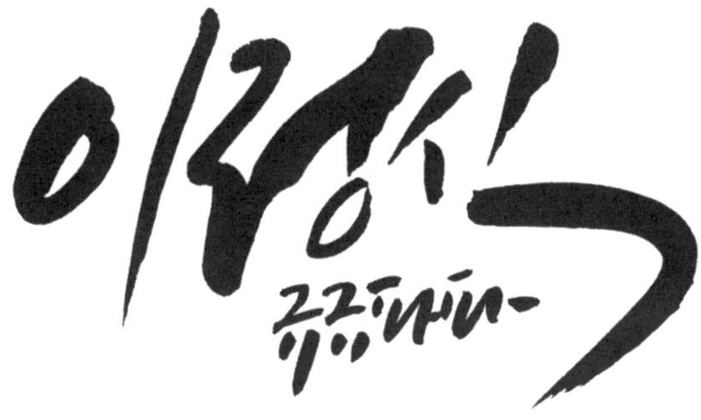

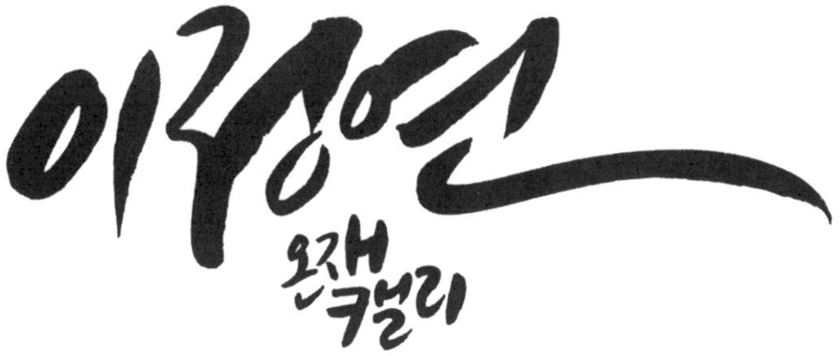

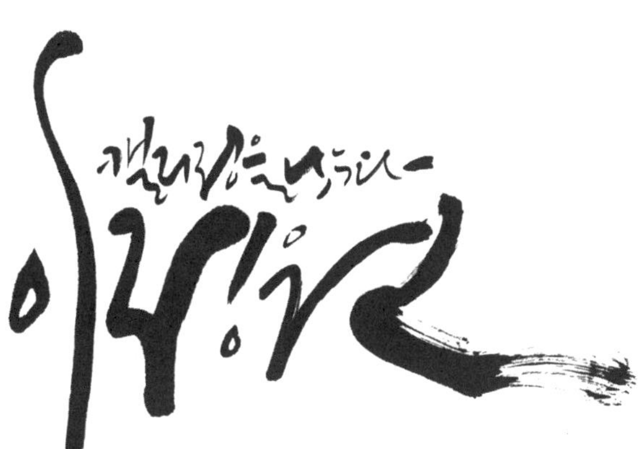

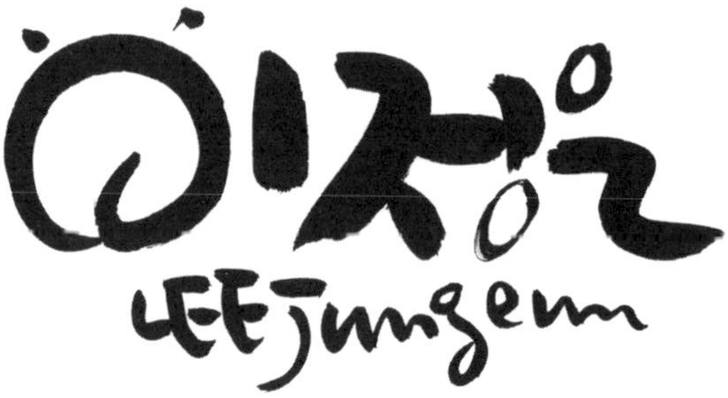
이정은
LEEjungeun

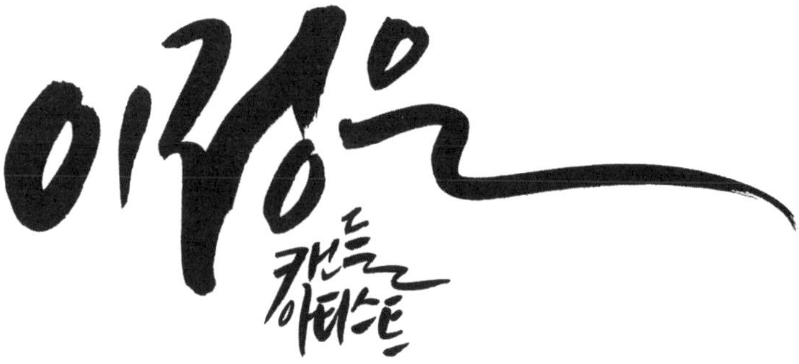
이경은

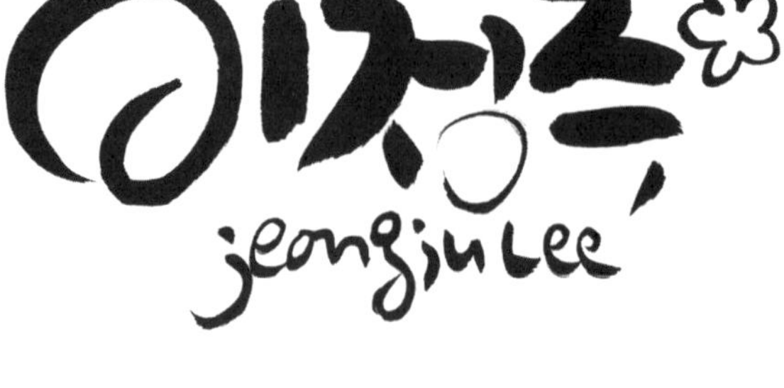
이정주
jeongjulee

이종화
캘리사이클

이종희
매스터쫑리

이주희
쥬리

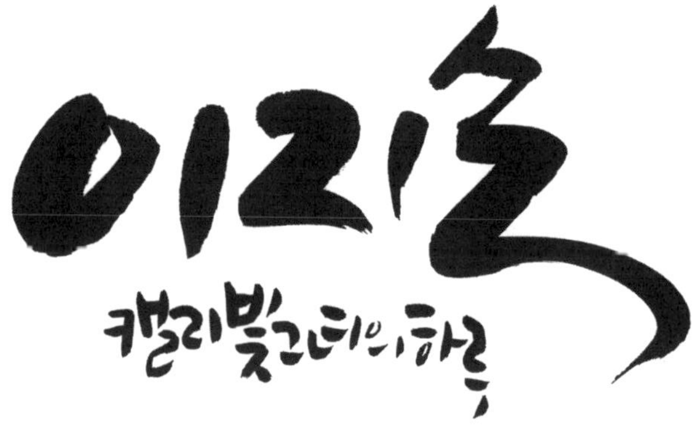

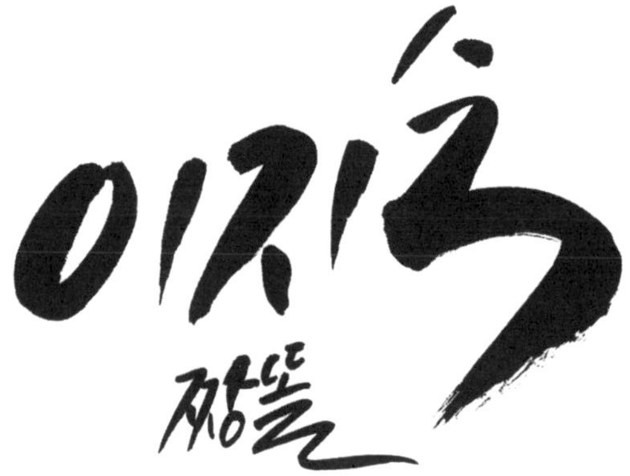
짱돌

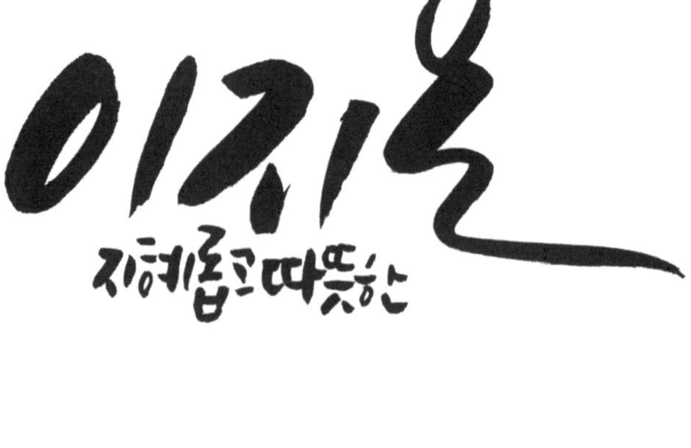
지혜롭고 따뜻한

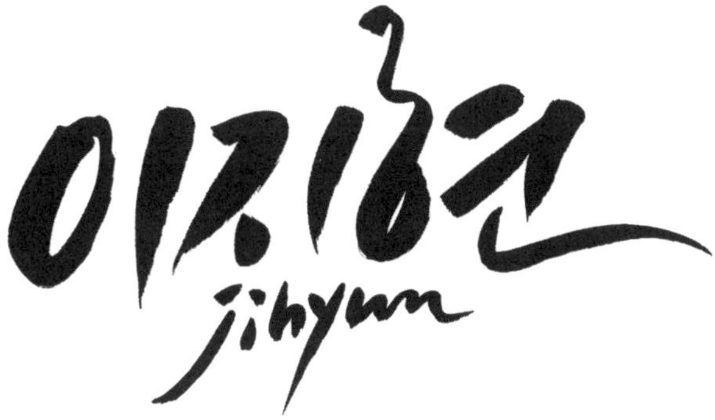
이지현
jihyun

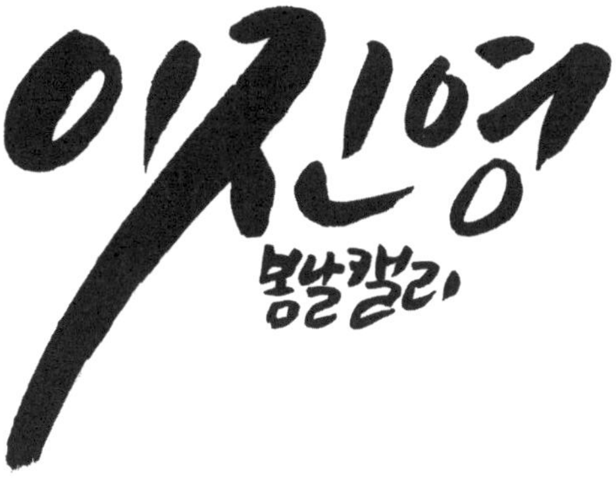
이진영
봄날캘리

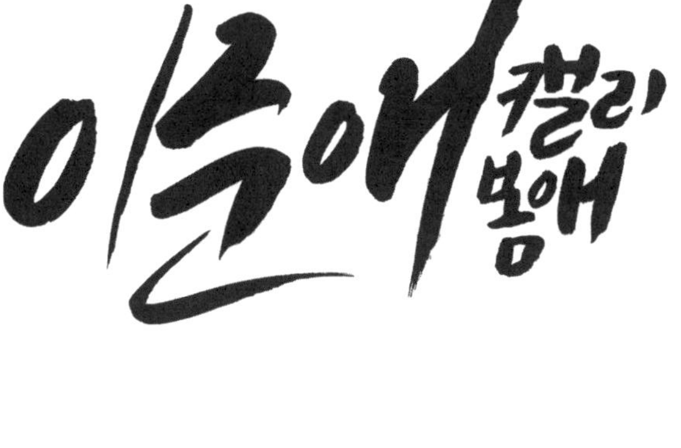
이춘애
캘리
봄애

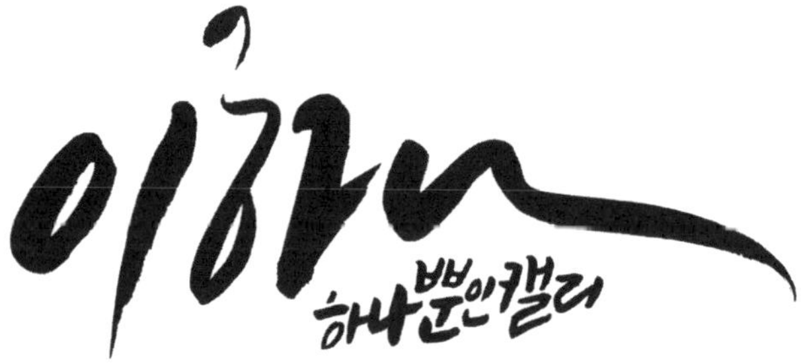
이하나
하나뿐인갤러리

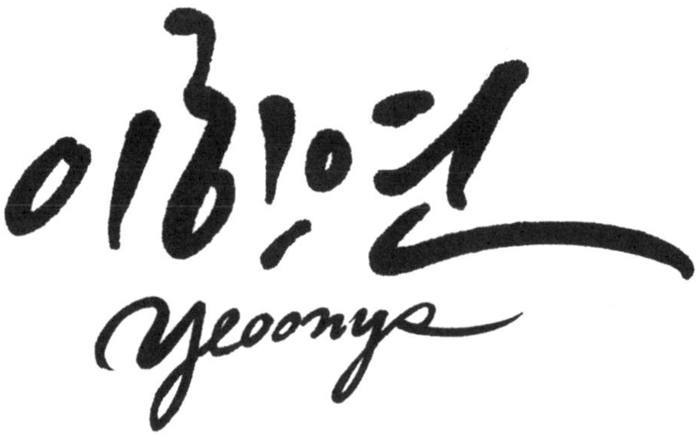

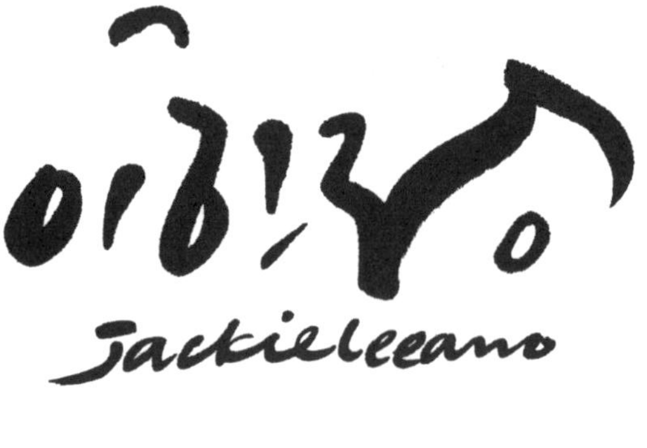
Jackieleeano

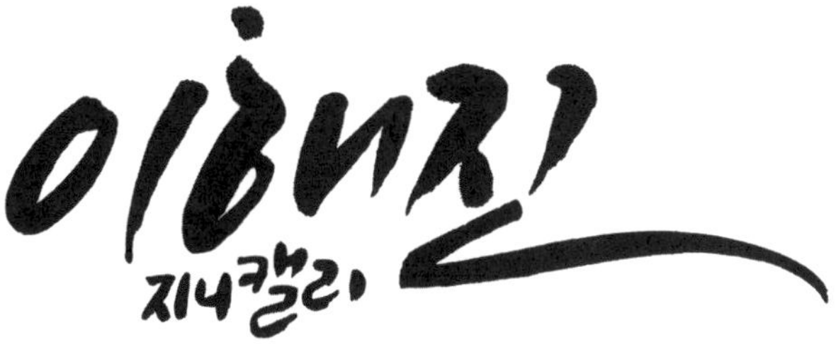
이혜진
지니캘리

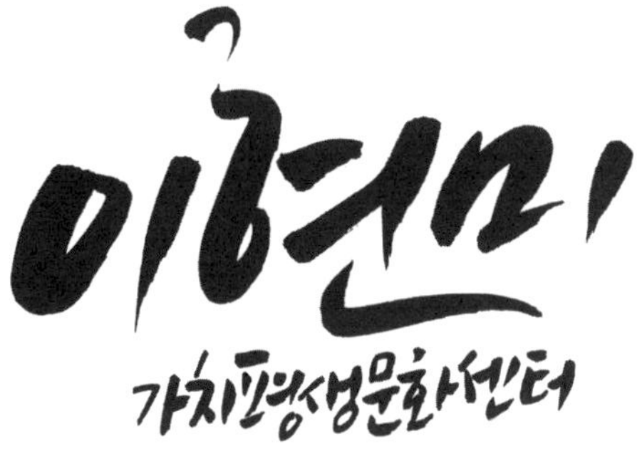
이현미
가치평생문화센터

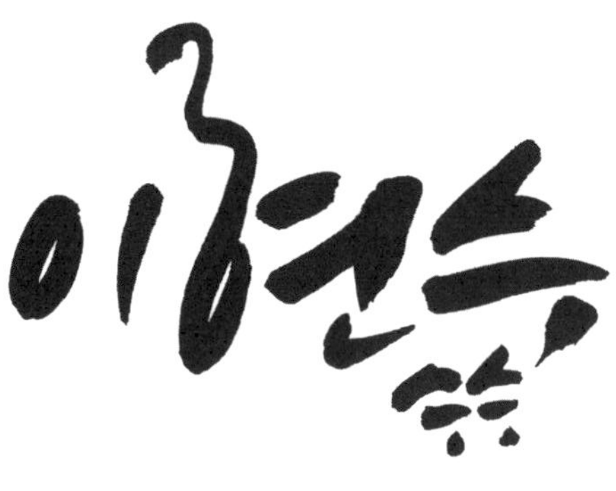
이현숙

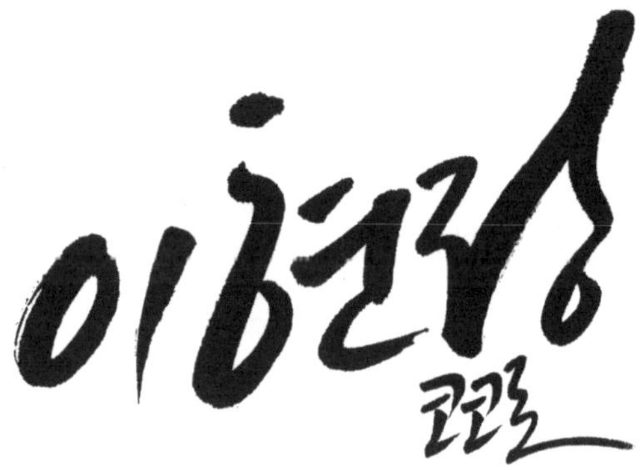
코코로

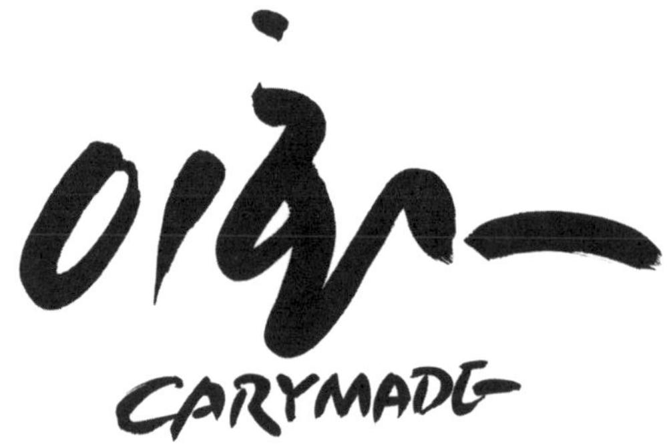
CARYMADE

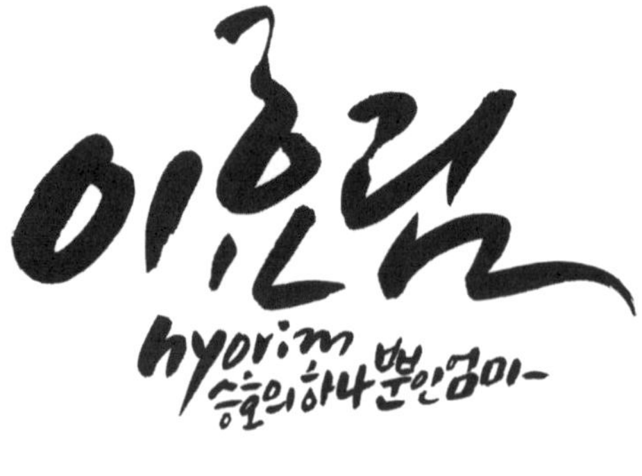
이효림
hyorim
승호의하나뿐인엄마

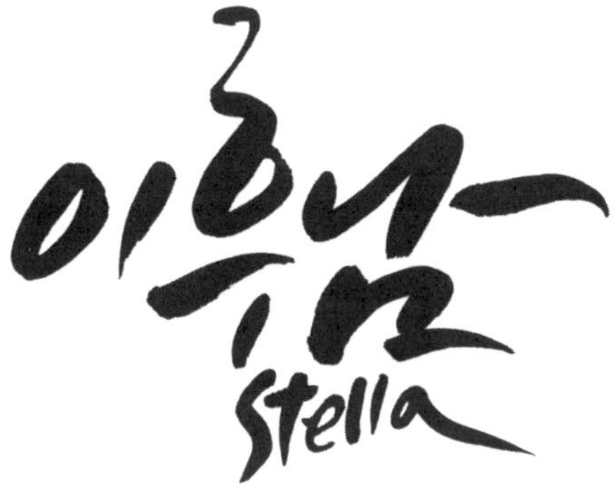
stella

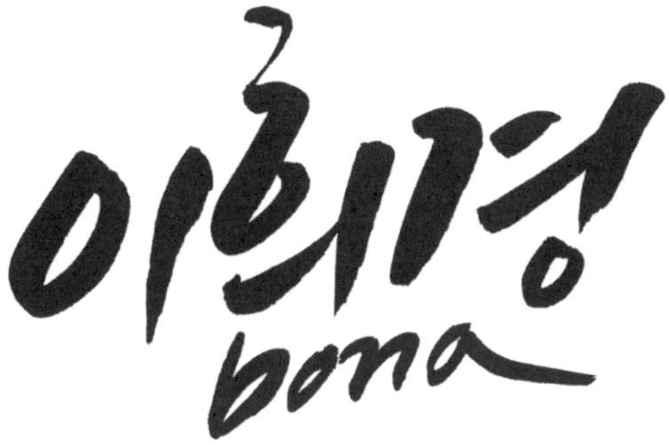
이희경
bona

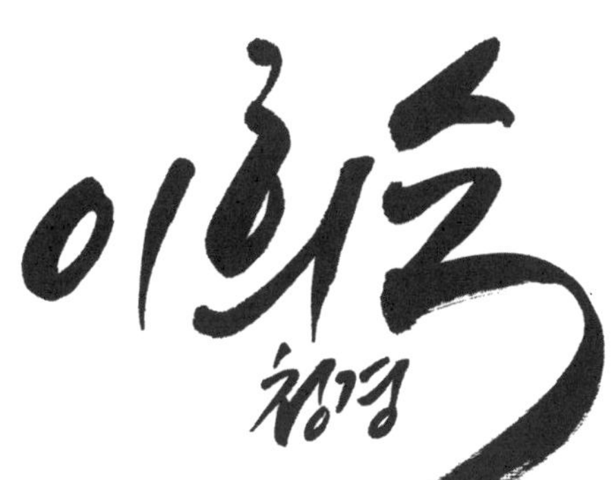
청경

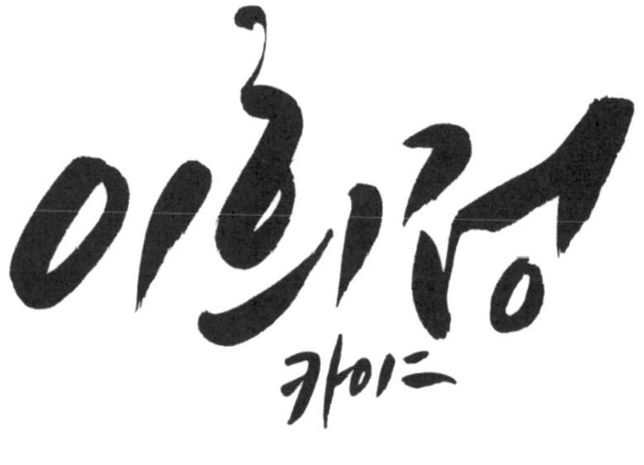
이희정

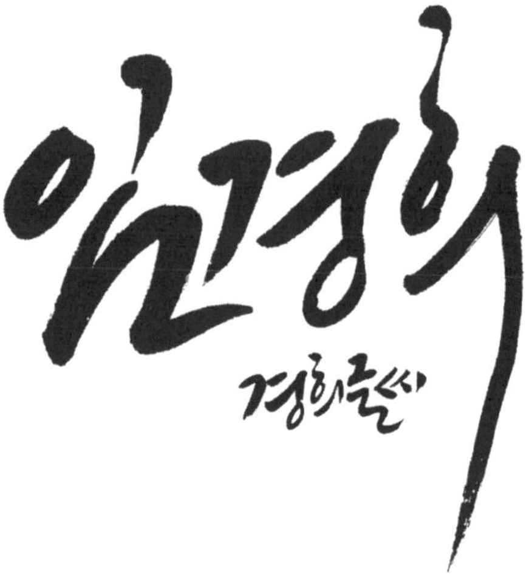
임경희

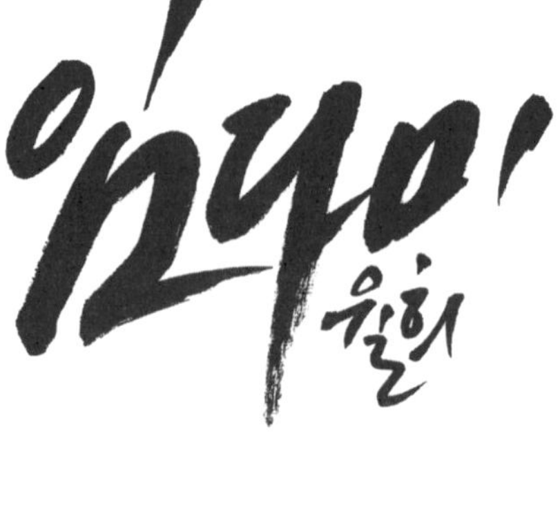
임다미

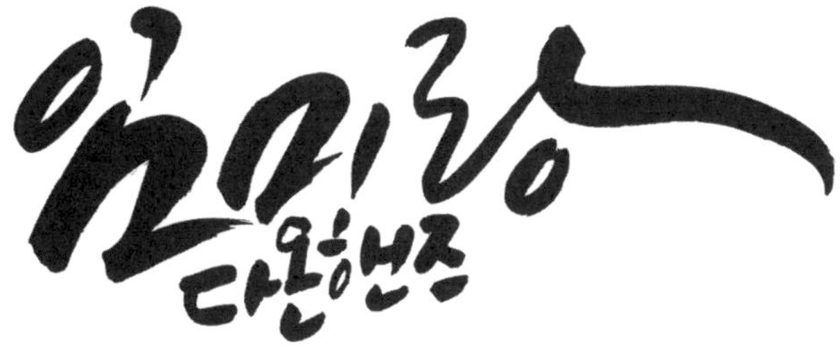
임미랑
다온핸즈

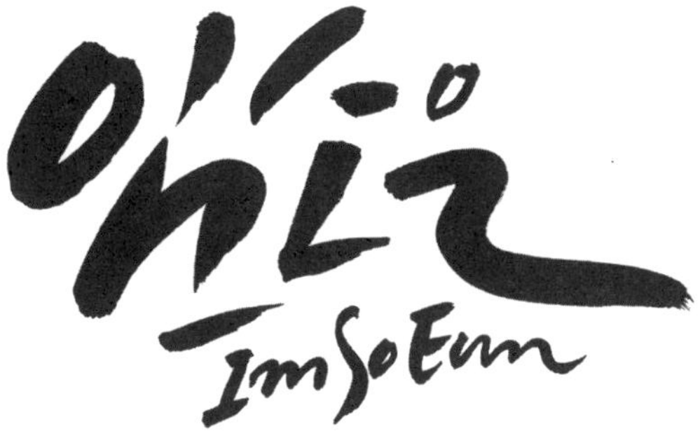
임소은
ImSoEun

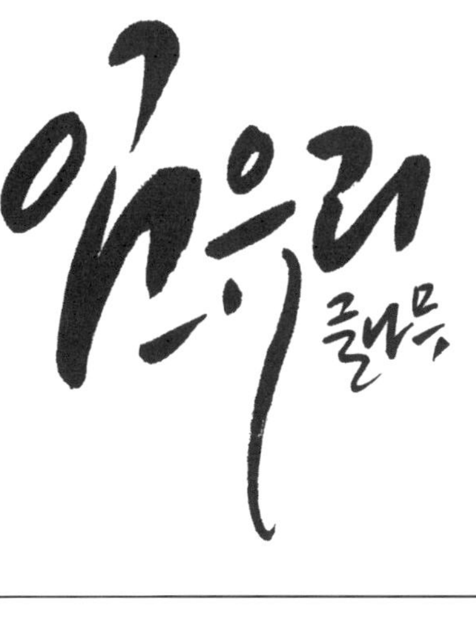
임유리
글나무

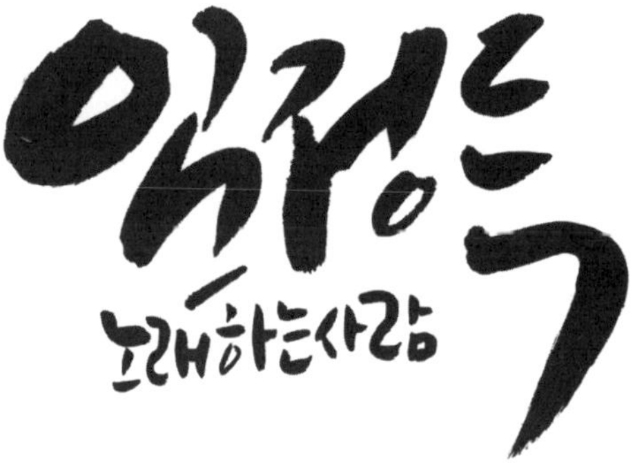
임정득
노래하는사람

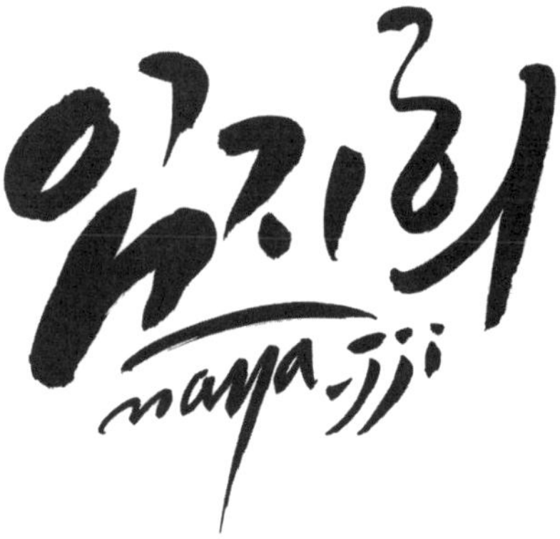
임지희
nanya_jji

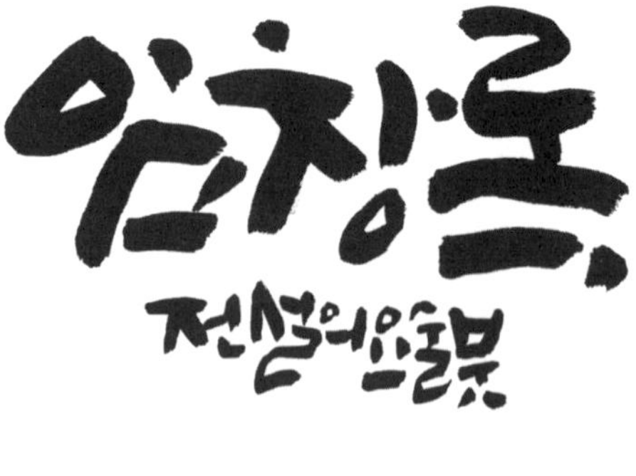
전설의요술봉

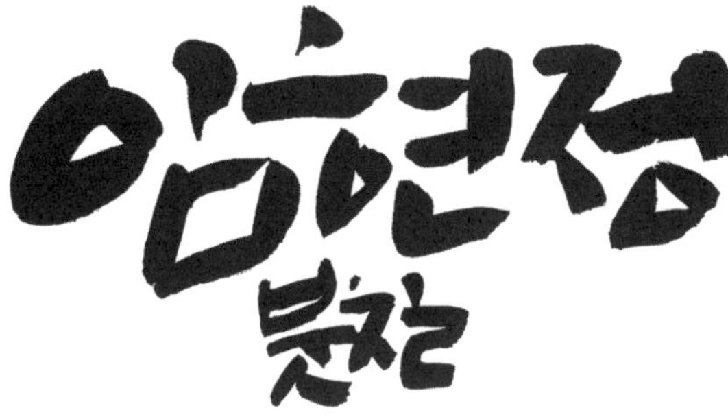
임현정

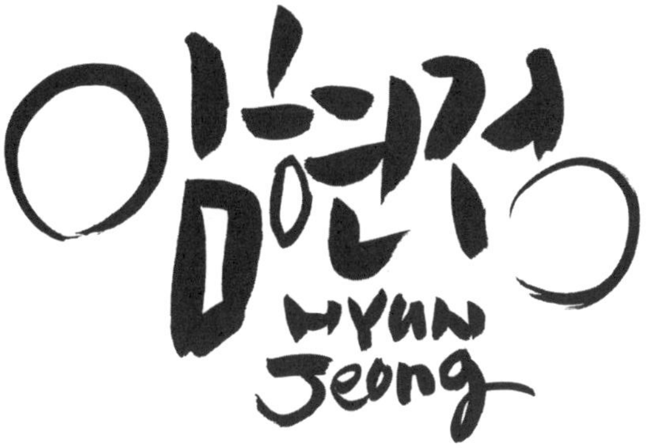
임현정
HYUN
Jeong

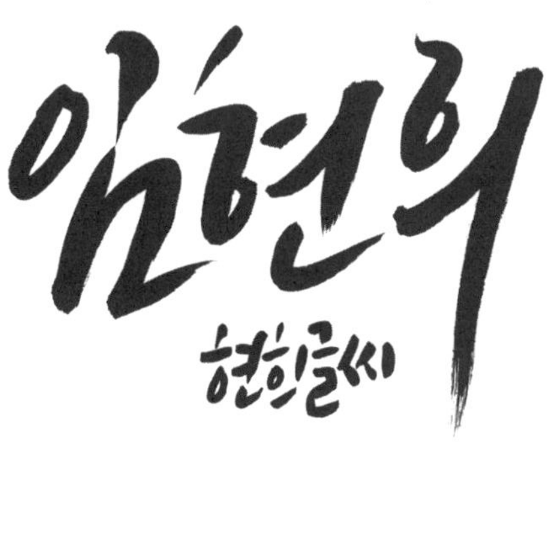
임현희
현희글씨

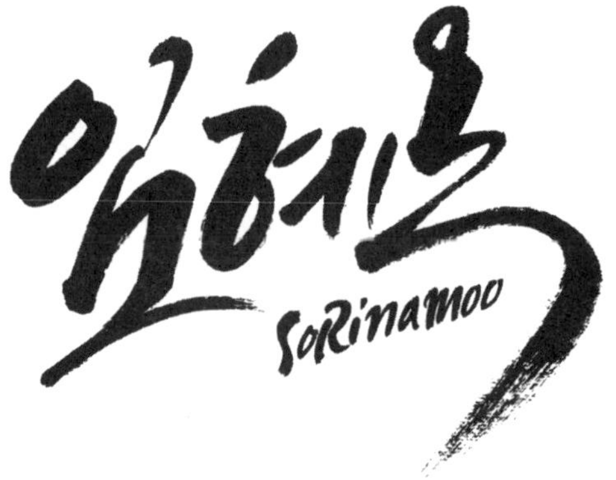
임혜옥
SORinamoo

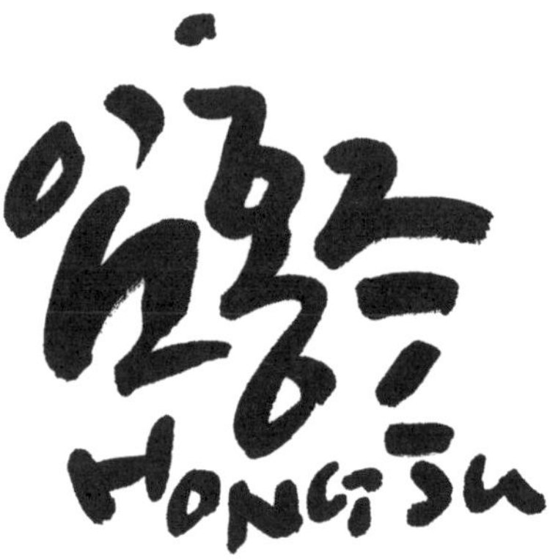
임홍수
HONGSU

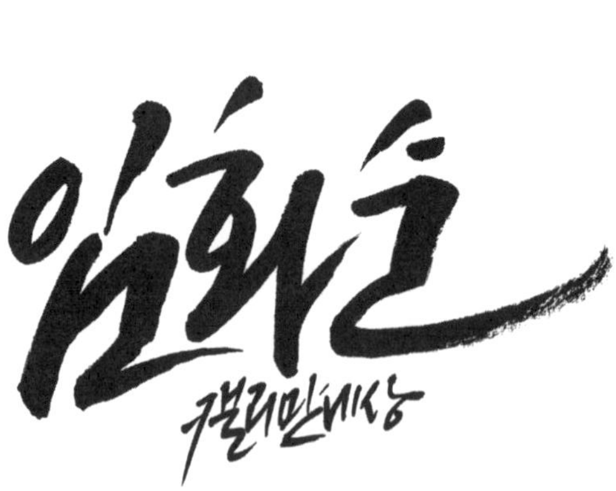
임화순

장경숙 ~ 황현실

동물은
죽어서
가죽을 남기고
사람은 죽어서
캘리를 남긴다.

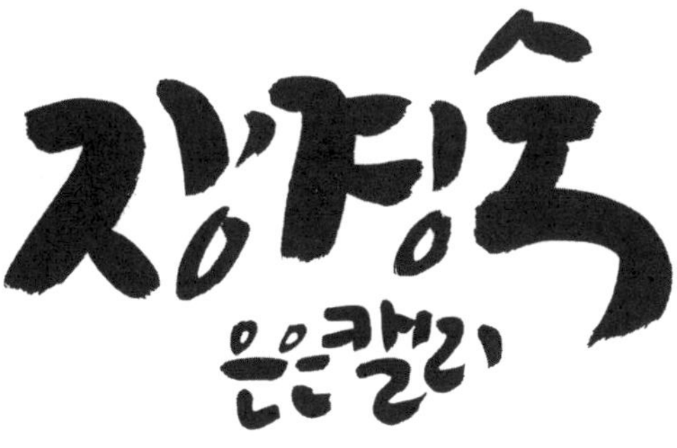
장경숙
은은캘리

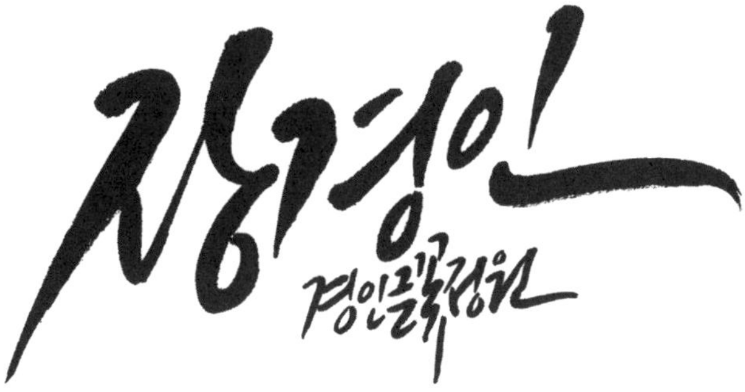

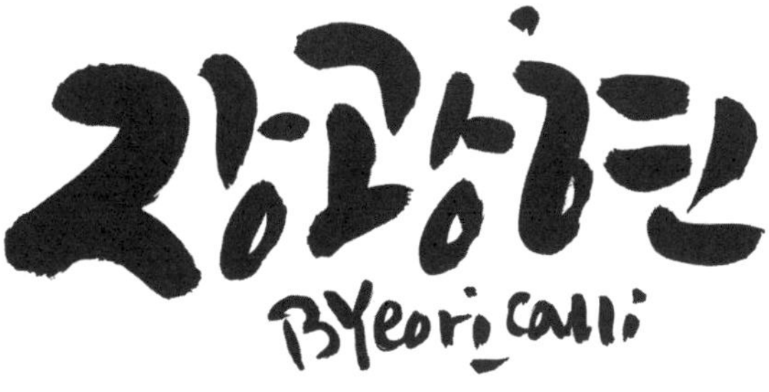
BYeori_calli

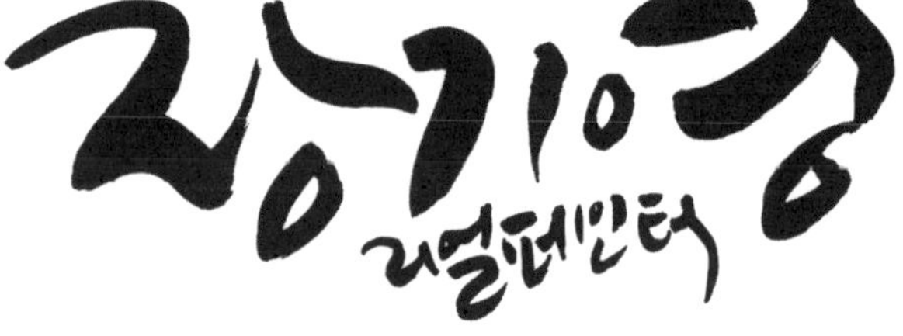
장기영
리얼페인터

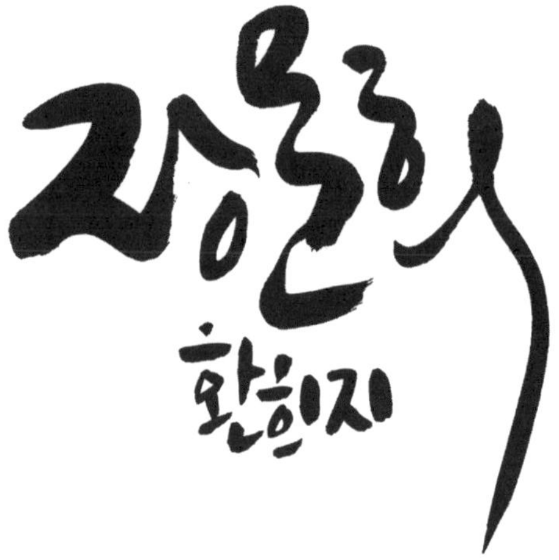
장문희
환희지

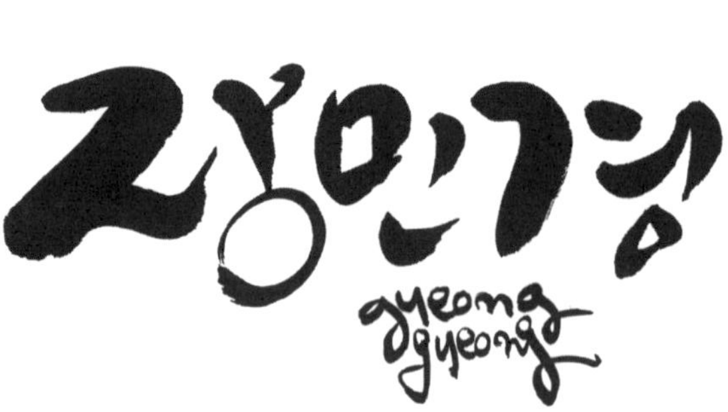
장민경
gyeong
gyeong

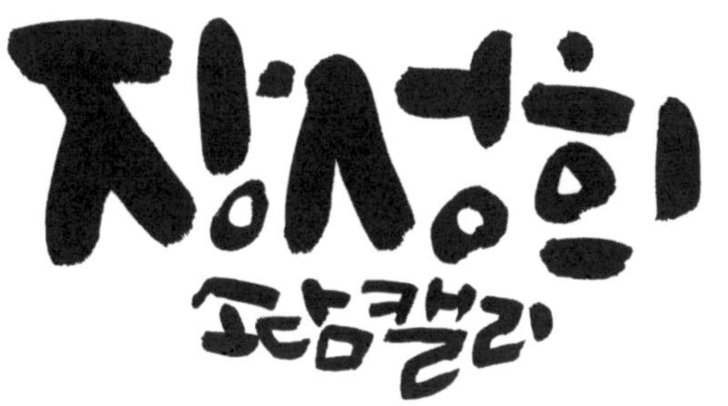
장성희

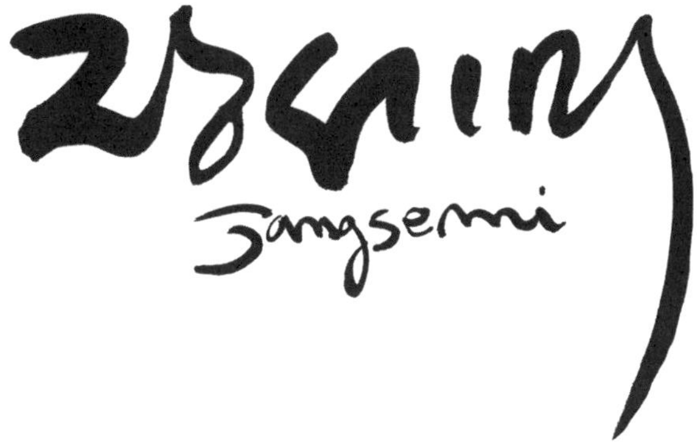
장세미
Jangsemi

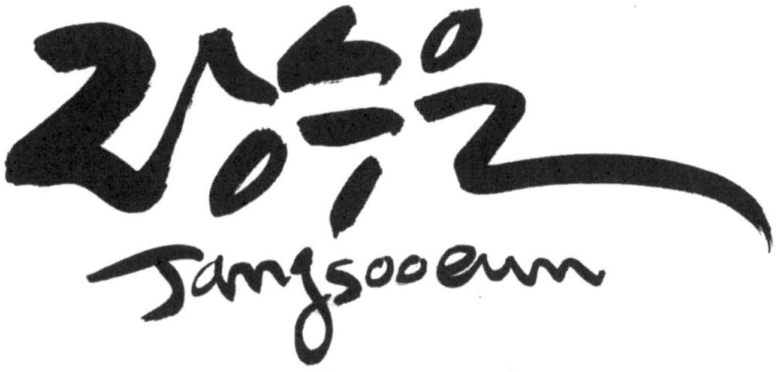
장수은
Jangsooeun

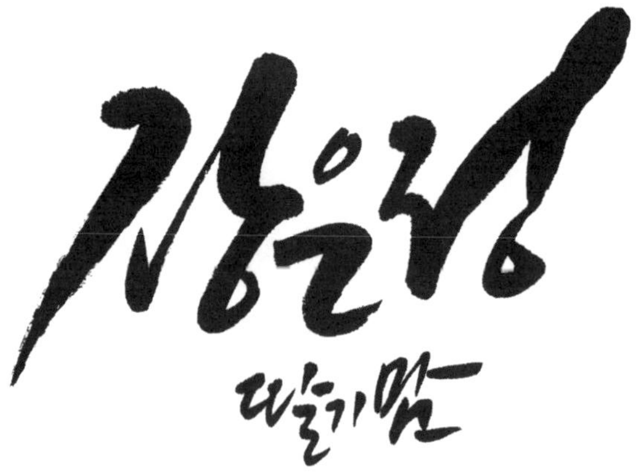
장윤정
딸기맘

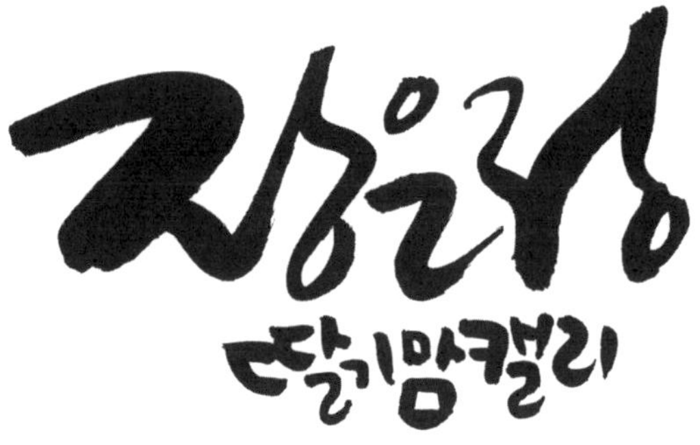
장윤정
딸기맘캘리

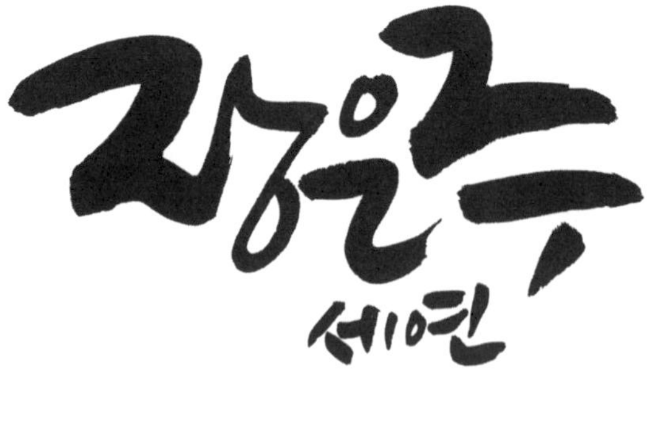
장윤주
세연

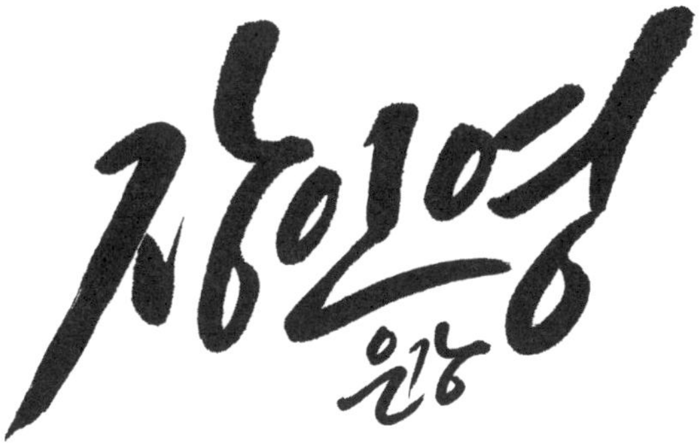
장인영
윤강

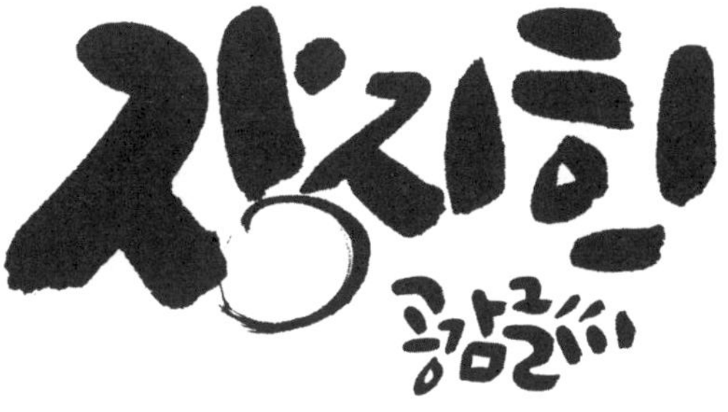
장지희
공감글씨

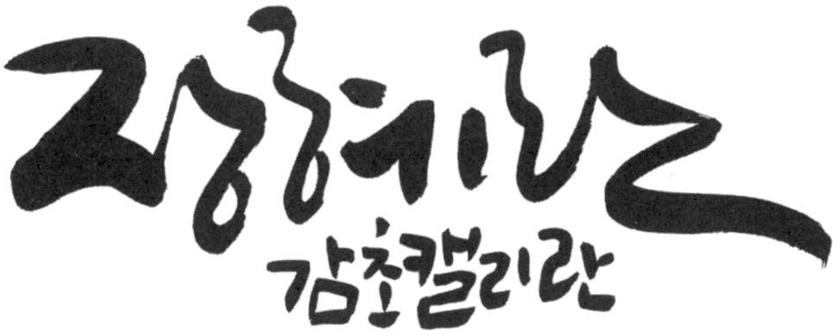
장혜란
감초캘리란

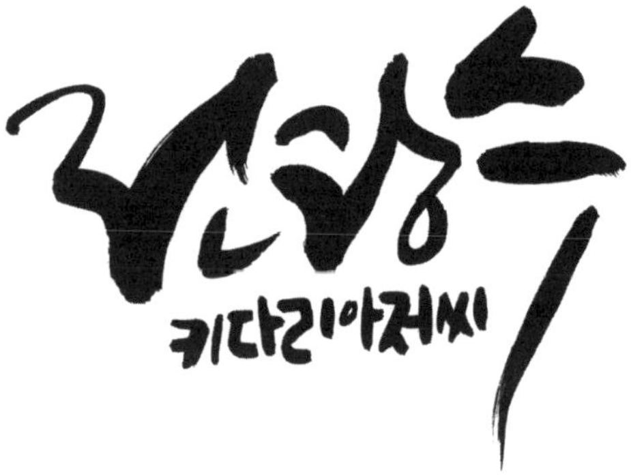
키다리아저씨

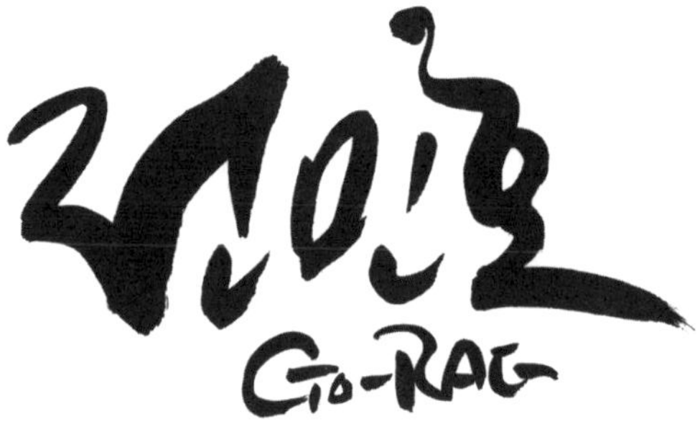
GO-RAG

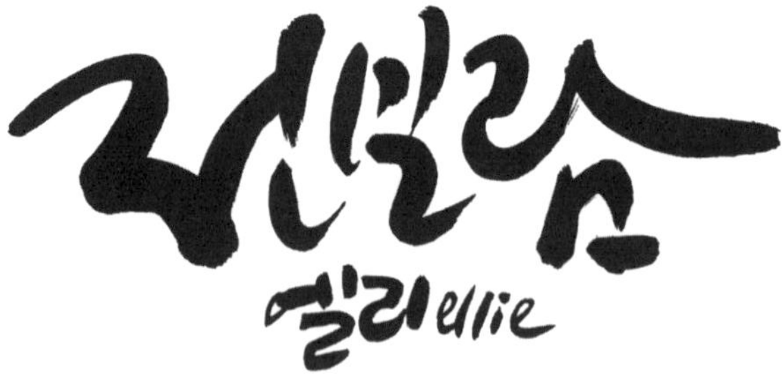
엘리 ellie

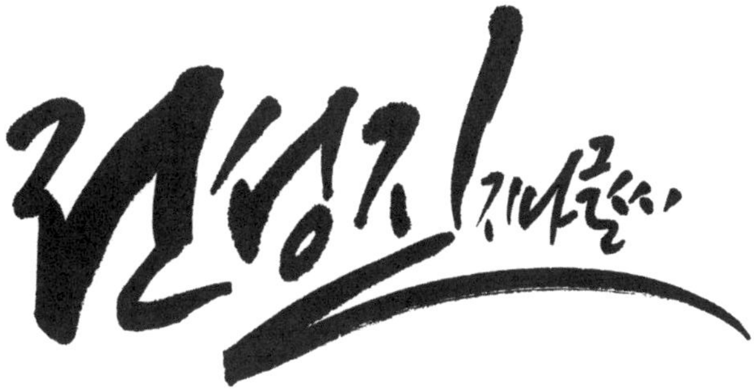
전성진
기타교실

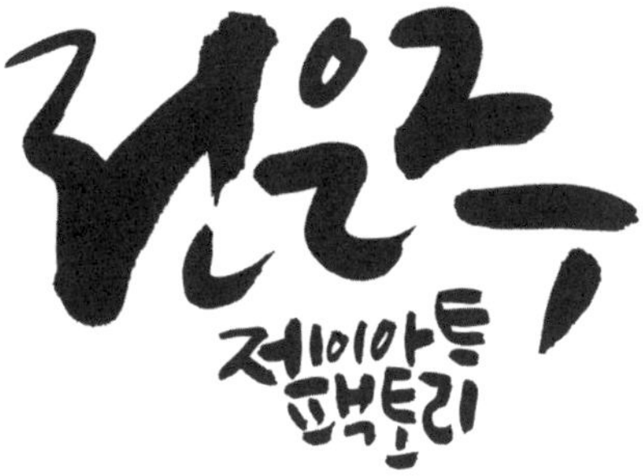
전은주
제이아트
팩토리

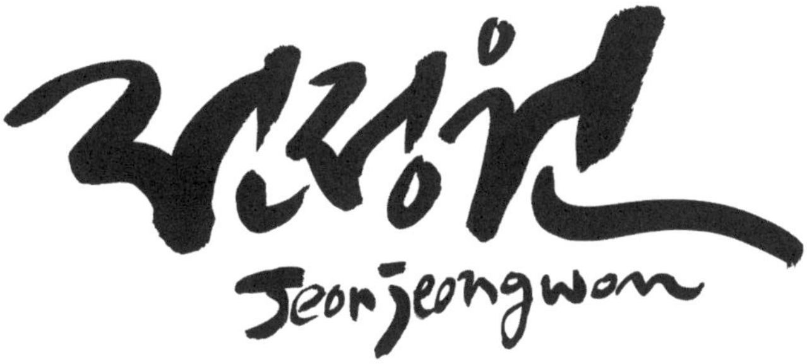
전정원
Jeonjeongwon

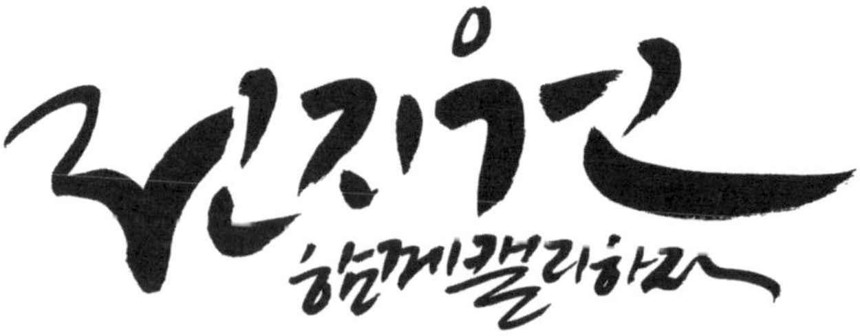
함께캘리하자

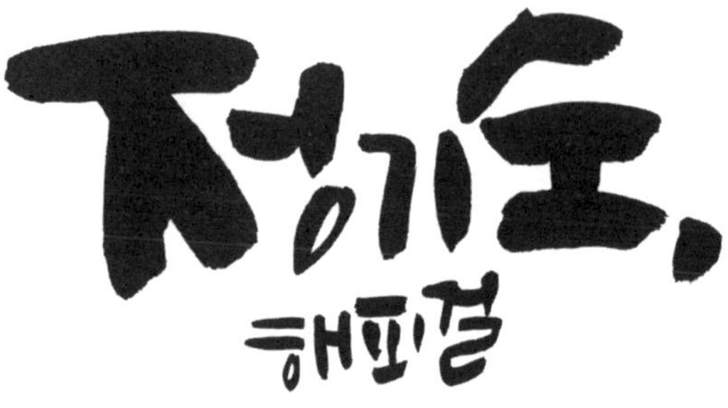
해피걸

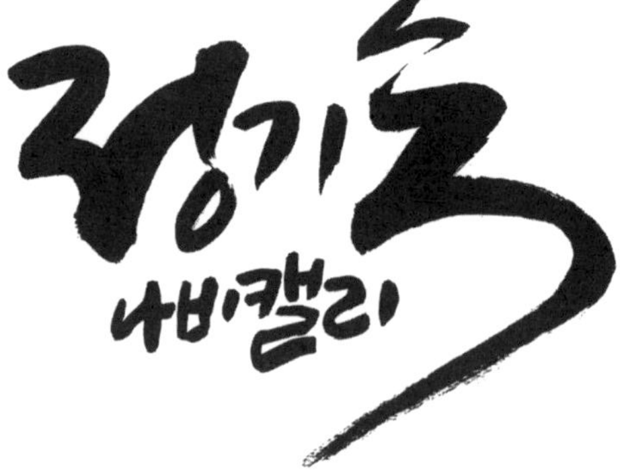
나비캘리

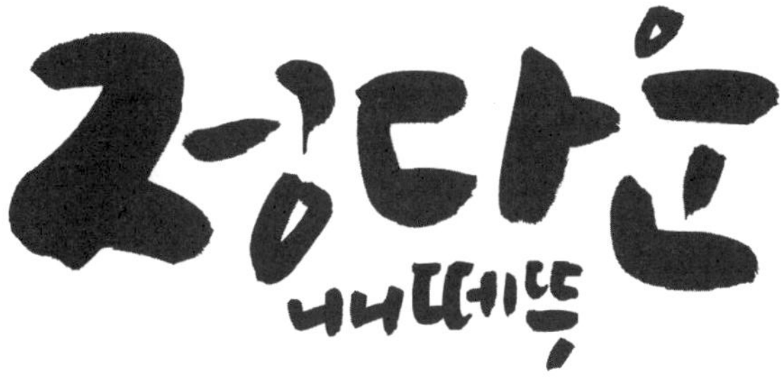

정다운

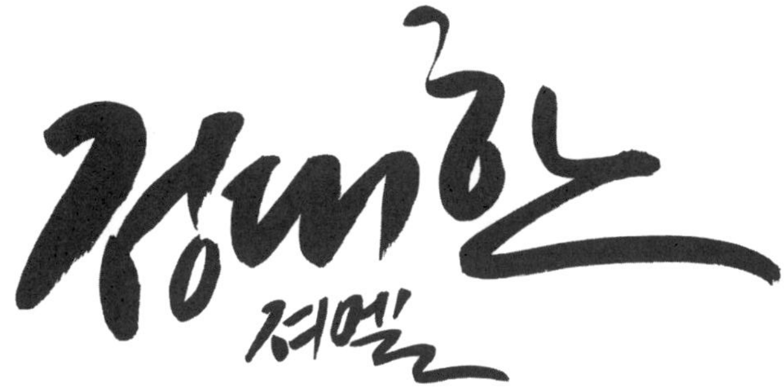

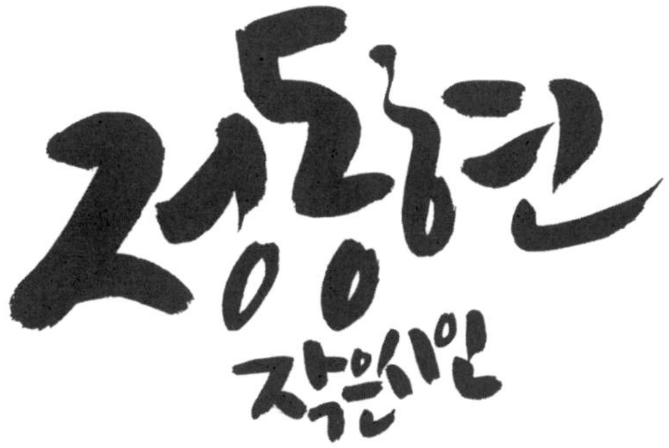

작은시인

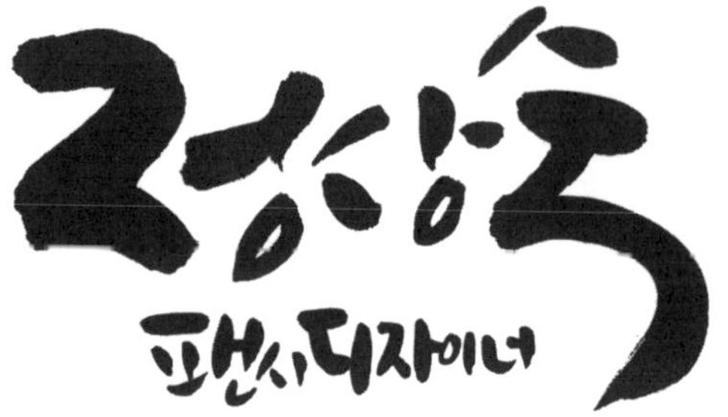
정상숙
패션디자이너

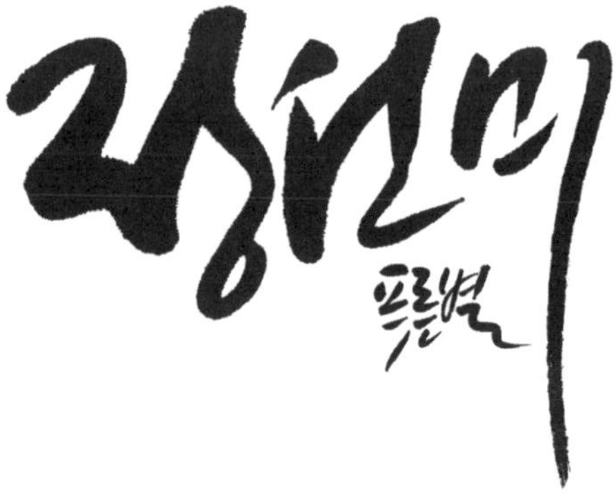
정선미
푸른별

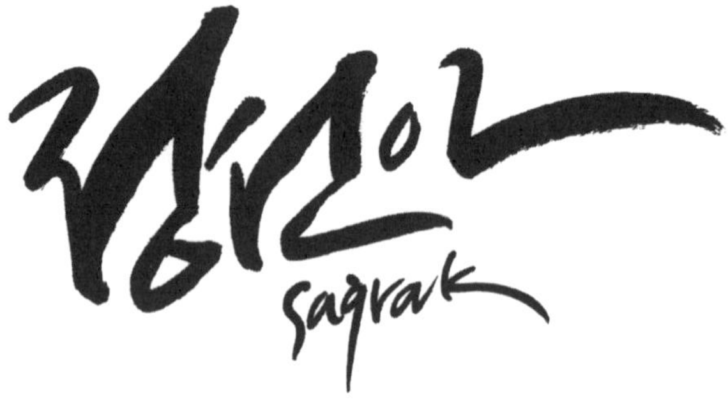
정선오
sagrak

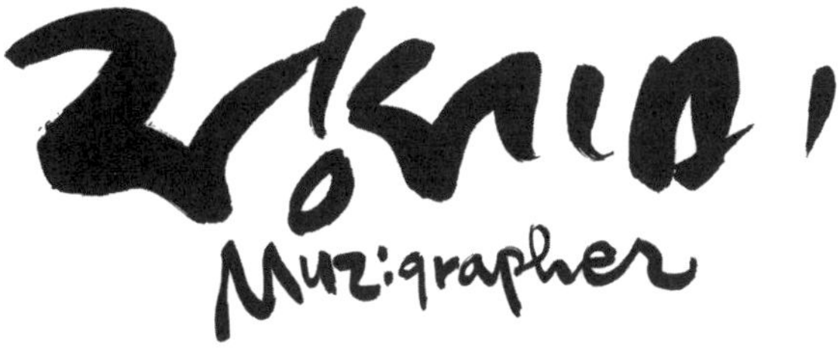
Muzigrapher

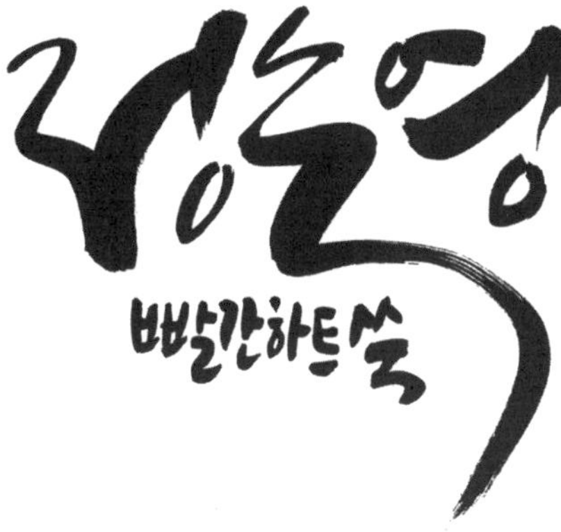

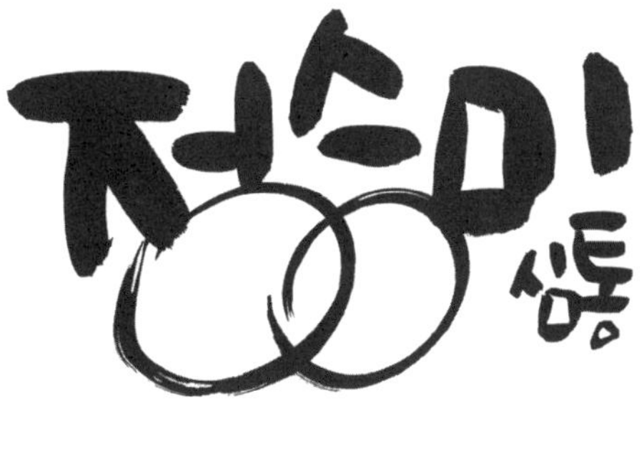

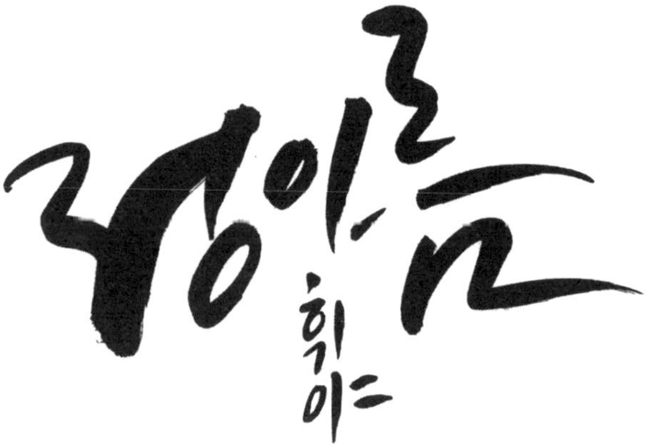

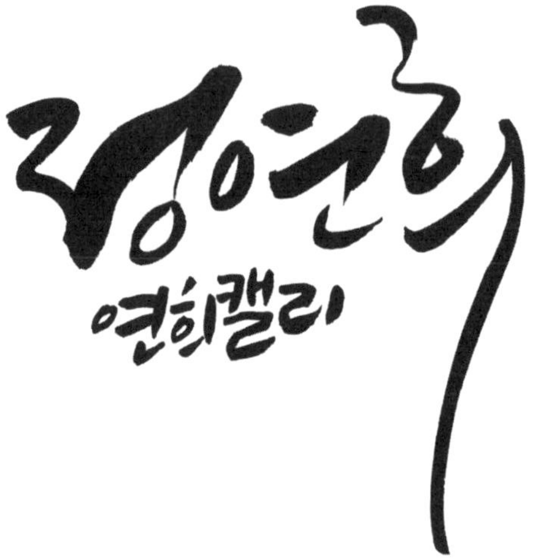
정연희
연희캘리

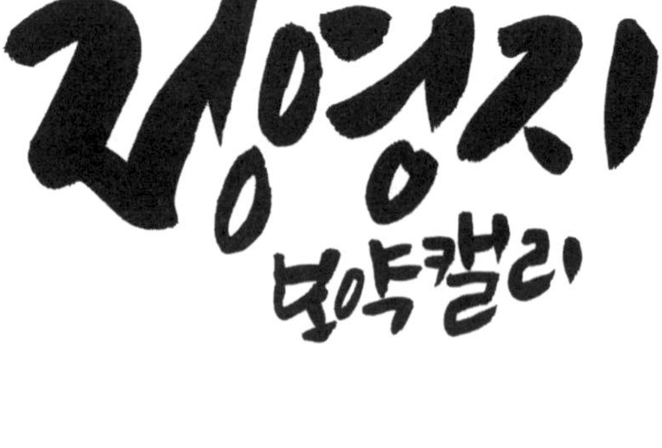

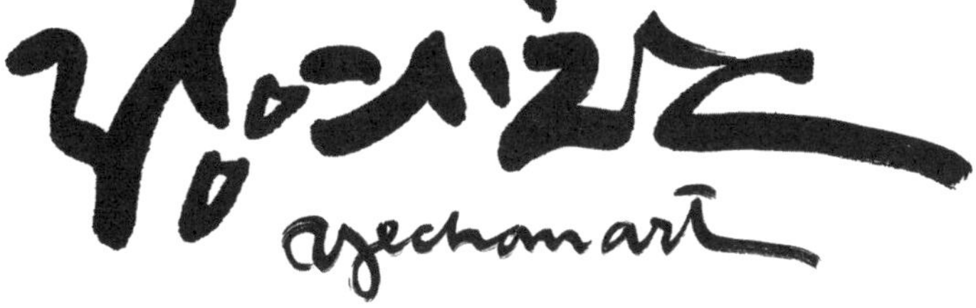
ayechan art

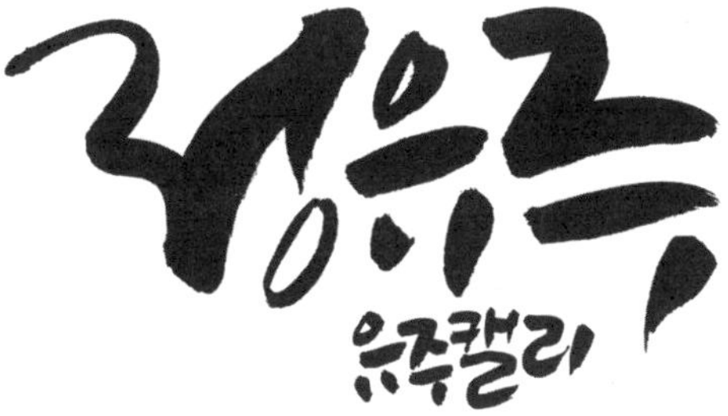
유주캘리

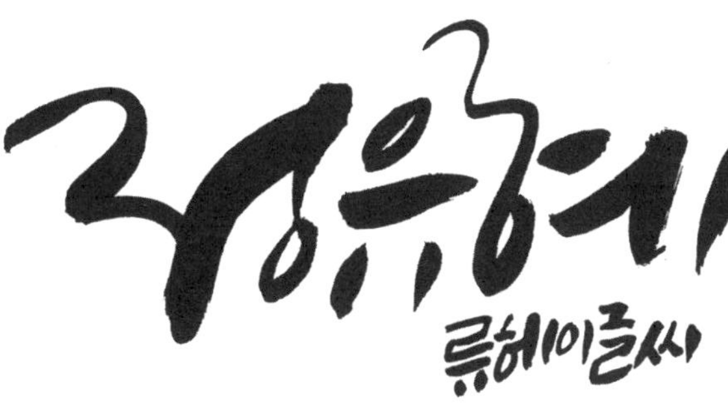

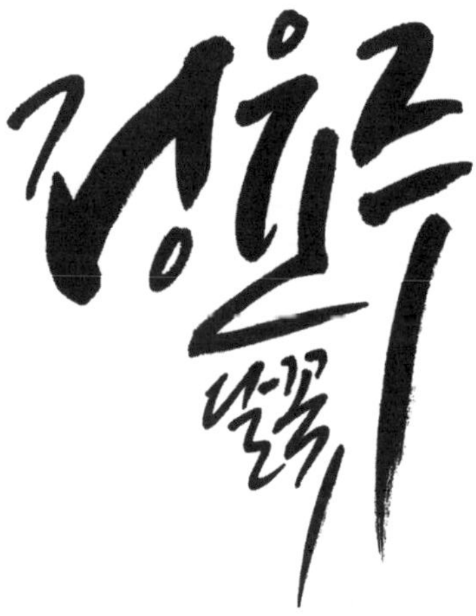
달꽃

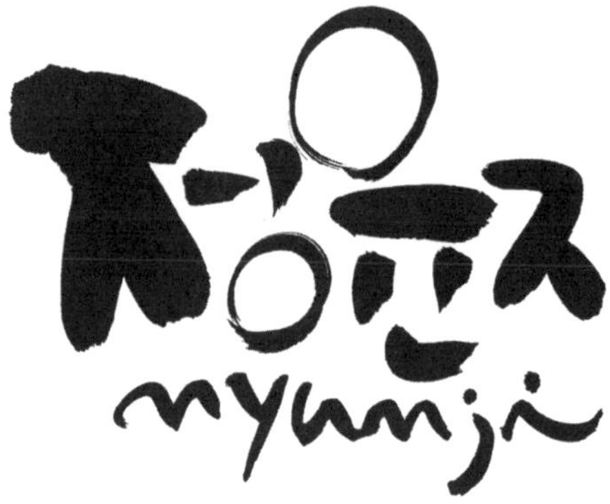
myunji

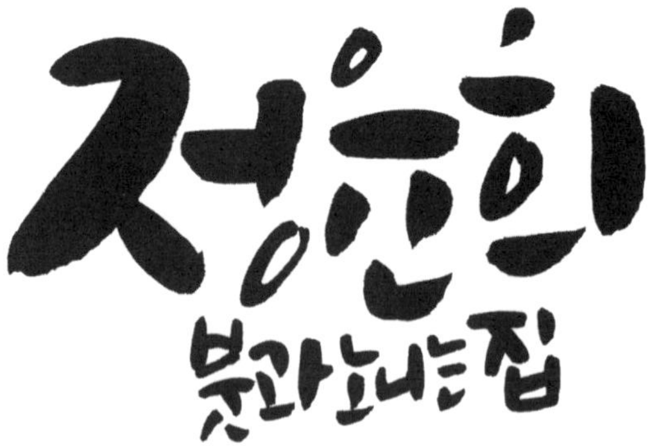
정은희
붓과노는집

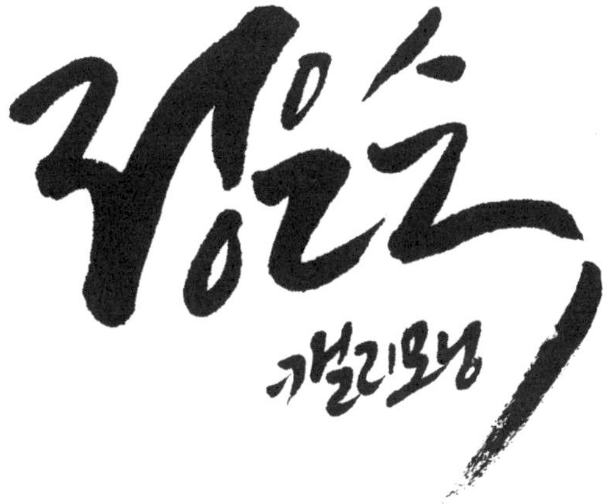
갤리모닝

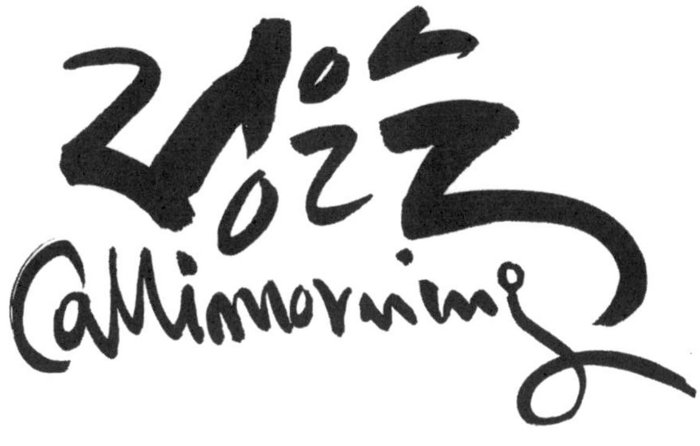
Callimorning

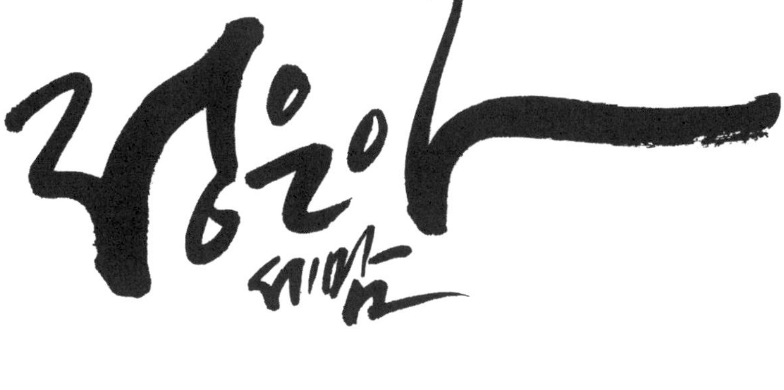

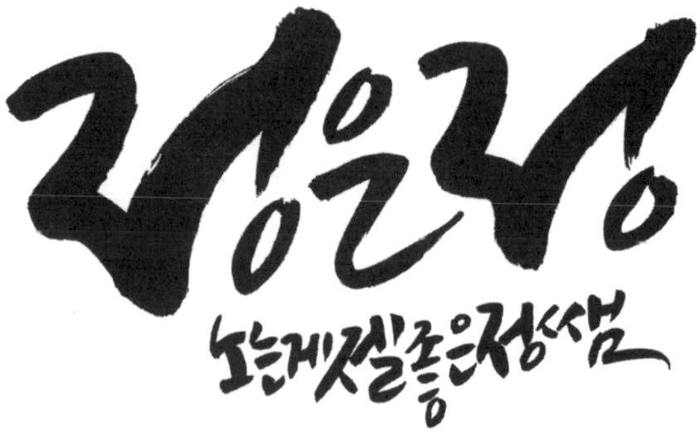
노는게젤좋은정샘

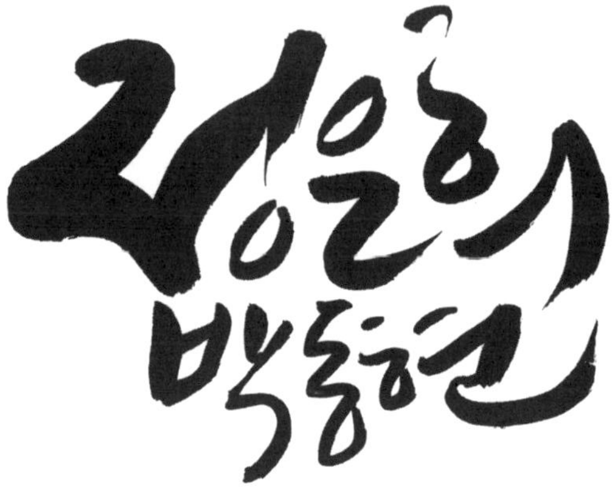
박동현

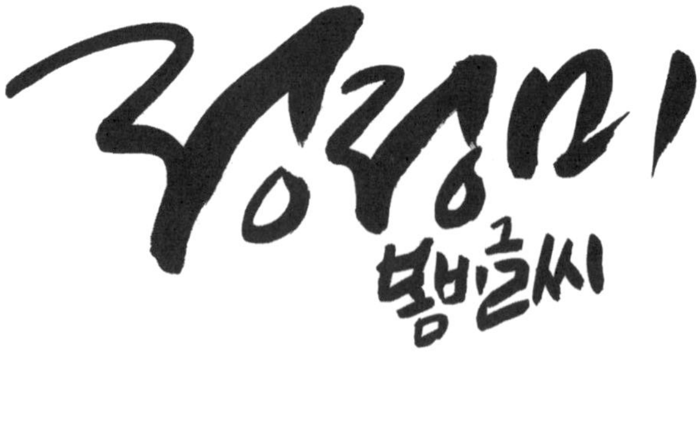
봄비글씨

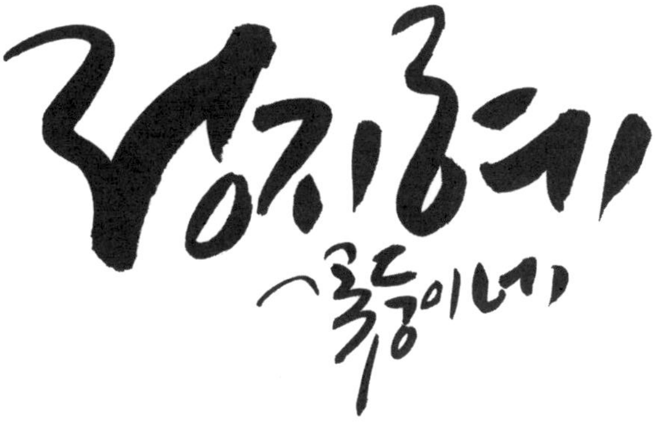

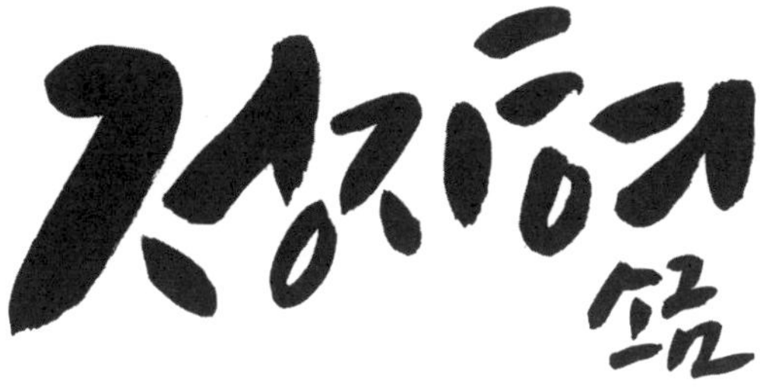

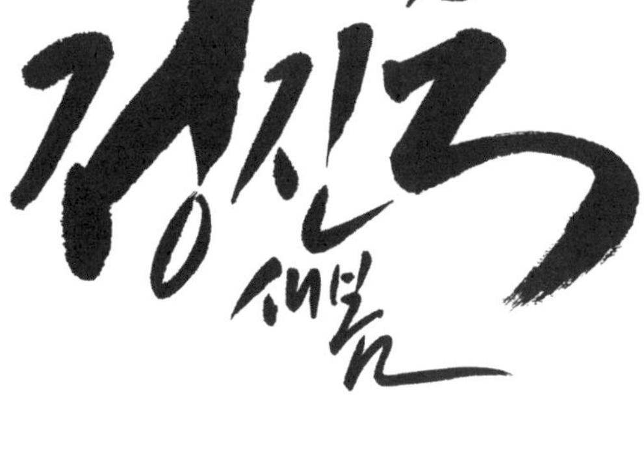

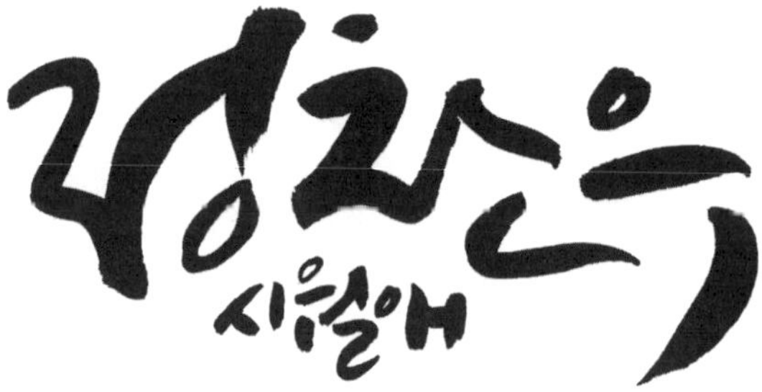

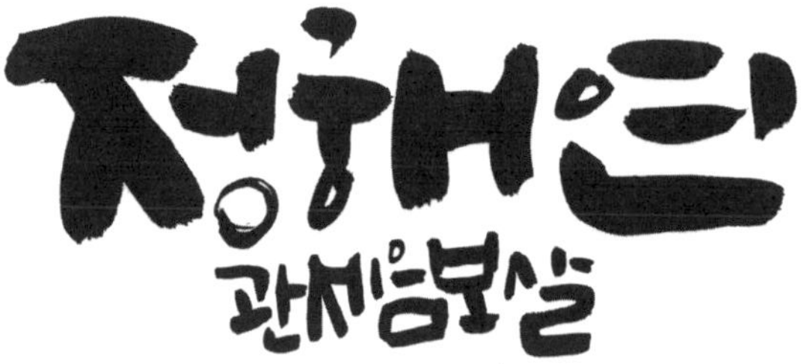
정해인
관세음보살

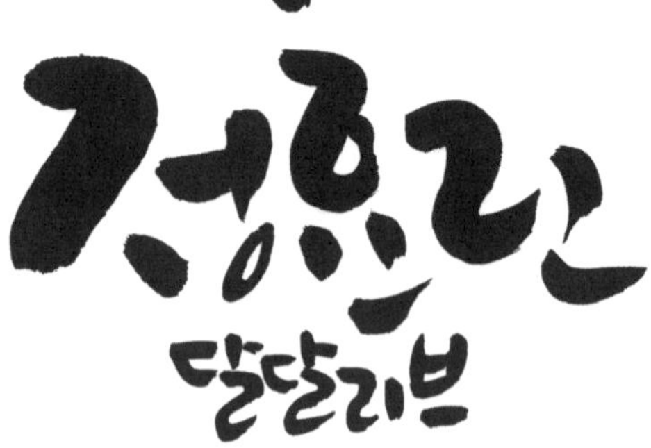
달달리브

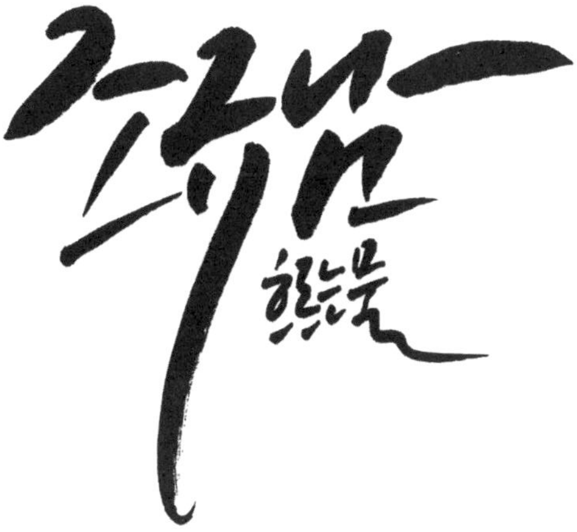

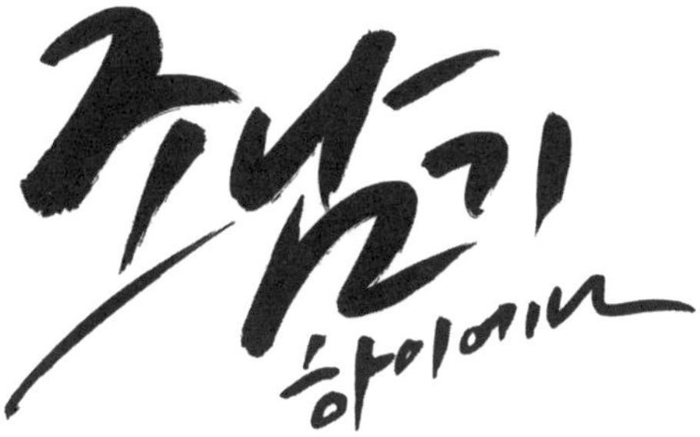

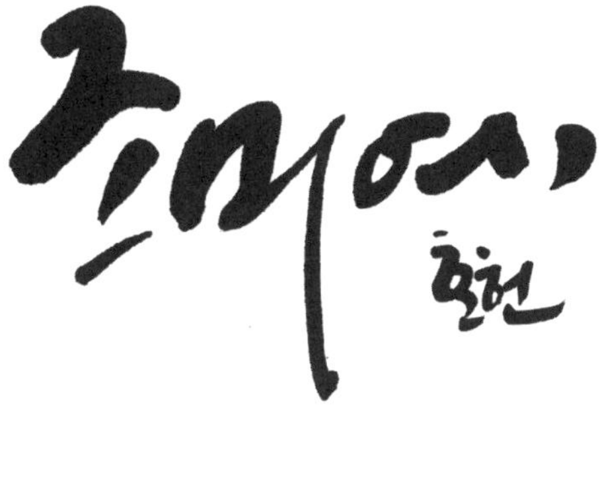

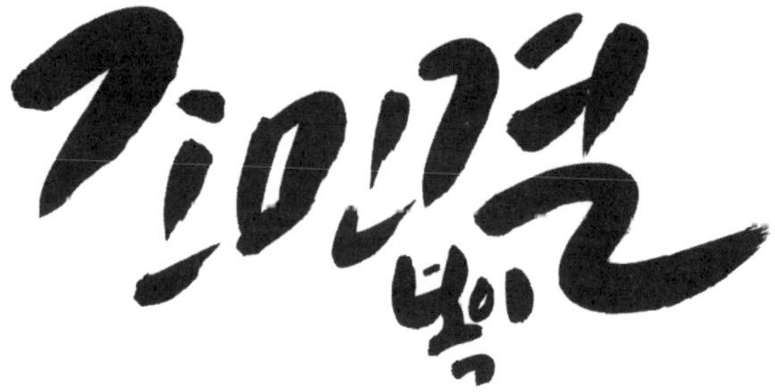

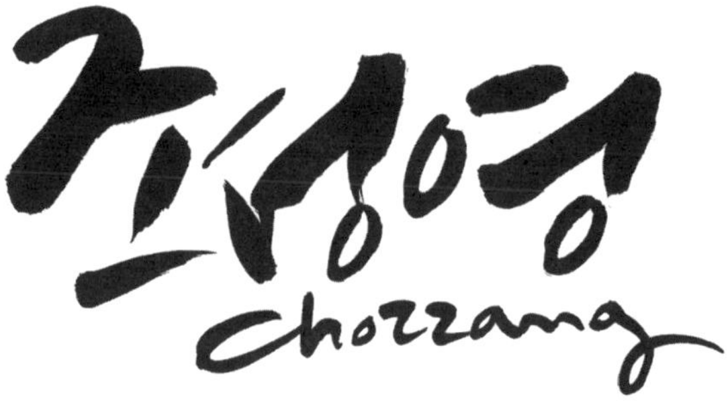

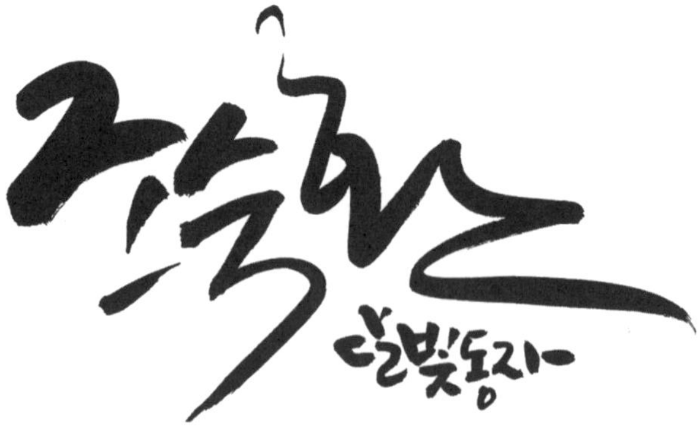
달빛동자

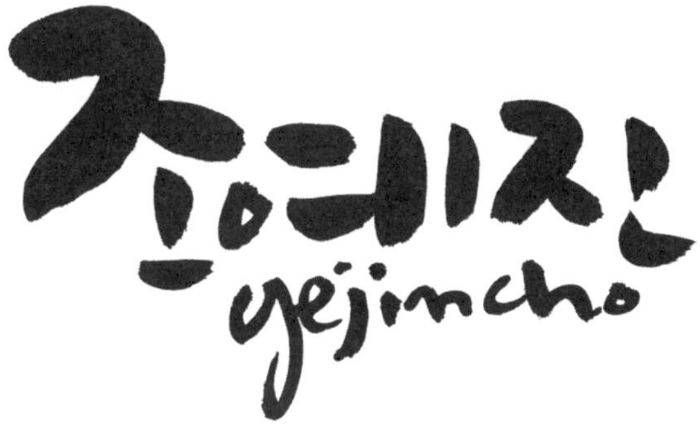
조예진
yejincho

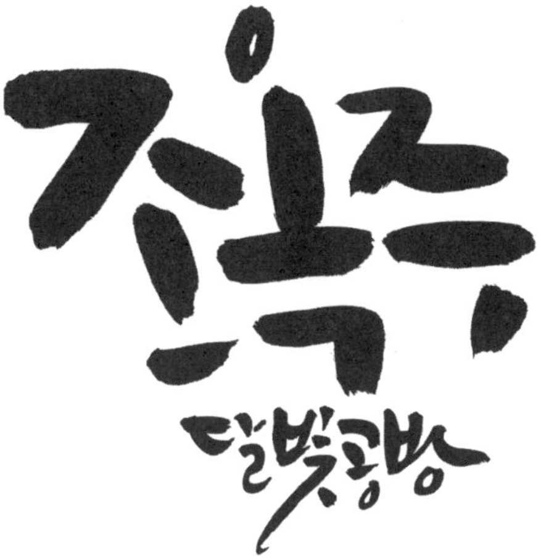
조옥주
달빛공방

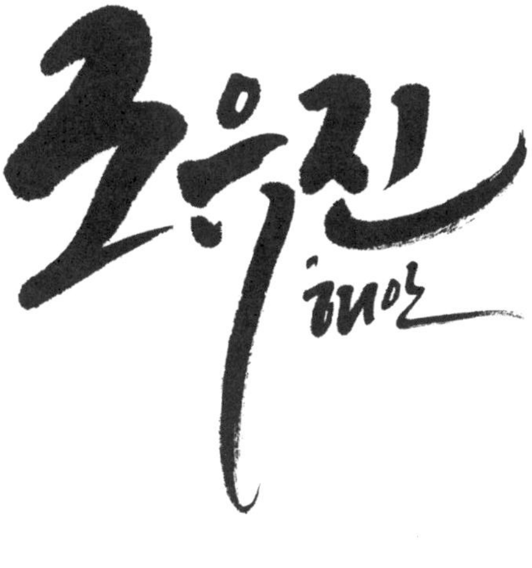
조우진
해안

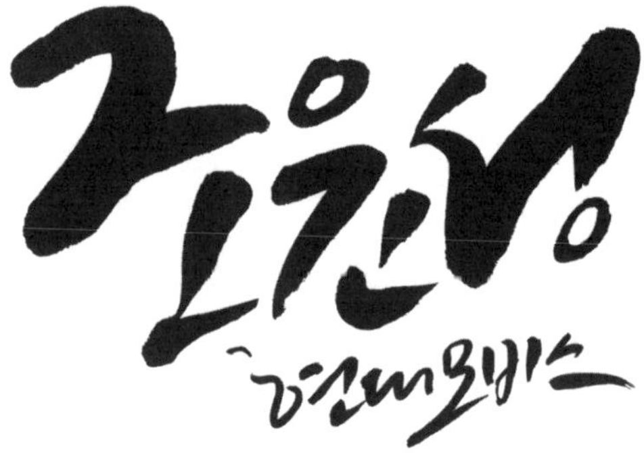
조은성

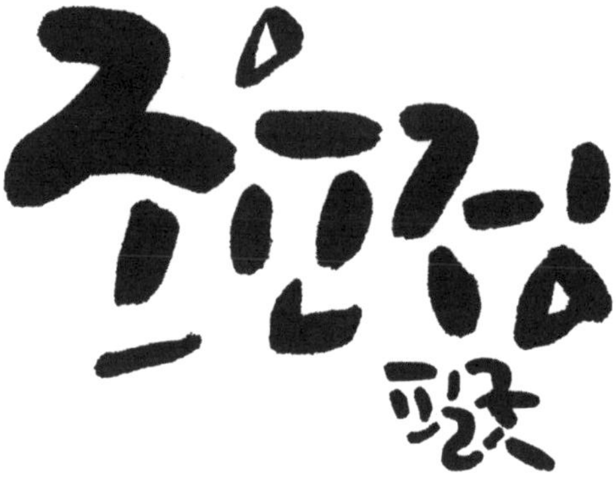
조은정

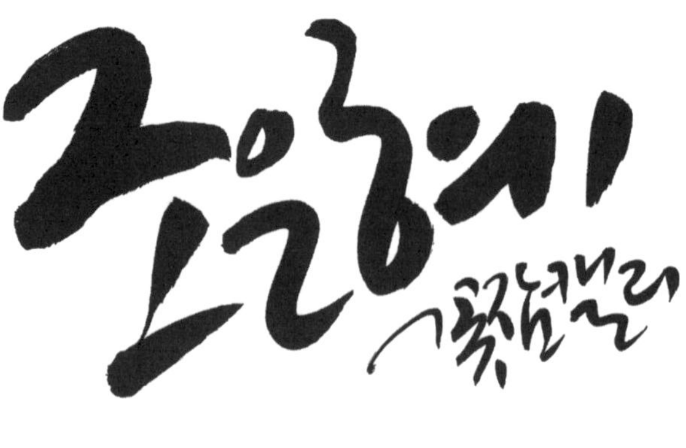
조은혜

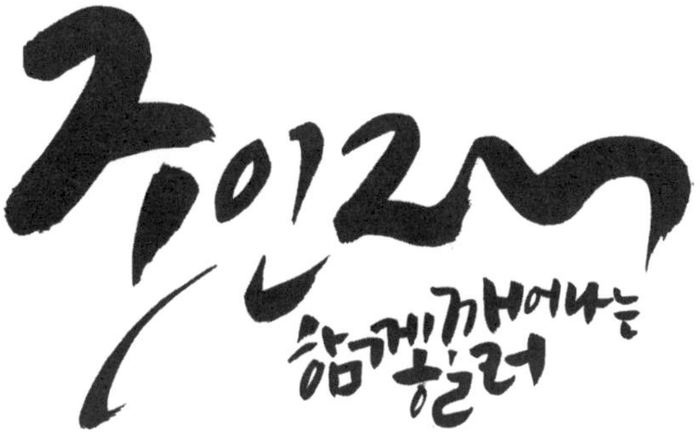

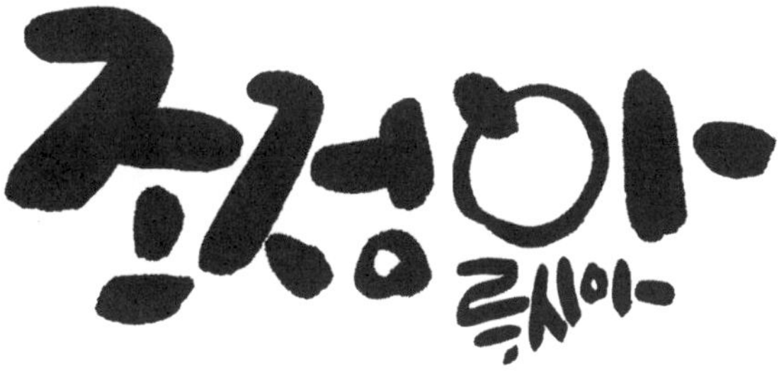
조성아
루시아

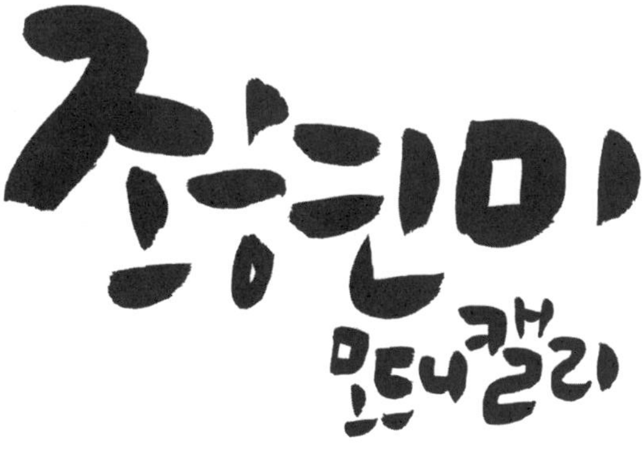

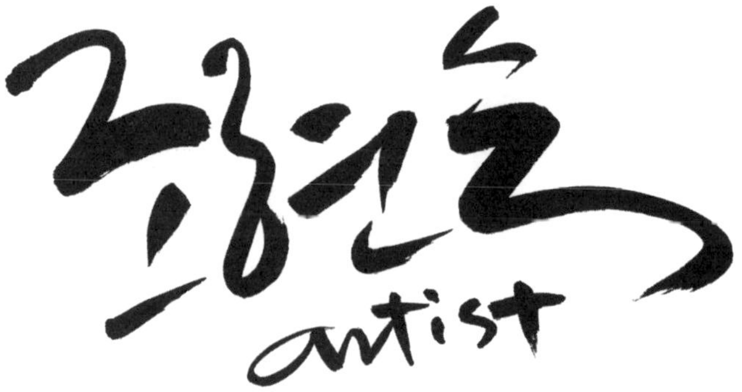
artist

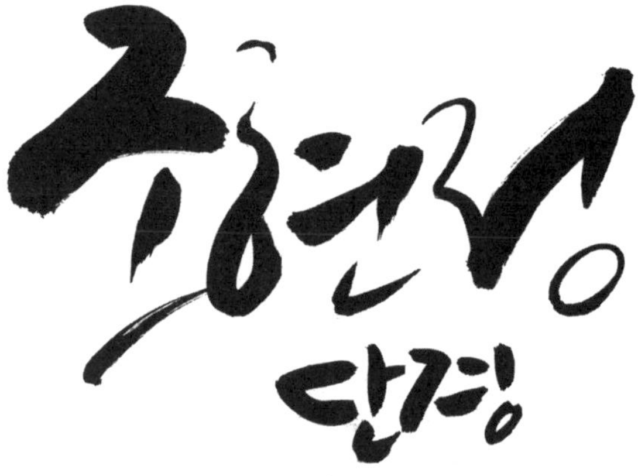

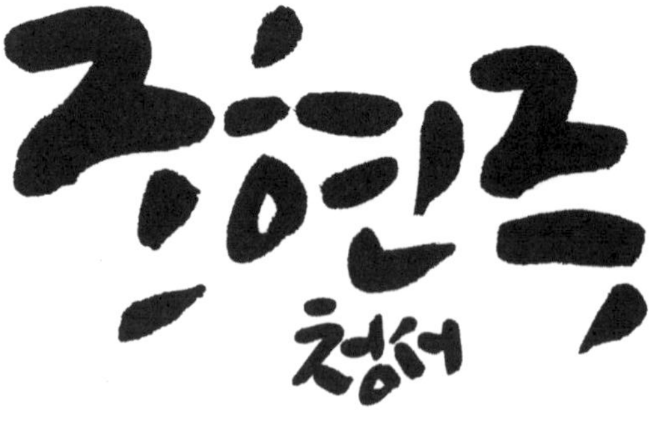
청서

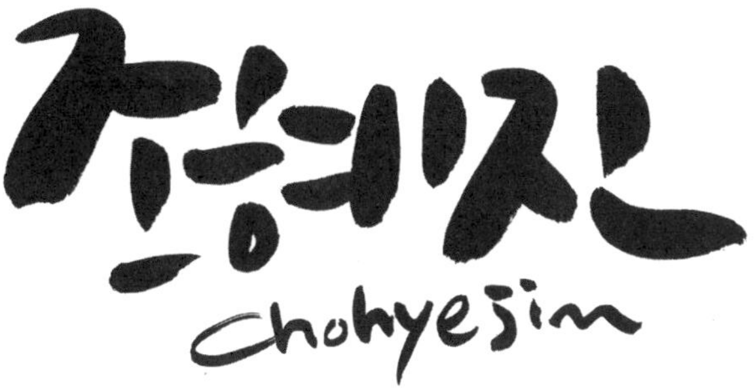
조혜진

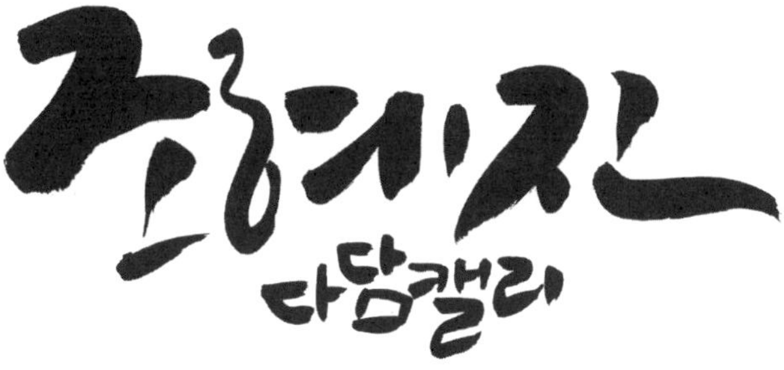
조혜진
다담갤러리

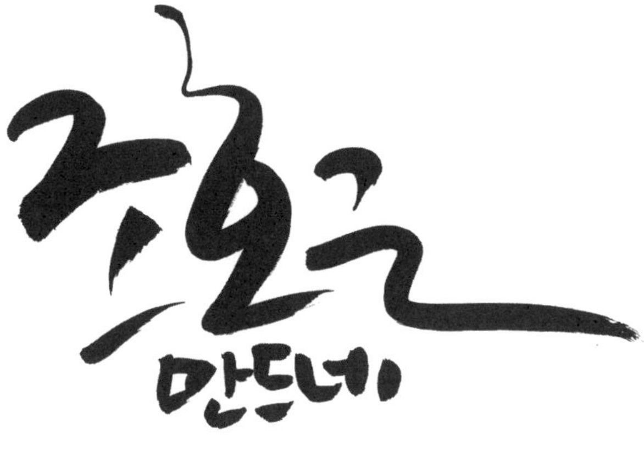
만드네

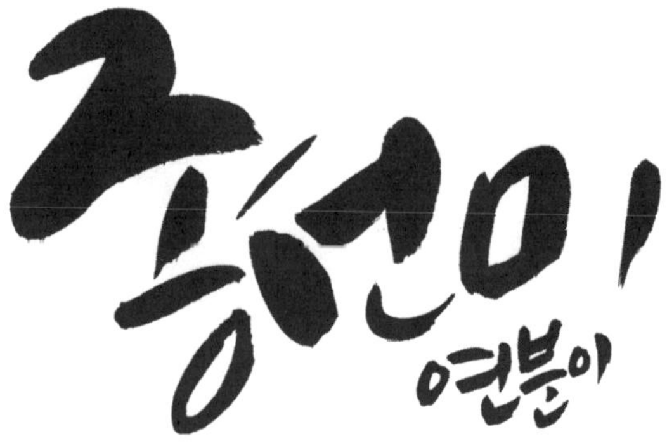

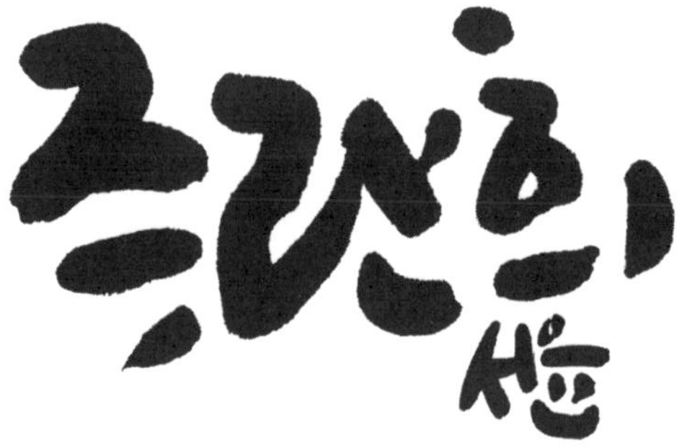

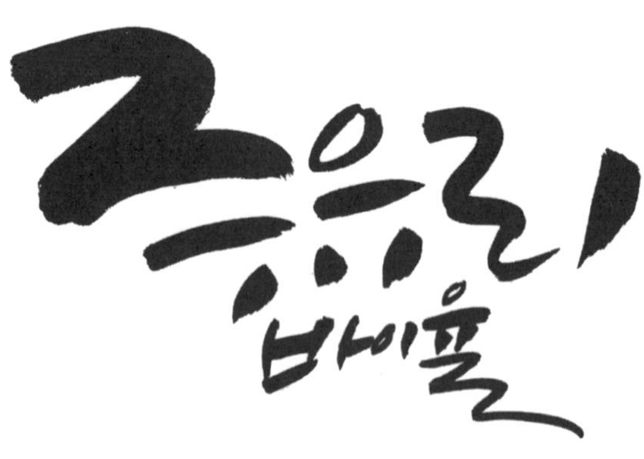

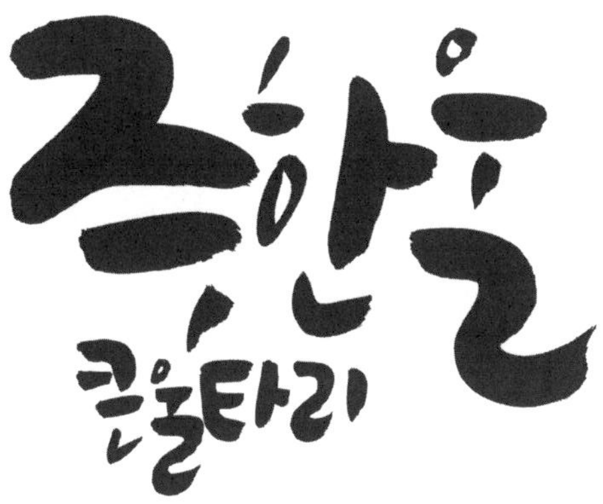
조한울
큰울타리

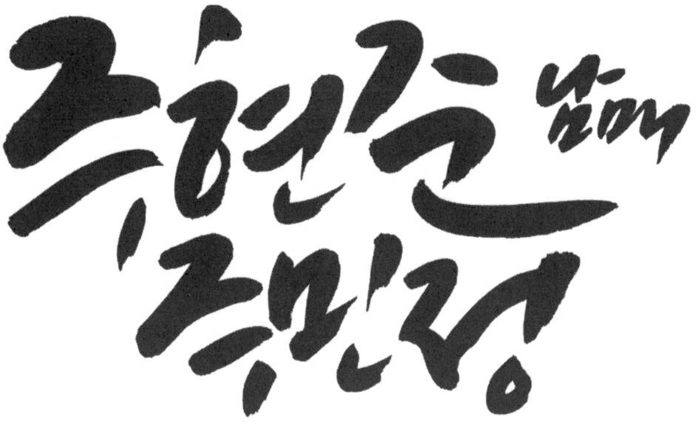
조현준 남매
조민정

지나잉
자작나무

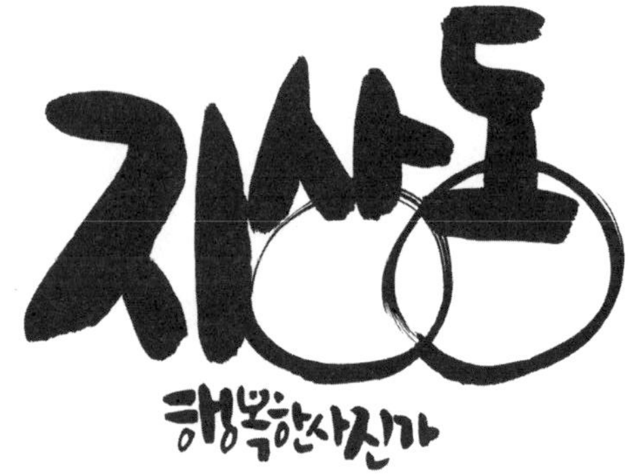
지산도
행복한사진가

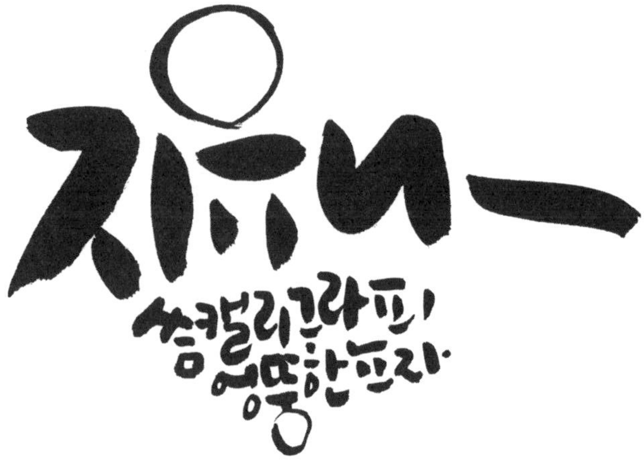
지유나
섬캘리그라피

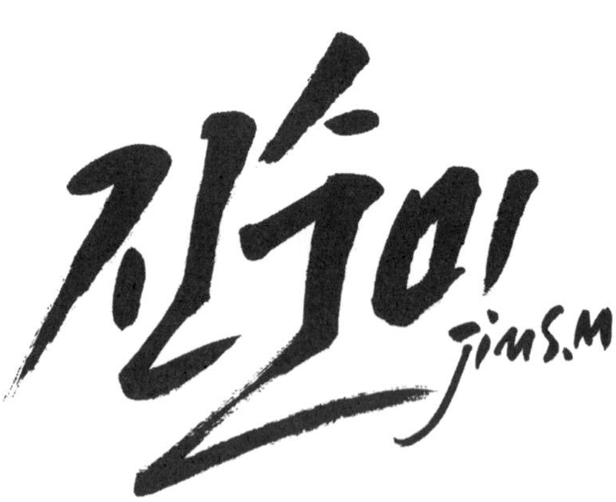
진수미
jinS.M

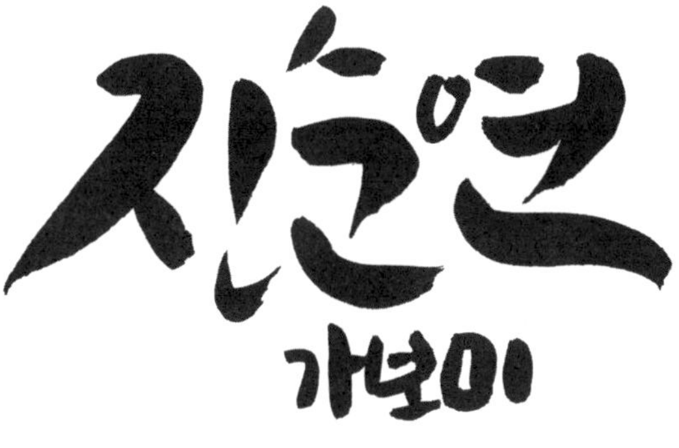

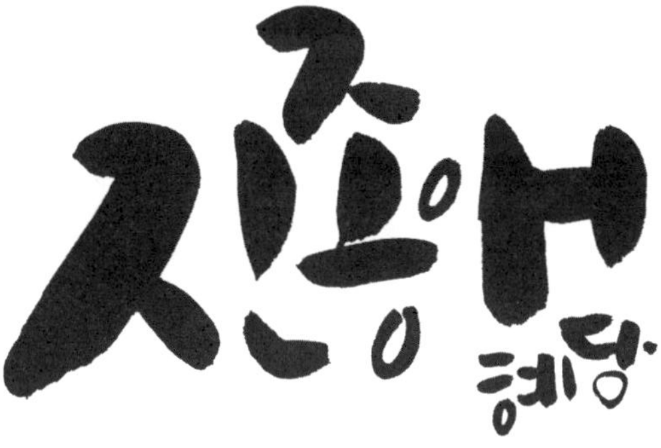

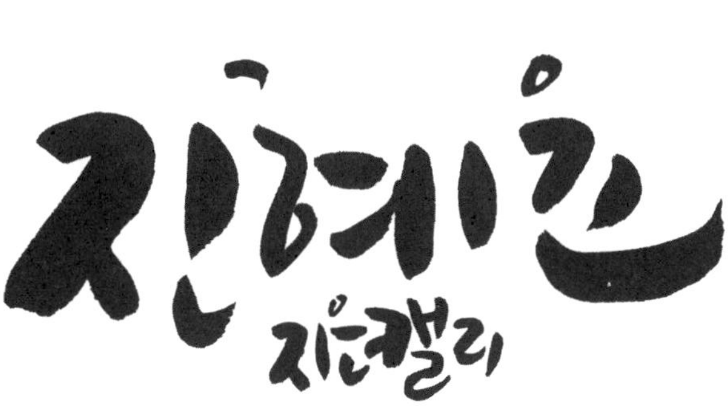

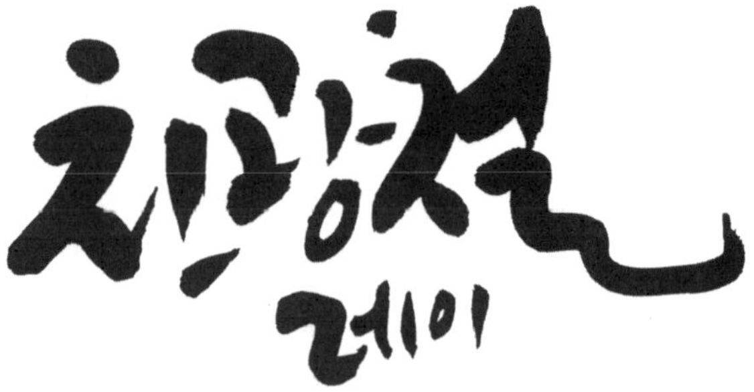
레이

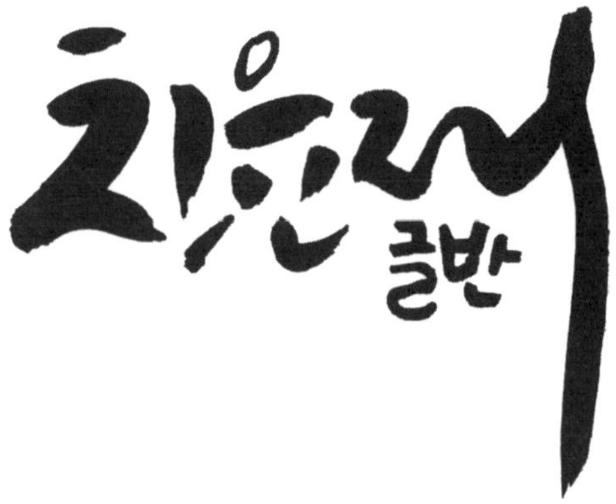
글반

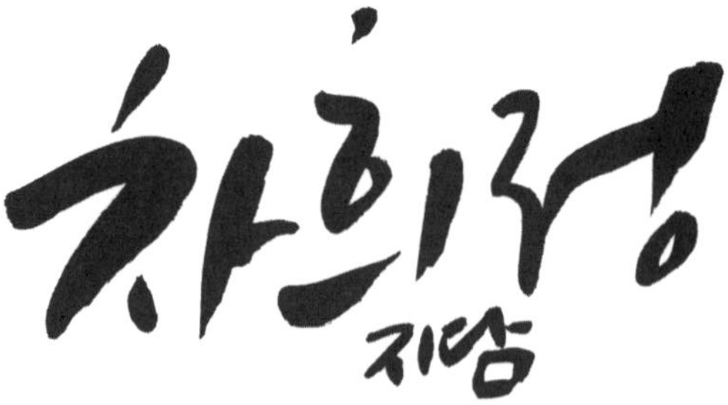
차희령
지담

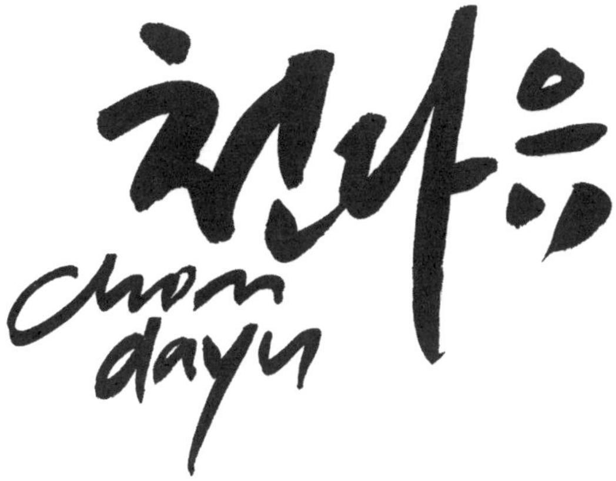
천다유
chon dayu

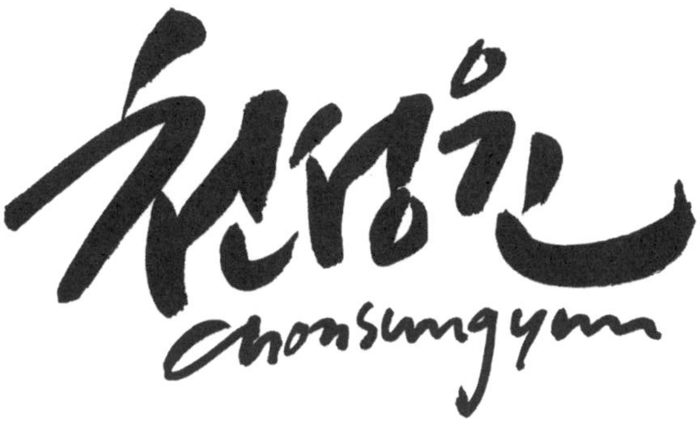
천성연
chonsungyun

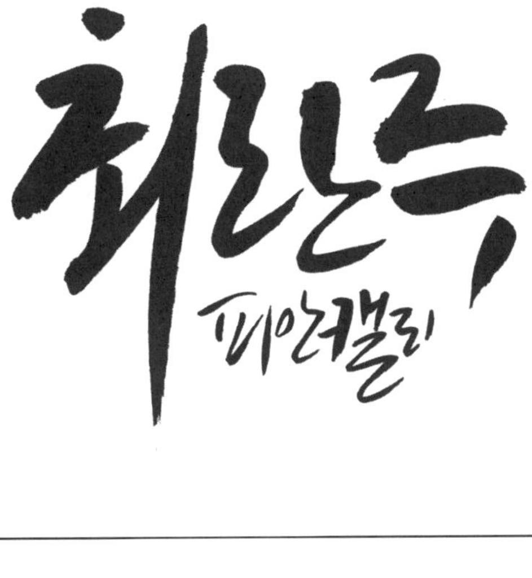

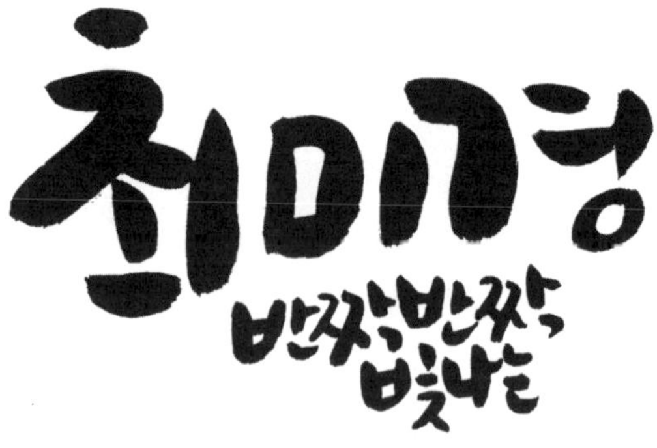
최미경
반짝반짝
빛나는

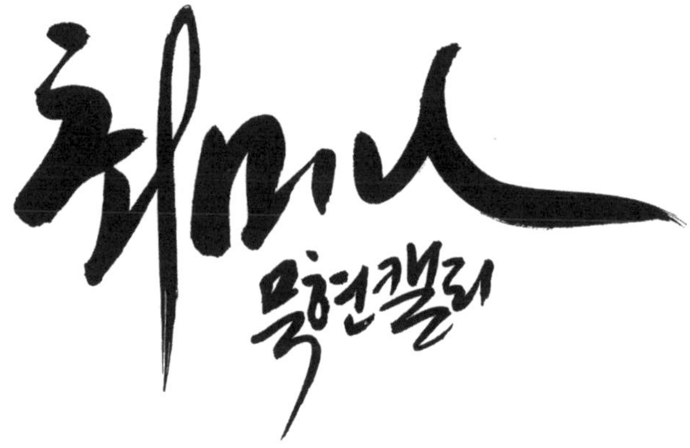
최미나
묵현캘리

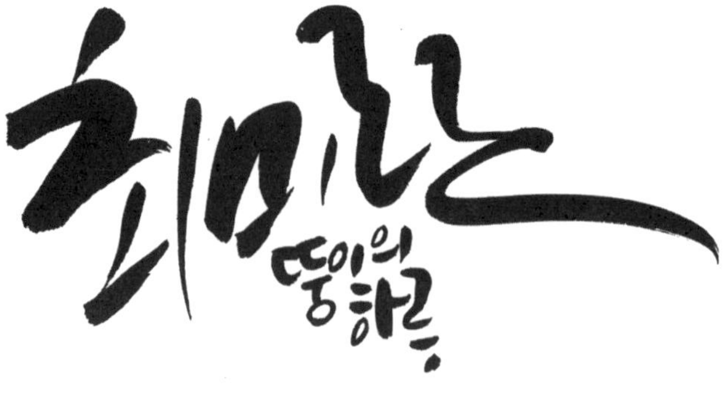
최미란
똥이의
하루

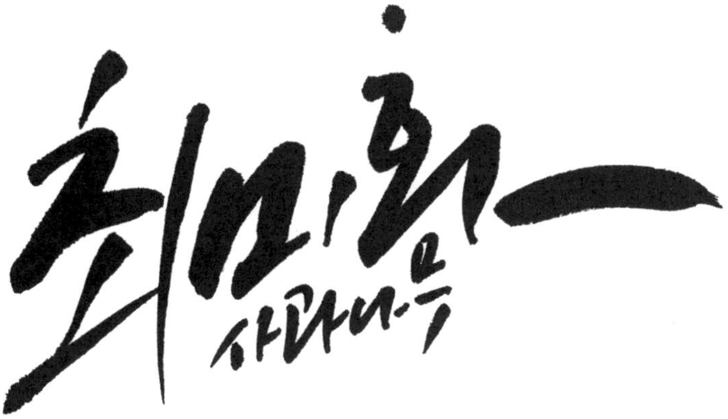
사과나무

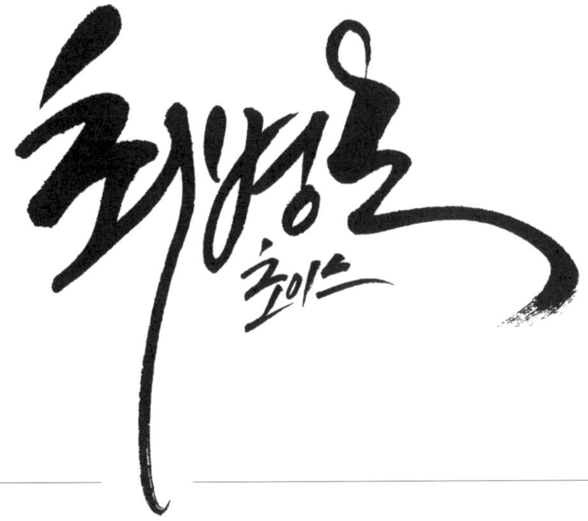
초이스

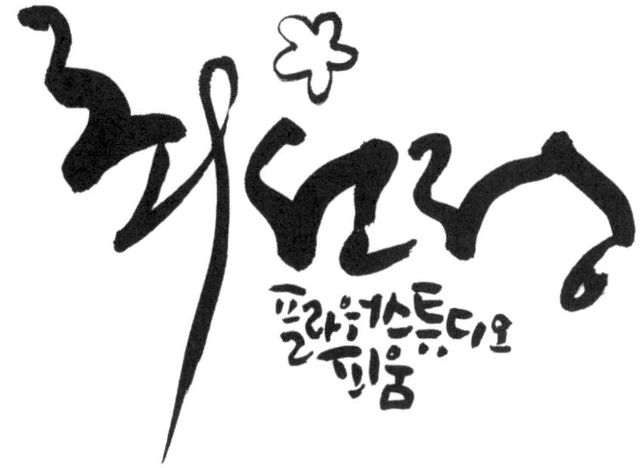
플라워스튜디오
피움

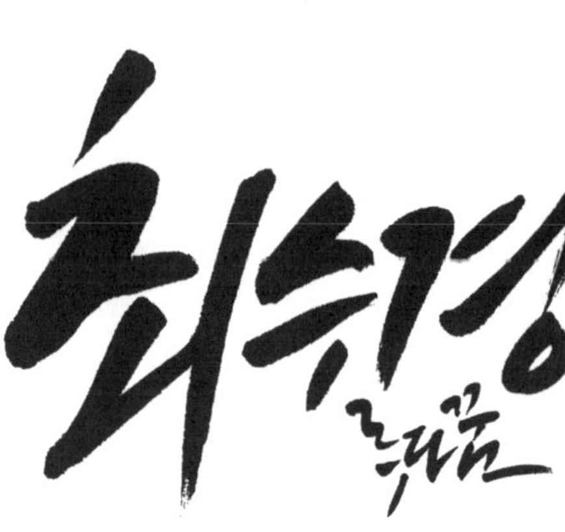
최수경

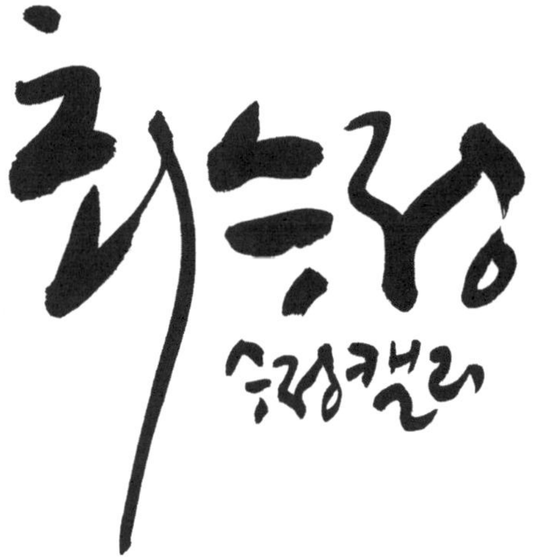

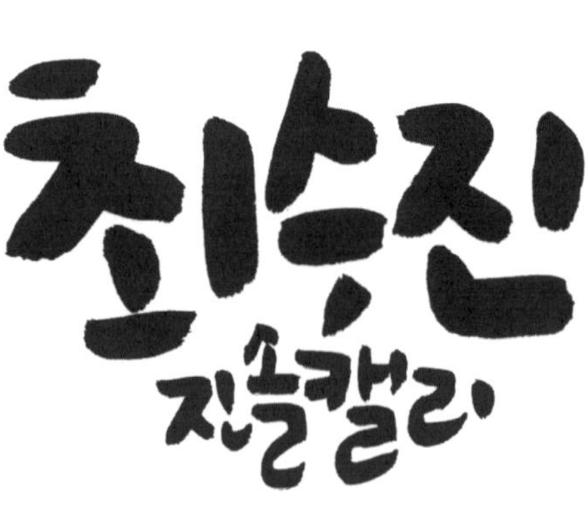
최수진
진솔캘리

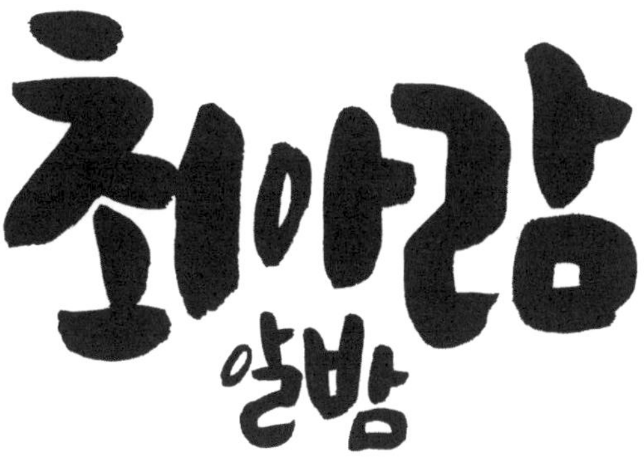
최아랑
알밤

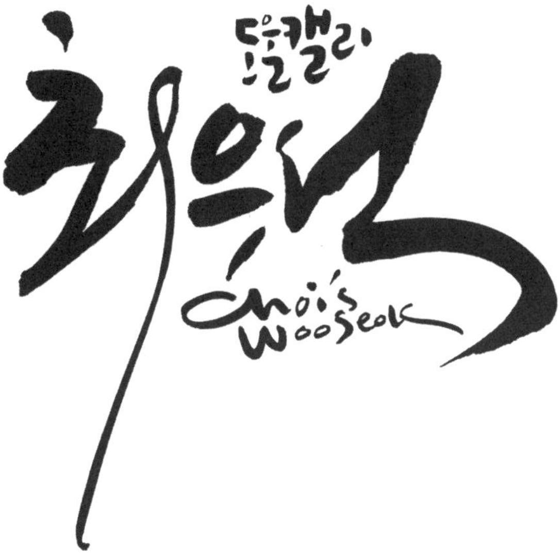
도올캘리
최우석
choi's wooseok

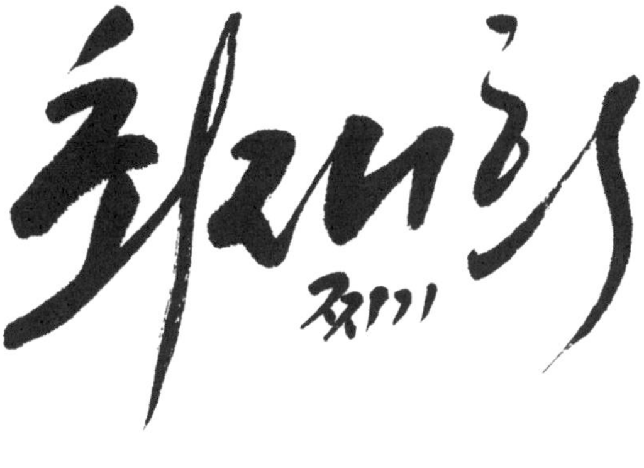
작가

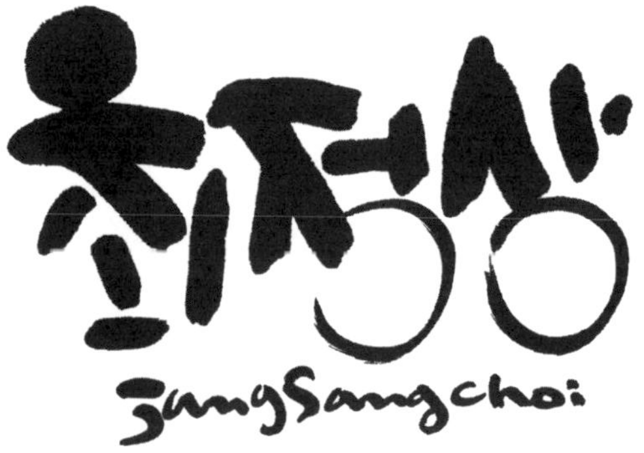

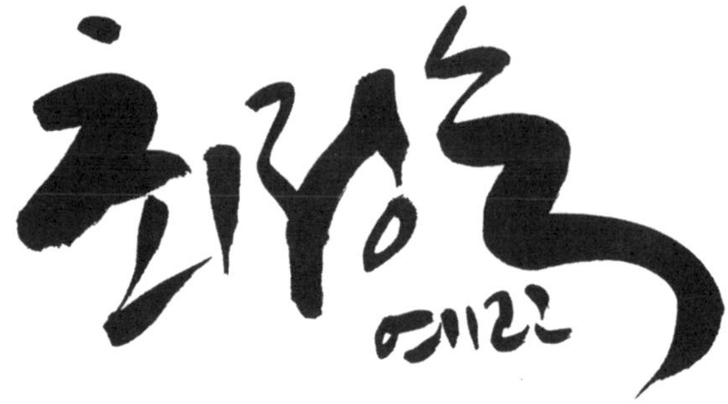

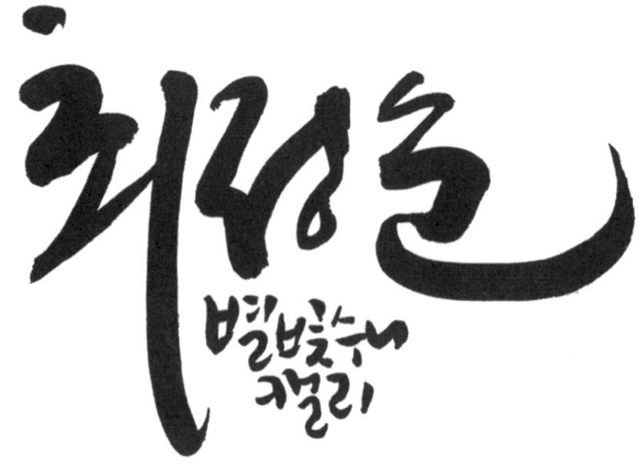

최정은

마주한달님

최정희

성은갤러리

최주안

Choijnam 금채

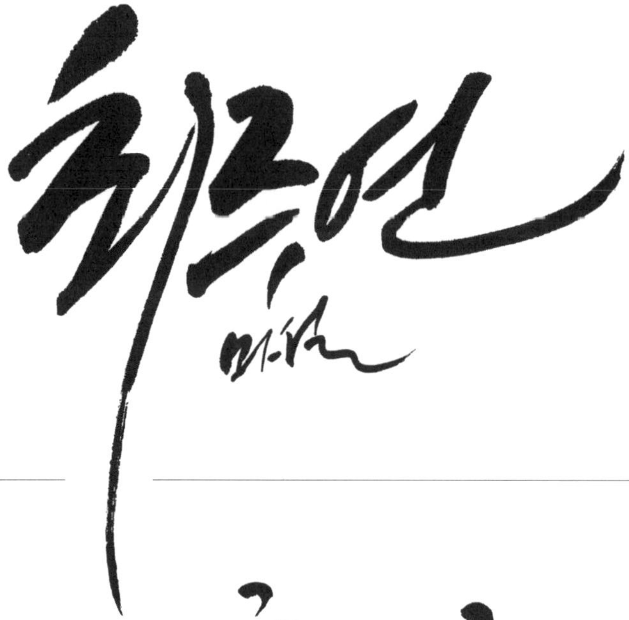

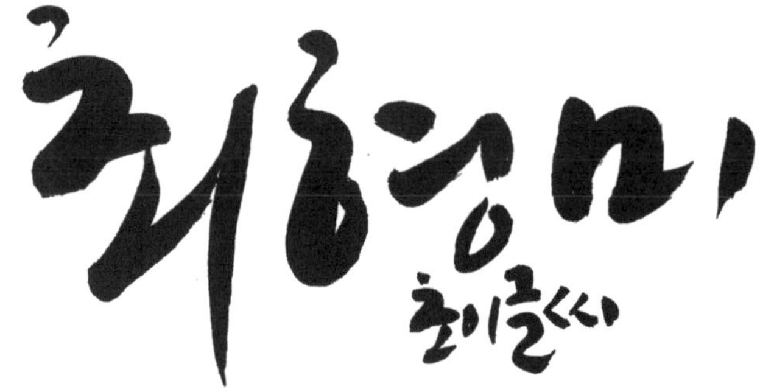
최형미

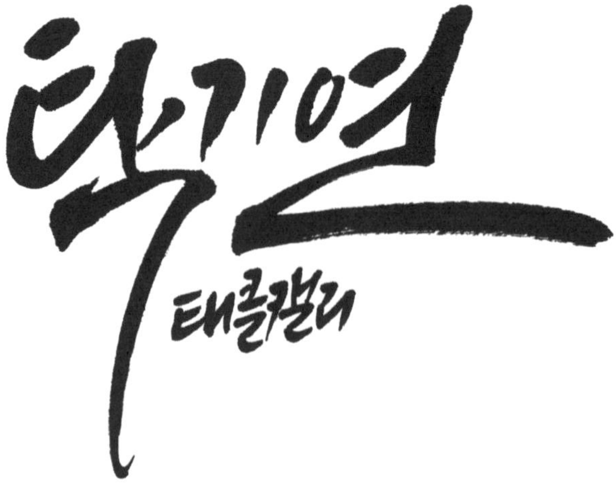
탁기연

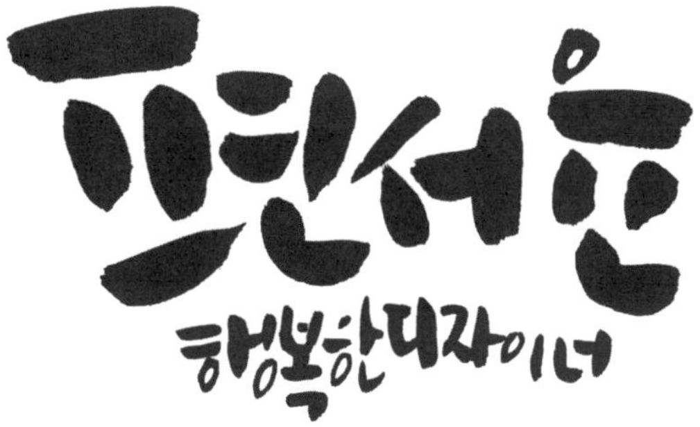
행복한디자이너

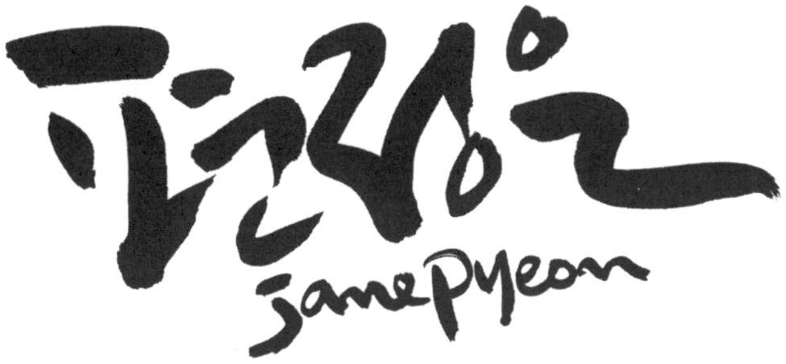
Jane Pyeon

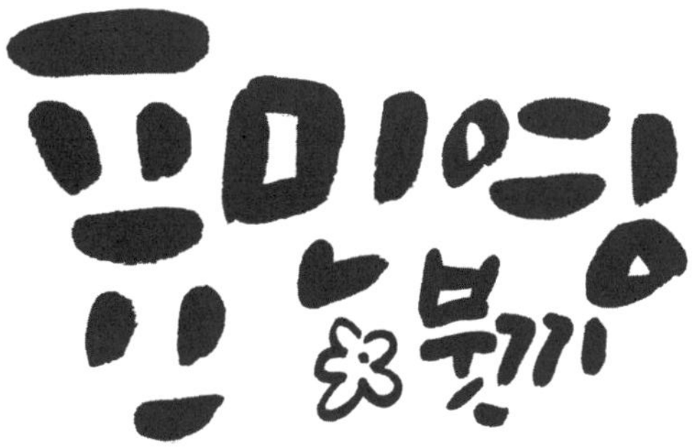

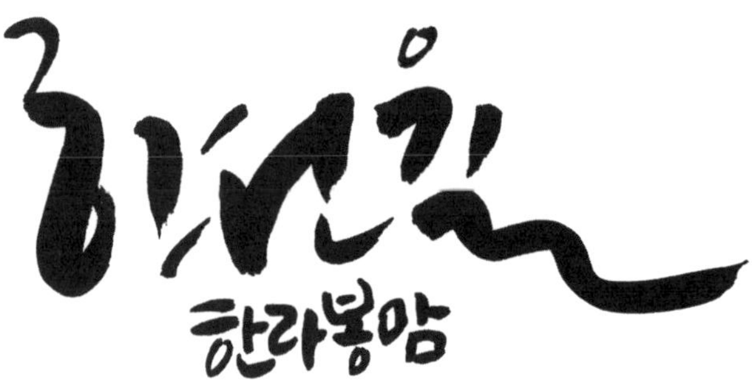
한라봉맘

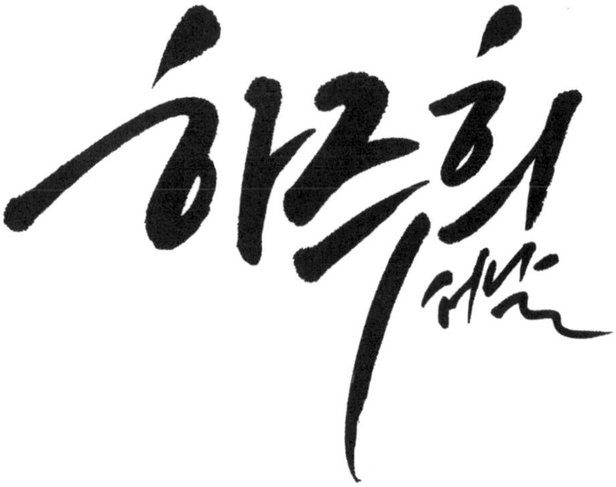

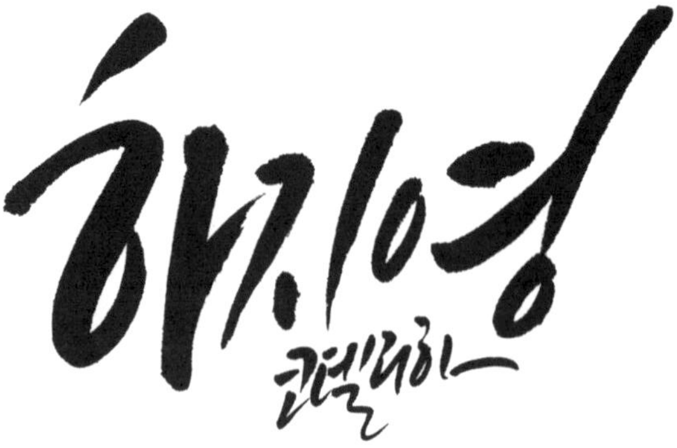

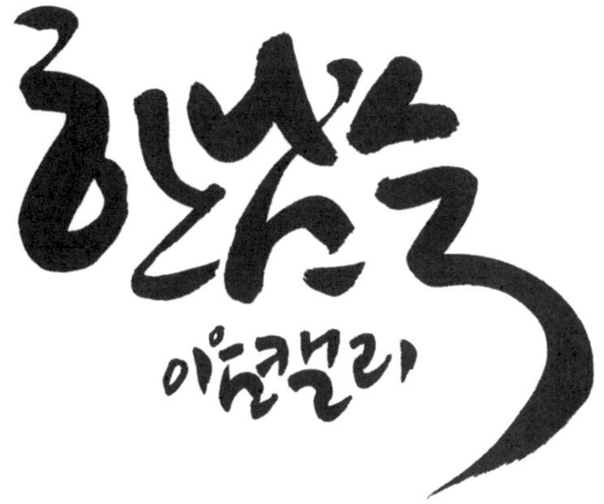
이음캘리

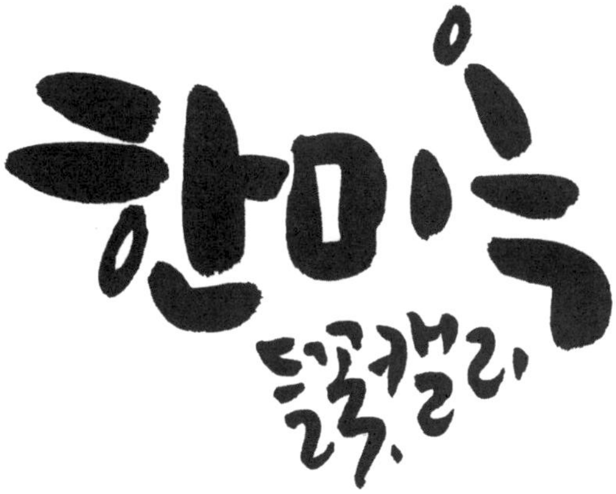
들꽃캘리

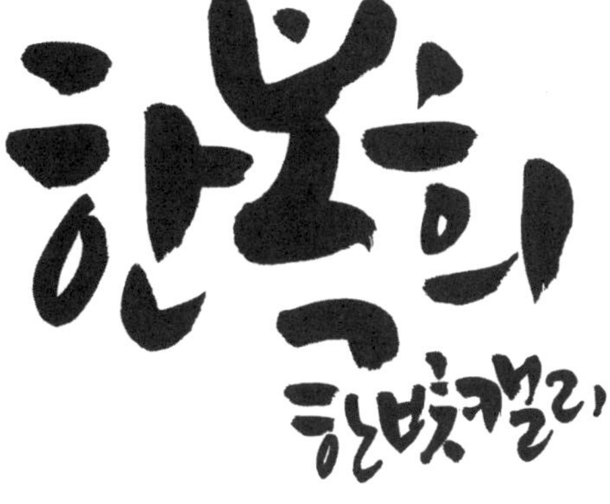
한빛캘리

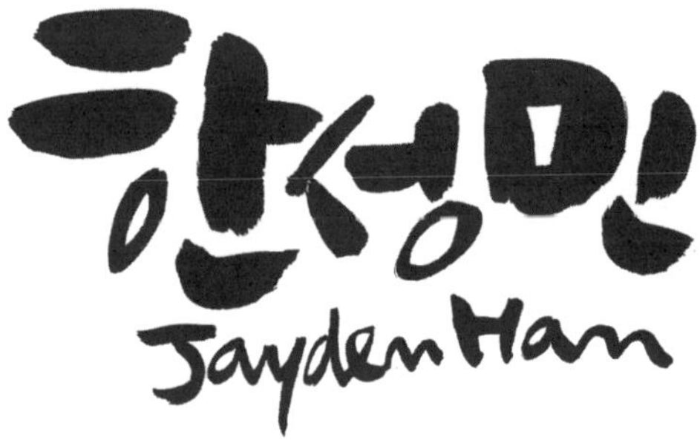
한성민
Jayden Han

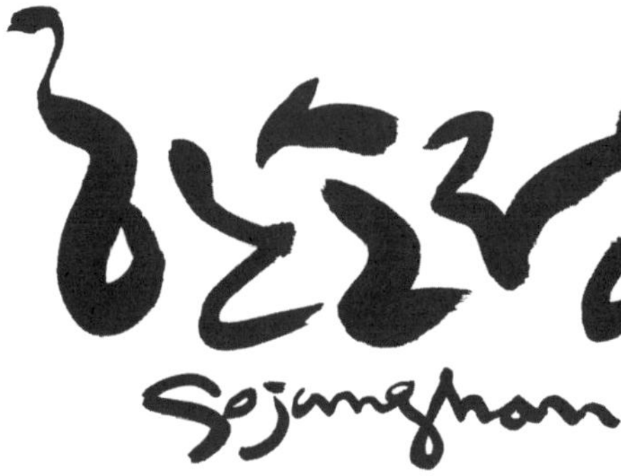

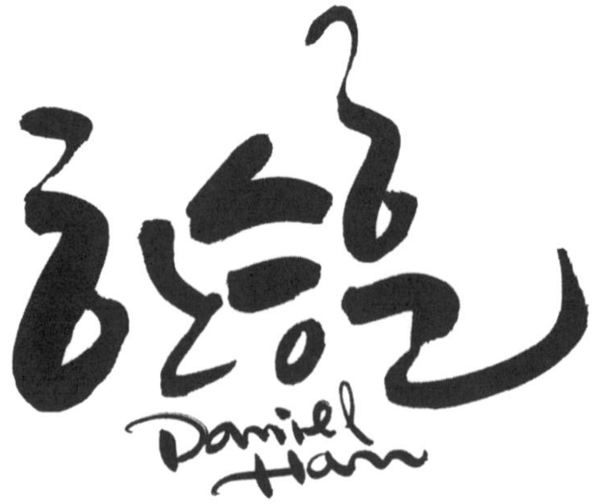
Daniel Han

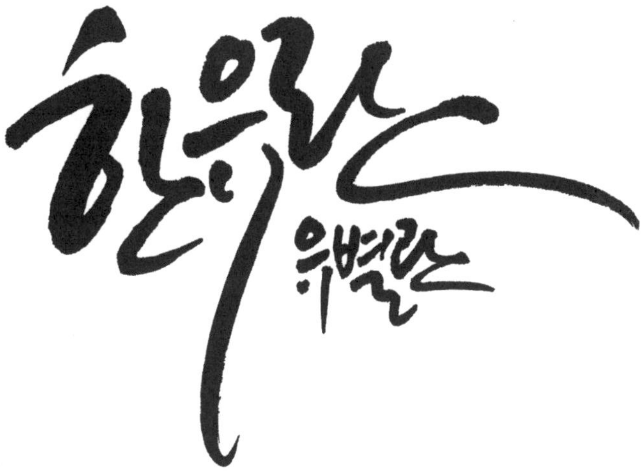

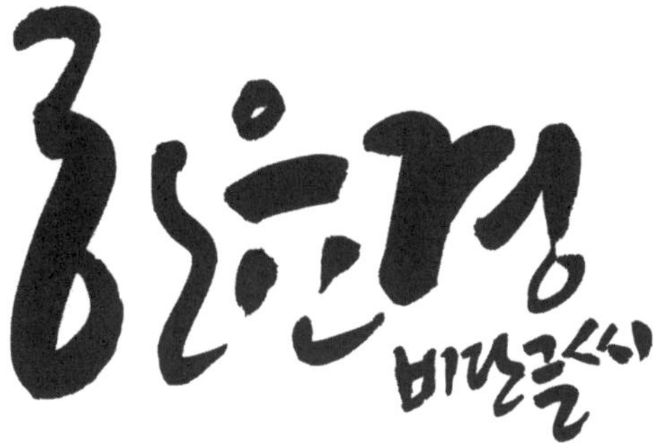
비단글씨

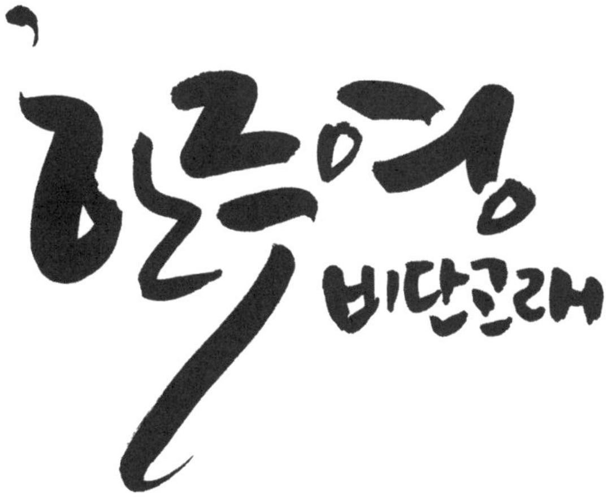
비단고래

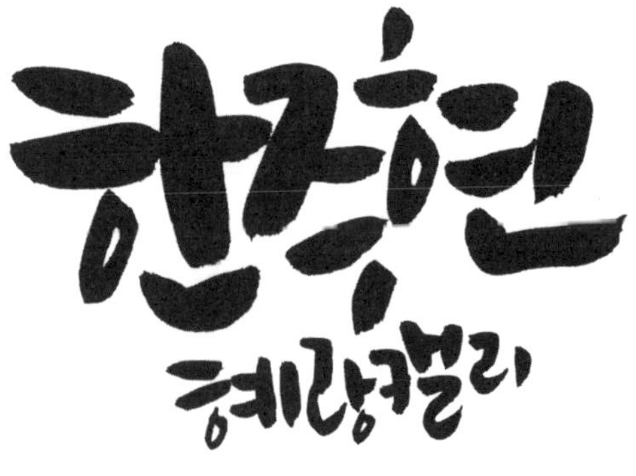
혜랑캘리

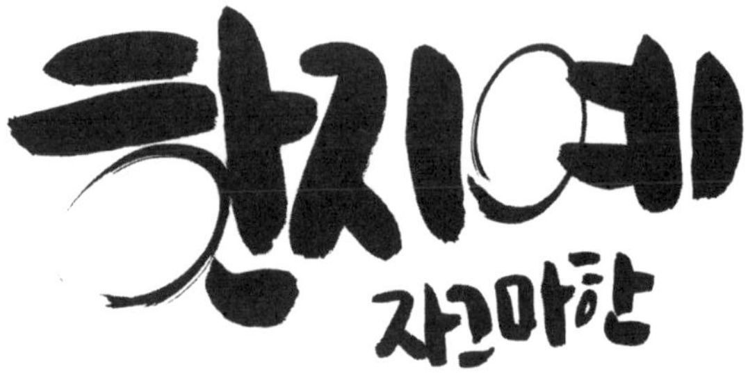
한지예
자그마한

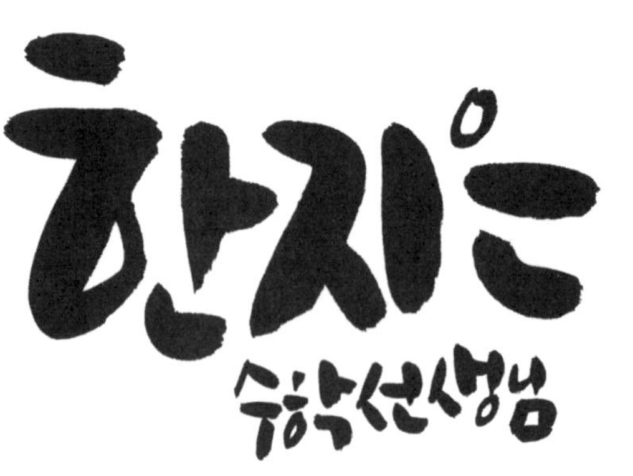
한지은
수학선생님

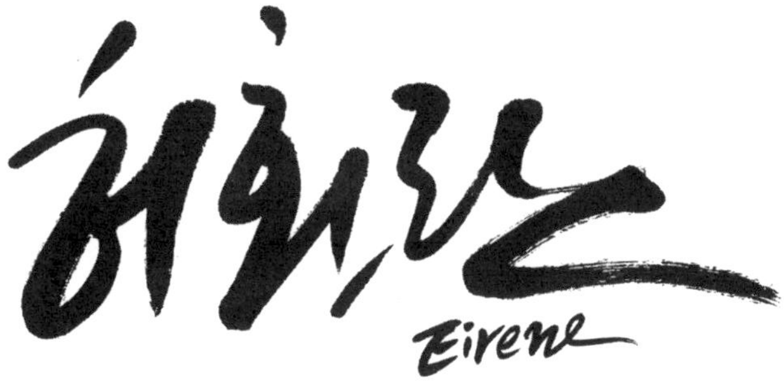
Eirene

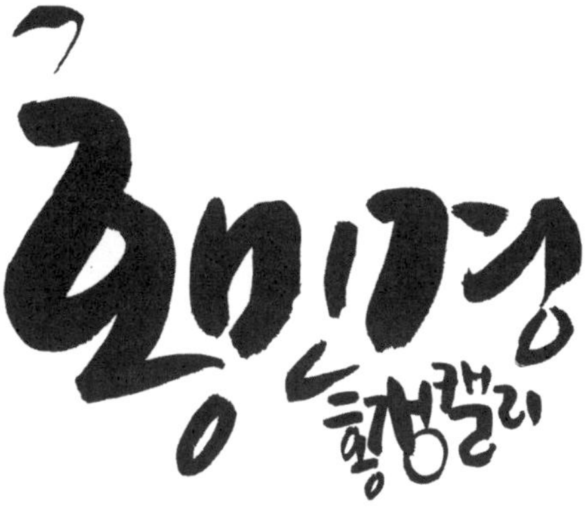

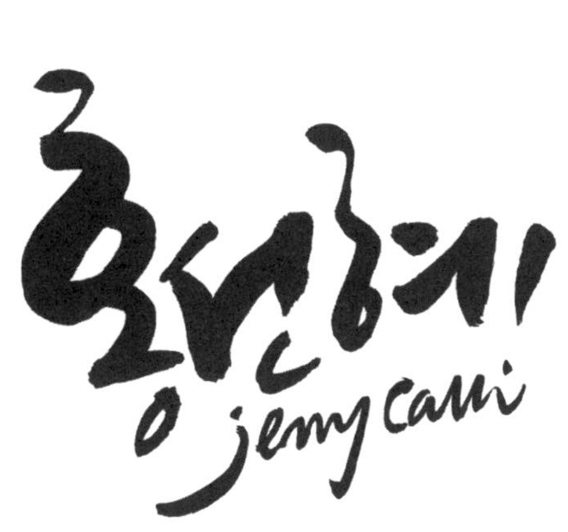

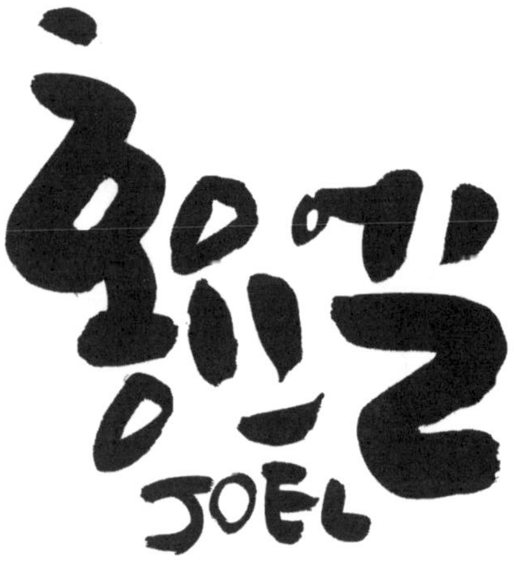
JOEL

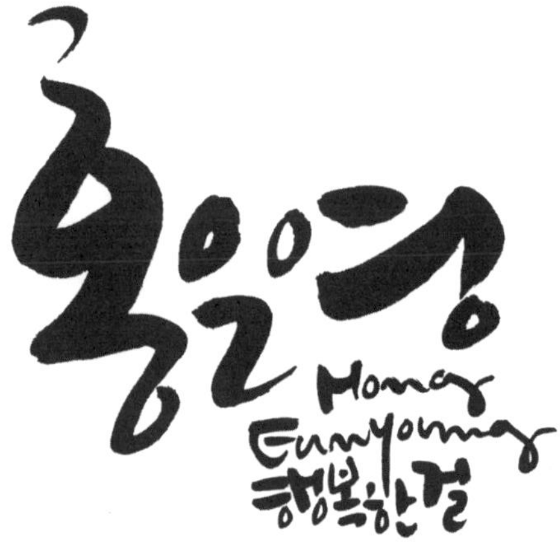
Hong
Eunyoung
행복한걸

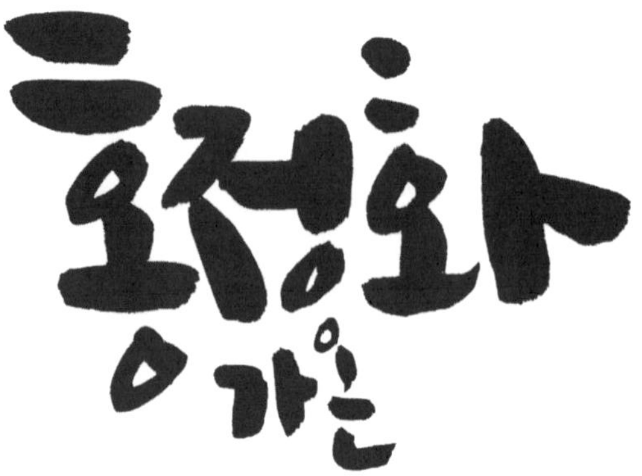
홍정화
가은

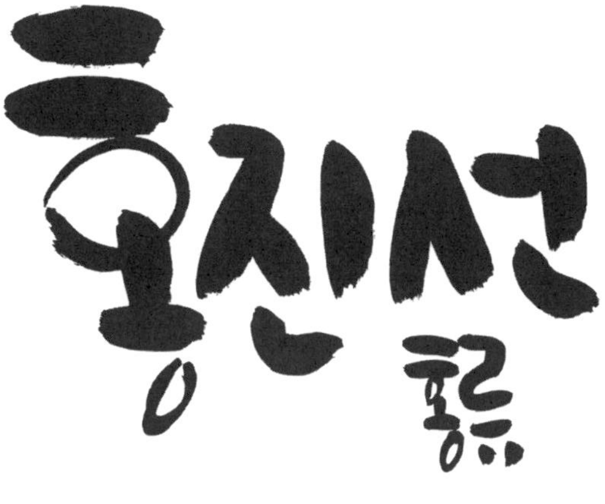
홍진선

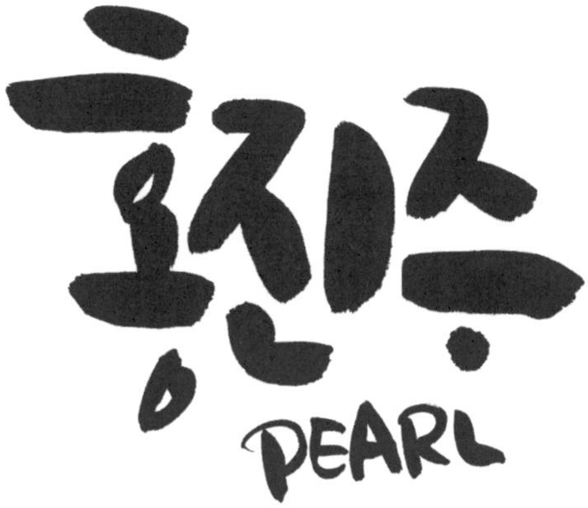
홍진주
PEARL

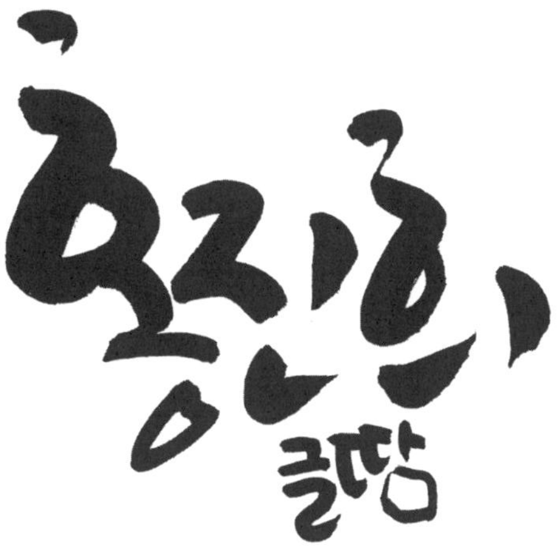
홍진희
글땀

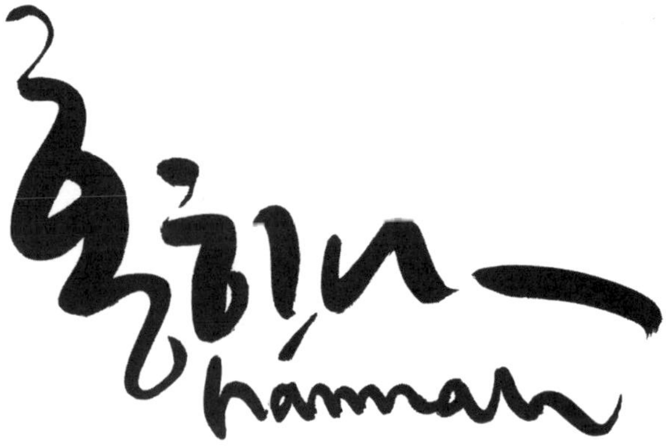

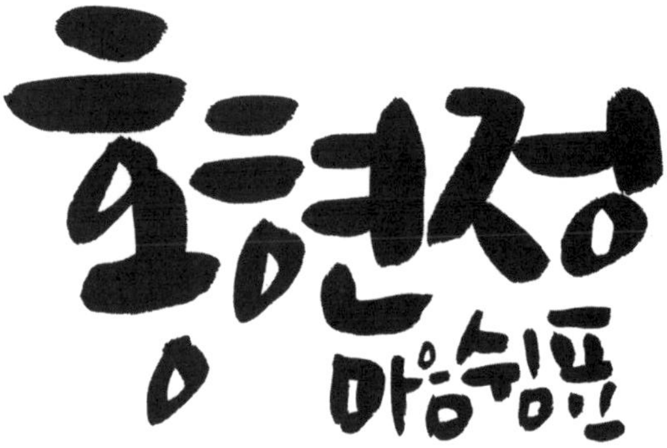
홍현정
마음쉼표

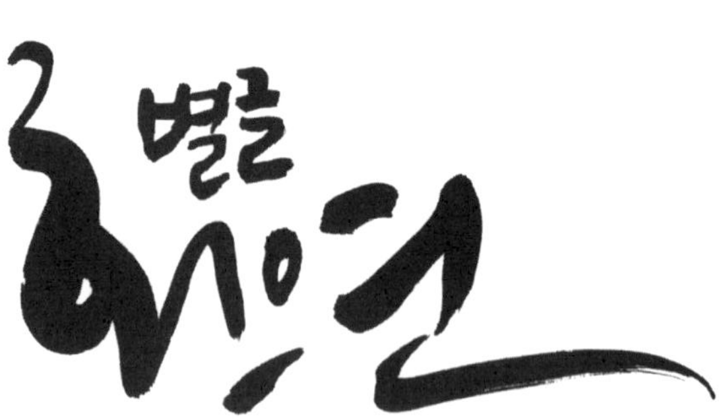
별글

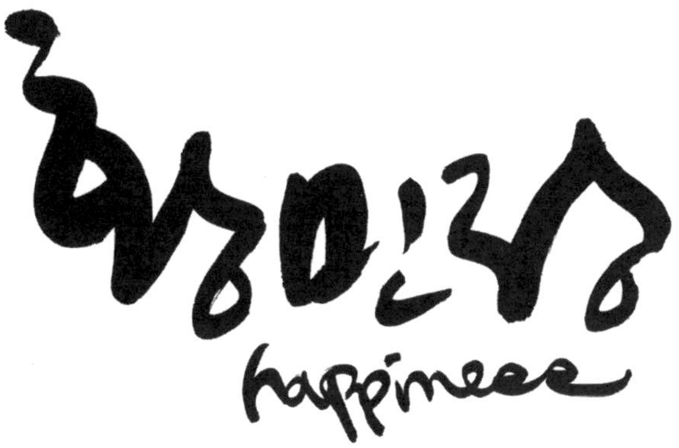
happiness

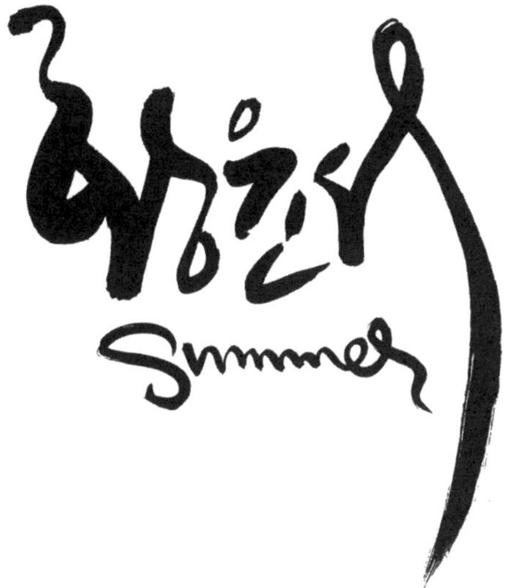
Summer

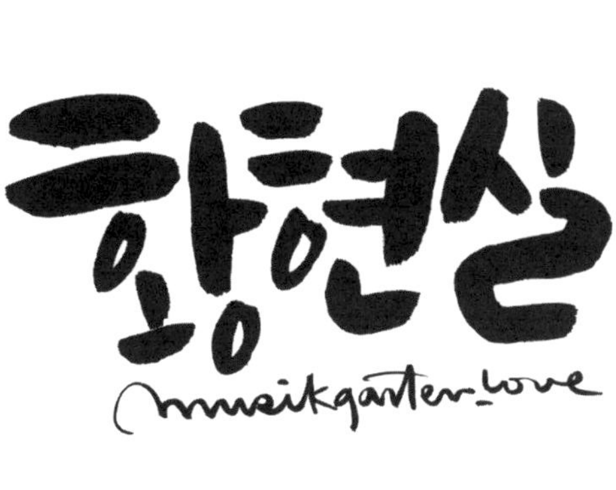
황현실
musikgarten_love